FI SY'N CAEL Y CI

Fi sy'n cael y ci

Rhian Cadwaladr

Argraffiad cyntaf: 2015
ⓗ testun: Rhian Cadwaladr 2015

Rhif Llyfr Safonol Rhyngwladol:
978-1-84527-536-5

Cyhoeddwyd gyda chymorth Cyngor Llyfrau Cymru

Cynllun y clawr: Tanwen Haf

Cyhoeddwyd gan Wasg Carreg Gwalch,
12 Iard yr Orsaf, Llanrwst, Dyffryn Conwy, Cymru LL26 0EH.
Ffôn: 01492 642031
Ffacs: 01492 642502
e-bost: llyfrau@carreg-gwalch.com
lle ar y we: www.carreg-gwalch.com

Argraffwyd a chyhoeddwyd yng Nghymru

Cyflwynedig i'r Gens

"*Some people go to priests;*
others to poetry; I to my friends."

Virginia Woolf

Diolch i Nia Roberts, Gwasg Carreg Gwalch, am ei ffydd,
cefnogaeth ac anogaeth, ac i Andrew am wrando.

*Some people go to priests;
others to poetry; I to my friends.*
Virginia Woolf

Pennod 1

Agorodd Gweneirys Siôn ei llygaid a newid ei meddwl yn syth. Woow! Mae'n rhaid 'i fod o'n barti da – roedd o'n dal i fowndian drwy ei phen hi. Sythodd ei choesau dan y cwrlid plu ac ebychu mewn poen. Be yn y byd fu hi'n ei wneud? Yna, yn araf, cofiodd – trio dal i fyny efo'i merch ddeunaw oed ar lawr y disgo. Wel, gresynodd, rŵan ei bod hi'n hanner cant, beryg na allai fihafio fel'na heb dalu'r pris.

Gwenodd wrth gofio wynebau Heledd a Gethin yn gwylio'u mam a'i ffrindiau'n taflu eu hunain yn wyllt o amgylch ystafell gefn Caffi'r Gloch, a weddnewidiwyd am noson gan Sadie a Roj yn llawr disgo o'r wyth degau. Chwarae teg iddyn nhw, gwenodd Gwen, fyddai llawer o berchnogion caffis ddim yn fodlon agor eu drysau i griw mor afreolus a chlirio ar eu holau, ffrindiau neu beidio. Os oedd hi'n cofio'n iawn, mi fu angen cryn berswâd i gael ei phlant i ymuno yn y dawnsio – yn enwedig Gethin – ond roedd dylanwad Meinir Haf, ei ffrind pennaf ers dyddiau'r ysgol feithrin, dros ddynion (hyd yn oed dynion hanner ei hoed) wedi llwyddo.

Allai Gwen ddim credu bod ei theulu a'i ffrindiau wedi trefnu parti syrpréis iddi. Sut lwyddodd pawb i gadw'r trefniadau mor ddistaw – yn enwedig Eifion? Sut lwyddodd Eifion i gadw'r gyfrinach a nhwtha'n rhannu bob dim? Cynhesodd drwyddi wrth feddwl amdano, y dyn a gnociodd ar ei drws bum mlynedd yn ôl i drwsio ei boilar, a thrwsio'i chalon friwedig yn y fargen.

Estynnodd ei braich a throi tuag ato ond cyffyrddodd ei llaw'r gynfas oer. Agorodd ei llygaid. Roedd y gobennydd wrth ei hochr yn esmwyth, heb ôl ei ben. Ceisiodd godi i bwyso ar ei phenelin ond dechreuodd yr ystafell chwyrlïo. Gorweddodd yn ôl yn glatsh gan riddfan. Allai hi yn ei byw gofio dod i'r gwely. Mae'n rhaid bod Eifion mewn gwaeth stad na hi os na chyrhaeddodd ei wely hyd yn oed. Ceisiodd Gwen roi trefn ar ddigwyddiadau'r noson cynt, a chofio pa mor feddw oedd o, ond allai hi yn ei byw gofio gweld llawer arno yn ystod bwrlwm y noson. Cysgu ar y soffa wnaeth o, ma' siŵr, meddyliodd, cyn ymdrechu i godi i chwilio amdano.

Llusgodd ei hun i ymyl y gwely a dal ei hadlewyrchiad yn y drych mawr pren ar y wal. Am olwg! Roedd ei gwallt gwyllt cringoch yn nyth ar ei phen ac ôl masgara yn gysgodion duon dan ei llygaid. Cododd yn simsan a mynd yn nes at y drych – damia, doedd ei golwg ddim cystal ag yr oedd o. Roedd y brychni'n fwy amlwg nag arfer ar ei chroen gwelw a'r rhychau o amgylch ei llygaid a'i cheg yn ddyfnach. *Dehydration*, meddyliodd, gan ei chysuro'i hun y byddai'n edrych yn well ar ôl paned. Wrth estyn am ei gŵn wisgo sylwodd ar ei ffrog parti yn dwmpath blêr ar lawr. Gwenodd. Oedd, roedd o wedi bod yn goblyn o barti.

Neidiodd pan glywodd sŵn cyfarwydd ei ffôn symudol yn sgrechian bod neges wedi cyrraedd. Ymbalfalodd amdano yng nghanol y dillad ar y llawr. Tecst gan Meinir, a llun.

'Diolch am neithiwr, ffab o barti fel y gweli di. X'

Er gwaetha'r morthwyl yn ei phen, chwarddodd yn uchel pan agorodd y llun ohoni ei hun yn dawnsio, ei breichiau yn yr awyr, ei cheg yn agored a'i gwallt ym mhobman. Wrth ei hochr, a'i braich am ei hysgwydd, dair modfedd braf yn dalach na'i mam, safai Heledd yn chwerthin; a'r tu ôl iddyn nhw yn eu gwylio roedd Eifion.

Cerddodd Gwen yn bwyllog i lawr y grisiau ac aeth drwodd i'r gegin. Roedd Eifion yn eistedd wrth y bwrdd yn dal i wisgo'i jîns gorau a'r crys blodeuog a brynodd yn arbennig ar gyfer y parti. Roedd y bwrdd hir derw wedi ei orchuddio gan amrywiol fagiau lliwgar a phapur lapio ac roedd bwndel o gardiau heb eu hagor ar un gornel. Yn y canol roedd tusw anferth o flodau – rhosod gwyn a lilis pinc, eu harogl melys yn llenwi'r gegin.

'Fama w't ti!' Dechreuodd Gwen gerdded tuag ato gan lapio'i gŵn wisgo'n dynnach amdani. 'Be wnest ti – crasho ar y soffa? Dwi'm yn cofio ...'

Safodd yn stond wrth sylwi ar yr olwg ddifrifol ar ei wyneb gwelw. Gallai weld peli disglair o chwys yn llithro drwy'r rhychau ar ei dalcen. Saethodd ofn drwyddi.

'Eifion? Be sy?'

Trodd Eifion ei ben oddi wrthi gan daenu llaw chwyslyd drwy hynny oedd ganddo ar ôl o wallt cyrliog golau. Dechreuodd calon Gwen ddyrnu yn ei chlustiau. Roedd hi eisiau symud yn nes ato ond allai hi ddim. Teimlodd ei choesau'n cloi.

'Eifion ...?' Cododd ei llais.

Trodd ei ben tuag ati a dechrau agor ei geg, a'i chau'n glep heb ddweud gair.

'Eifion? Be sy 'di digwydd? Heledd? Oes 'na rwbath 'di digwydd i Heledd, neu Geth? Lle ma' Geth?'

'Nag oes. Paid â phoeni. Mae'r plant yn iawn.'

'Idwal! Lle ma' Idwal?'

'Ma' Idwal yn iawn, mae o'n 'rar.'

'Wel be sy 'ta? Deud, wir Dduw – ti'n 'y nychryn i!'

Edrychodd Eifion i ffwrdd eto ac meddai'n floesg:

'Fedra i'm gneud hyn ddim mwy.'

Syllodd Gwen arno, yn straffaglu i brosesu ei eiriau.

'Gneud be?'

'Hyn ... ni ... fama. Sori.'

Teimlodd Gwen ei choesau'n gwegian a gafaelodd yng nghefn y gadair.

'Dwi'm yn dallt ...'

'Dwi 'di trio 'ngora, Gwen, dwi wirioneddol wedi trio. Ond wrth dy wylio di neithiwr yng nghanol dy deulu a dy ffrindia, mi sylweddolais ...' Oedodd i ymbalfalu am eiriau addas.

'Sylweddoli be?'

''Mod i'm yn perthyn.'

'Paid â mwydro, wrth gwrs bo' chdi'n perthyn,' dwrdiodd Gwen, gan drio gwneud synnwyr o'r hyn roedd hi'n ei glywed. Edrychodd Eifion arni ac ymhelaethu mewn llais distaw, pendant.

'Y peth ydi – dwi'm *isio* perthyn. Ddim yn fama, ddim i chdi.'

Syllodd Gwen arno'n anghrediniol am eiliadau hir.

'Wyt ti'n 'y ngadael i? Dyna wyt ti'n ddeud?' Cododd ei llais. 'Wyt ti'n 'y *ngadael* i?'

'Yndw. Sori.'

Daeth ton o gyfog drosti. Rhedodd at y sinc a chwydodd ei pherfedd dros y gwydrau siampên budron. Cododd Eifion a rhoi ei fraich am ei hysgwydd, ond sgubodd Gwen ei fraich ymaith a thaflu ei hun i ben arall yr ystafell.

'Dwi'm yn dallt ...' Sychodd ei cheg â chefn ei llaw. Trodd Eifion oddi wrthi a dechrau clirio'r sinc.

'Be ti'n neud?' gwaeddodd Gwen arno, gan deimlo'r panig yn disgyn fel cwmwl oer, llwyd drosti, yn lapio amdani a gwasgu'r gwynt o'i hysgyfaint gan wneud pob anadl yn ymdrech. Dim eto, meddyliodd, dim hyn eto.

'Llnau'r ...' atebodd Eifion ei chwestiwn yn ddistaw.

'Llnau? Ti'n ffycin llnau? Rŵan? Ar ôl be ti newydd ddeud wrtha i – ti'n ffycin llnau?'

'Plis Gwen, paid â gweiddi ...'

'Pam?' sgrechiodd Gwen ar ei draws. Arhosodd ei chwestiwn yn yr awyr uwch eu pennau; bron y gallai Gwen ei weld o fel bybl mewn cartŵn. Edrychodd Eifion arni a gallai Gwen weld fod rhwydwaith o wythiennau coch wedi troi ei lygaid gleision yn binc.

'Pam?' ymbiliodd.

'Does 'na ddim bai arna chdi. Fi sy ar fai. Ti'n berson lyfli. Dwi'n meddwl y byd ohonat ti, ond ... dwi'm yn meddwl 'mod i'n dy garu di, ddim digon i aros beth bynnag.'

'Ti'm yn meddwl bo' chdi'n 'y ngharu fi? Wel be ddiawl oedd y ffýs fawr wnest ti ohona i neithiwr 'ta? Y bloda? Y freichled 'ma?' Chwifiodd ei braich yn wyllt.

'Dwi'n sori Gwen, dwi wir yn sori. 'Swn i'n licio taswn i'n medru dy garu di, coelia fi, dwi 'di ca'l amsar hapus iawn efo chdi, ond fedra i'm gneud hyn ddim mwy.'

Symudodd Gwen tuag ato a dechrau mwytho'i wyneb.

''Di hyn ddim yn gneud sens, Eifion, 'dan ni'n hapus efo'n gilydd, 'dan ni'n siwtio'n gilydd.' Dechreuodd gusanu ei dalcen, ei lygaid, ei wefusau, ond gwthiodd Eifion hi oddi wrtho.

'Paid Gwen, paid, plis!'

'Ydi o rwbath i neud efo'r ffaith 'mod i'n hannar cant rŵan? Ti'm llawar ar f'ôl i, cofia – tair blynadd ac mi fyddi ditha'n bum deg!'

''Di o'm byd i neud efo hynna siŵr ...'

'Yli, ti 'di blino, ti'm 'di cysgu'n iawn ... ma' gin ti hangofyr. Dos i dy wely am napan. Fyddi di'n gweld yn gliriach wedyn. Fedri di ddim lluchio hyn i ffwrdd jest fel'na.' Cododd ei llais eto. 'Plis, Eifion. Plis!' Gafaelodd yn dynn amdano, ei chorff yn crynu wrth i storm o ddagrau lifo allan ohoni. '*Plis!*' Chlywodd hi mo'r drws yn agor na gweld Heledd yn sefyll yno yn ei phyjamas streipiog llac, ei gwallt tonnog tywyll hithau fel nyth brân ac ôl syrthni cwsg yn ei llygaid mawr brown.

'Mam?' meddai mewn llais bach. 'Be sy matar?'

Tynnodd Gwen ei hun oddi wrth Eifion ac edrych arno.

'Deud wrthi!'

Plygodd Eifion ei ben.

'Deu'thi!' sgrechiodd Gwen.

'Dwi'n gadael,' sibrydodd Eifion mewn llais crynedig.

'Y?' ebychodd Heledd, gan edrych yn anghrediniol arno.

'Dwi'n gadael dy fam.'

Safodd Heledd yn ei hunfan.

'Y?' meddai eto.

'Sori ...' cynigodd Eifion, gan edrych ar lawr y gegin. Doedd ganddo ddim syniad sut i ddelio efo Heledd. Roedd o wedi trio ei orau i fod yn llystad da, i fod yn ffrind i'r plant yn ogystal â chefnogi Gwen o safbwynt disgyblu, ond y gwir plaen oedd ei fod wedi methu. Cariad ei mam oedd Eifion i Heledd, a dim byd mwy na hynny.

'Ond pam?' gofynnodd iddo'n syn.

'Ma' dy fam yn ddynas ffantastig, dwi'n meddwl y byd ohoni hi, ond dwi ddim yn 'i charu hi ddigon i ...' Oedodd Eifion ar ganol ei bregeth.

Gollyngodd Gwen ei hun i'r gadair agosaf ac ymdrechu â'i holl enaid i beidio ymroi i'r panig oedd yn ei thagu. Roedd hi eisiau rhedeg, dianc, gwrthod wynebu'r hunllef oedd yn datblygu o'i blaen. Roedd hi'n teimlo fel actor mewn ffilm, a'r geiriau a glywsai yn sgript. Doedd hi ddim yn perthyn i'r olygfa yma.

'I be?' gwaeddodd Heledd.

'I aros yma, i fod efo'n gilydd go iawn.'

'Ond ma' Mam yn caru chdi! Ti'n gneud Mam yn hapus! 'Di hyn 'im yn gneud sens.'

'Dwi'n gwbod. 'Di o'm yn gneud sens i fi chwaith,' atebodd Eifion. Dechreuodd ei gorff yntau grynu a rowliodd deigryn yn araf i lawr ei foch. 'Dwi jest yn gwbod bod rhaid i mi fynd. Sori.'

'Sgin ti ddynas arall?' taflodd Heledd y cwestiwn yn syth ato.

'Nag oes. Nag oes siŵr. Fyswn i ddim ...'

Gwthiodd Heledd ei hun heibio i Eifion gan roi hergwd iddo o'r ffordd. Pan lapiodd ei breichiau o gwmpas ei mam, ymollyngodd Gwen a chrio o'i henaid.

'Paid â crio, Mam, plis paid â crio.' Roedd Heledd allan o'i dyfnder yn llwyr. Y hi arferai grio ym mreichiau ei mam, a doedd hyn ddim yn iawn.

'Dos o'ma!' sgrechiodd ar Eifion.

'Gwen ...' galwodd Eifion, yntau wedi ymroi i'w ddagrau erbyn hyn. 'Gwen ... sori.'

Cychwynnodd tuag ati ac estyn ei freichiau i afael amdani cyn i Heledd ei wthio o'r neilltu.

'Dos!'

Cwta deirawr yn ddiweddarach eisteddai Gwen yn ddiffrwyth wrth fwrdd y gegin, yn dal yn ei gŵn wisgo, ei hwyneb yn chwyddedig a choch a hancesi papur yn dusw o'i blaen. Roedd ei meddwl fel waltzer mewn ffair – pam na welodd hi hyn yn dod? Oedd 'na arwyddion, rhyw awgrym? Oedd pawb arall heblaw hi wedi sylweddoli bwriad Eifion; wedi rhagweld y corwynt oedd wedi ei llorio'n llwyr?

Ar ôl i Eifion hel ei bac yn frysiog a gadael y tŷ a llid Heledd yn atsain yn ei glustiau, roedd ei merch wedi galw am y cafalri. O ganlyniad, roedd Gwen yn swatio yng nghesail gynnes Sadie drws nesa. Er bod Sadie ddeng mlynedd yn iau na Gwen roedd y ddwy wedi dod yn ffrindiau mawr ers i Sadie a Roj brynu'r caffi yn y pentre. Roedd ei chalon yr un mor fawr â'i bronnau mamol, ac er na chafodd erioed y profiad o fagu ei phlentyn ei hun roedd hi wedi bod yn ail fam arbennig i Heledd a Gethin dros y blynyddoedd, yn ogystal â magu Ruby a Toby, plant Roj o'i briodas gynta.

'Dwi'n gwbod 'i bod hi'n teimlo fel diwadd y byd,' meddai yn ei llais addfwyn, 'ond mae gin ti deulu a ffrindia sy'n meddwl y byd ohonat ti. Ti 'di llwyddo i ddod drwy brofiad tebyg o'r blaen ac mi wnei di'r un peth eto.' Roedd presenoldeb tawel, cadarn Sadie yn gysur ynddo'i hun, ac roedd ei geiriau yn tawelu ebychiadau torcalonnus Gwen.

'Gwnei siŵr,' ategodd Meinir Haf, oedd yn gosod cardiau pen-blwydd ar y dresel ym mhen pella'r gegin. 'Ma'r plant yn hŷn rŵan. Ifanc oeddan nhw pan redodd y prat Tudur 'na i fwrdd efo'i ysgrifenyddes yndê ...'

'Athrawes oedd hi, dim ysgrifenyddes,' cywirodd Sadie.

'Athrawes 'ta. Fo odd ei bòs hi 'run fath!'

'A nath o'm rhedeg yn bell iawn naddo? 'Mond i'r pentra nesa,' ychwanegodd Gwen yn chwerw.

'Ta waeth!' aeth Meinir yn ei blaen yn llon. ''Y mhwynt i ydi y bydd hi'n haws tro yma – sgin Heledd 'mond chydig wsnosa ar ôl yn yr ysgol ac yna mi fydd hi'n gadael am y coleg, ac ma' Gethin yn ddwy ar hugain dydi – mae'n hen bryd iddo fynta adael y nyth, ac wedyn gei di ddechra cyfnod newydd!'

Roedd syniad Meinir o gysur yn hollol wahanol i un Sadie. Dechreuodd Gwen grio'n swnllyd eto, heb sylwi ar edrychiadau cyhuddgar Sadie i gyfeiriad Meinir. Syllodd honno'n ôl, cystal â gofyn 'Be ddeudis i?'.

Sythodd Meinir ei sgert fer dros ei chluniau siapus ac eistedd ar ben y bwrdd gan edrych ar ei hadlewyrchiad yn nrws y popty *stainless steel*. Roedd pob blewyn melyn yn ei le fel arfer, wedi ei sythu'n berffaith er gwaetha'i hangofyr. Allai neb wadu ei bod hi'n edrych yn dda am ei hoed, yn enwedig o ystyried y ffaith iddi fod yn partïo tan yr oriau mân. Gwnâi i Sadie druan edych yn fwy di-raen nag arfer yn ei sgert hir a'i haenau o dopiau llac, ei gwallt brown golau yn hongian yn ddi-siâp rownd ei hysgwyddau. Roedd yn anodd credu iddi fod unwaith yn *high flyer* mewn asiantaeth hysbysebu yn Llundain cyn iddi gael llond bol ar ffuantrwydd cystadleuol y byd hwnnw a ffeirio'i siwtiau a'i sodlau uchel am sandalau cyfforddus a dychwelyd adre i ogledd Cymru i agor caffi.

'Lle mae Eifion 'di mynd, 'ta?' gofynnodd Meinir. Chwythodd Gwen ei thrwyn.

''Nôl i'w dŷ.'

Trodd Meinir i edrych ar Gwen, ei gwallt yn ei dilyn fel llen sidan. 'Be? 'Di'r tŷ yn wag ganddo fo? Ro'n i'n meddwl 'i fod o'n mynd i'w osod o?'

'Dyna oedd y bwriad, ond ddaru fo rioed ddod rownd i neud,' atebodd Gwen.

Tynnodd Meinir wyneb. 'Wel, ma' hynna'n deud cyfrola!'

'Be ti'n feddwl?'

'Am faint fuo fo'n byw yma?'

'Bron i dair blynadd.'

'Mi gafodd o hen ddigon o amsar i "ddod rownd" i neud felly, do? Mae'n amlwg be 'di 'i broblem o, dydi?'

'Mae o'n ca'l rhyw fath o frêcdown,' meddai Gwen.

'Mae'n swnio felly ...' cytunodd Sadie.

'Am faint fuo fo efo'r hogan arall 'na?' torrodd Meinir ar ei thraws.

'Pa un?' gofynnodd Gwen yn ddryslyd.

'Yr hogan roedd o'n byw efo hi o dy flaen di.'

'Helen? Fuodd o 'mond efo honno am ddeunaw mis.'

'A be am yr hogan o flaen Helen?'

'Pa un?'

'Yr un roedd o'n byw efo hi.'

'Sara?'

'Am faint oedd o'n byw efo honno?'

'Rhyw ddwy flynadd dwi'n meddwl.'

'Wel, mae'n edrych yn debyg ei fod o'n ca'l mid-leiff creisus,' meddai Sadie, gan drio dwyn awenau'r sgwrs yn ôl. 'Does 'na 'run dyn yn ei iawn bwyll yn gadael perthynas hapus ar fympwy fel'na,' ychwanegodd.

'Oes! *Mae* 'na un math o ddyn,' meddai Meinir gydag osgo ditectif newydd gracio cês pwysig. Edrychodd y ddwy arall arni'n ddryslyd.

'Comutmentffôb! Mae'r arwyddion i gyd yna. Mynd o berthynas i berthynas gan addo'r haul a'r lleuad i bob un ma' siŵr, ond pan fydd petha'n mynd yn rhy gysurus mae o'n panicio a'i heglu hi – jest fel'na! Pwffff!' Cliciodd Meinir ei bysedd yn ddramatig. 'Fedran nhw ddim ymrwymo i neb. Ma' raid dy fod di'n sbeshal, yli – ti 'di para ddwywaith yn hirach na neb arall! Mi fedri di gymryd cysur o hynna.'

Syllodd Sadie ar Meinir yn rhybuddiol, ond roedd Gwen druan yn dal i drio gwneud rhyw fath o synnwyr o'r hyn a ddywedwyd.

'Ond mi ddaru fo ymrwymo i mi. Mi gawson ni Idwal efo'n gilydd,' mynnodd Gwen. Ar y gair agorodd y drws cefn yn swnllyd a saethodd bwndel blewog du, yn edrych fel clustog ar draed, drwyddo a gwibio rownd y stafell.

'Aaaa! Cadwa'r mwngral 'na'n ddigon pell oddi wrtha i wir Dduw – 'di o'm yn gall!' sgrechiodd Meinir, gan godi ei thraed, a'i sandalau ffasiynol, yn uwch oddi wrth y llawr.

'Idwal! Ty'd yma!' gorchmynnodd Gwen. Stopiodd Idwal yn stond a neidio ar ei glin. 'Dim mwngral ydi o – Cockapoo ydi o!'

'*Cockapoo?* 'Di hwnnw ddim yn frîd siŵr!' Edrychodd Meinir yn amheus ar y ci.

'Ydi tad – croes rhwng cocyr sbanial a pŵdl ydi o,' eglurodd Gwen. 'Ddaru ni ei ddewis o'n sbeshal achos 'ma Eifion yn asmatig, a 'di o'm yn colli ei flew.'

'Pwy – Eifion 'ta'r ci?' gofynnodd Meinir yn syth, a chyn i

Sadie gael cyfle i ddweud y drefn wrthi am wamalu ar adeg mor ddifrifol, syrthiodd Heledd i mewn drwy'r drws agored, ei gwynt yn ei dwrn a'i chôt laes goch yn fwd drosti.

'Ma'r ci 'ma'n nyts heddiw. Mae o'n dallt bod rwbath yn bod, deffo. Sbiwch golwg arna i! O, Mam ... nes i ffonio Nain. Ma' hi ar 'i ffordd.'

'I le?' gofynnodd Gwen.

'Yma 'de!'

Syrthiodd wyneb Gwen. 'O na! Fedra i'm handlo dy nain heddiw.'

'Ond ma' hi'n fam i chdi, dydi? Ro'n i'n meddwl 'sat ti isio dy fam. Chdi o'n i isio pan nath Nathan dympio fi, 'de?'

Gwenodd Gwen yn wan arni. Edrychodd Sadie a Meinir ar ei gilydd, yn gwybod yn iawn y byddai presenoldeb Eirlys yn debygol o wneud pethau'n waeth.

''Sa'n well i mi 'i throi hi,' meddai Meinir, a chodi oddi ar y bwrdd. Roedd gan Eirlys dueddiad i droi ei thrwyn arni ers i Meinir aros dros nos yn nhŷ Gwen pan oedd y ddwy yn bedair ar ddeg. Roedd y ddwy wedi sleifio allan a'u bryd ar chwilio am griw o fechgyn oedd yn campio ar ochr y mynydd uwchben y dre. Yn anffodus iddyn nhw, mi ddeffrôdd Eirlys i sŵn y giât yn gwichian ac aeth i'r ffenest mewn pryd i ddal y ddwy yn giglo'u ffordd i lawr y lôn. Meinir gafodd y bai, a hynny oherwydd mai ei chariad hi oedd un o'r bechgyn. Doedd Gwen ddim wedi dechrau mynd allan efo hogia bryd hynny er gwaetha swnian Meinir iddi afael ynddi er mwyn iddyn nhw gael mynd ar ddybl dêts. Chafodd Meinir erioed wahoddiad i aros yn nhŷ Gwen wedyn.

Cyn iddi gael cyfle i ddianc clywsant gorn car yn bibian yn uchel.

'Mam,' ochneidiodd Gwen. 'Methu parcio ... fel arfar.'

''Na i barcio iddi!' cynigodd Heledd wrth neidio am y drws.

'Na!' gwaeddodd Gwen.

'Pam lai? Fedra i ddreifio'n iawn!'

'Ond dw't ti ddim wedi pasio dy brawf ...'

''Sna'm rhaid pasio'r prawf i barcio, siŵr!'

Doedd gan Gwen mo'r egni i ddadlau efo'i merch bengaled. Canodd y corn eto.

'Dwi'n mynd rŵan beth bynnag – mi symuda i fy nghar,' meddai Meinir, gan symud yn nes at y drws. 'Ffonia i di heno.'

'Paid â mynd!' plediodd Gwen. 'Arhosa, mi wna i ginio mewn munud. Mi ddaethon ni â llwyth o fwyd yn ôl neithiwr ... mi oedd o'n ffantastig – diolch, Sadie.'

''Sa'n well i finna fynd hefyd,' meddai Sadie, heb symud o'i sedd.

'Plis arhoswch,' ymbiliodd Gwen, ei gwefus isa'n dechrau crynu drachefn. 'Plis.'

Eisteddodd Meinir yn ôl yn osgeiddig ar gongl y bwrdd a shifftiodd Sadie yn ei chadair.

'Mi fedra i aros am ryw awran. Ma' Roj ei hun yn y caffi ac mae angen gneud te bach ar gyfer y dosbarth ail iaith pnawn 'ma.' Hen ysgol fach y pentre wedi ei thrawsnewid oedd Caffi'r Gloch ac roedd Sadie a Roj wedi llwyddo i greu busnes bach llewyrchus drwy gyfuno bwyd cartre da ac awyrgylch hamddenol, cartrefol. Roedd y lle wedi datblygu i fod yn ganolfan bwysig i'r gymuned gan eu bod yn llogi'r ystafell gefn i wahanol fudiadau gyfarfod ynddi, fel y clwb dysgwyr yr oedd Roj ei hun yn aelod ohono.

Agorodd y drws cefn a hwyliodd Eirlys i'r gegin. Neidiodd Idwal oddi ar lin Gwen a rhedeg i'w chroesawu, ond wedi iddo ddeall na fyddai'n cymryd iot o sylw ohono trodd ar ei sawdl a'i heglu hi'n ôl i'w fasged i bwdu.

'Ydach chi i gyd yn fyddar yma?' ceryddodd Eirlys, gan edrych o amgylch y criw o ferched yn y gegin, pob un ohonyn nhw wedi mynd i'w chragen ym mhresenoldeb y ddynes fach a'i phersonoliaeth fawr. 'Dwi 'di bod yn bibian ers meitin! Mae 'na gar yn blocio'r dreif!' Edrychodd yn gyhuddgar ar Meinir. 'Dwi 'di gorfod gadael f'un i rwsut rwsut ar draws y lôn.' Gan mai 'rwsut rwsut' oedd steil dreifio arferol Eirlys doedd hynny ddim yn syndod.

''Na i 'i symud o i chi, Nain!' cynigiodd Heledd, a chyn i neb fedru dadlau cipiodd y goriadau o law Eirlys ac i ffwrdd â hi drwy'r drws. *One-nil* i Heledd eto, meddyliodd Gwen.

'Gweneirys!' Trodd Eirlys at ei merch. Ei mam oedd yr unig un fyddai'n defnyddio ei henw llawn, er i Gwen ofyn iddi beidio droeon. Roedd yn gas ganddi'r 'eirys' – a'r ffaith mai 'Iris' oedd ei ffugenw ymhlith plant Ysgol Uwchradd Glan Dŵr lle roedd hi'n athrawes gelf ers dwy flynedd bellach. 'Be ti'n da yn dy ddresin gown o hyd? Ma' hi'n amsar cinio!'

Roedd Eirlys yn ddi-lol ac yn blaen ei thafod ac yn meddwl y byd o'i merch er bod ganddi ffordd ryfedd o ddangos hynny. Gosododd ei hun ar ymyl y gadair agosaf at Gwen.

'Ma' Gwen 'di ca'l dipyn o sioc,' eglurodd Sadie'n garedig.

'Tydan ni i gyd!' meddai Eirlys. Edrychodd o'i chwmpas ar olion y parti pen-blwydd: y falŵn efo'r rhif 50 arni wedi ei chlymu i gefn cadair, y cardiau ar y dresel, y gwydrau siampên wedi eu golchi a'u gosod i sychu wrth y sinc. 'Parti da neithiwr?' gofynnodd. Crychodd ei gwefusau i greu'r hyn y byddai Heledd yn alw'n 'geg twll tin iâr Nain', sef yr ystum a ddynodai nad oedd rhywbeth yn plesio.

'Grêt,' cynigiodd Meinir, heb fod yn siŵr iawn be i'w ddweud o dan yr amgylchiadau.

'Doedd Heledd ac Eifion ddim yn meddwl y baswn i wedi mwynhau ...' eglurodd Eirlys.

'Wel, mi oedd hi'n swnllyd iawn yno,' meddai Meinir.

'Ac mi oedd Gwen yn deud eich bod chi'n ca'l traffarth clywad mewn llefydd swnllyd,' ychwanegodd Sadie'n garedig.

'Dwi'n clywad yn iawn!' brathodd Eirlys.

'Fasa'r noson ddim wedi bod at 'ych dant chi,' meddai Gwen yn dawel.

Trodd Eirlys ati. 'Pardyn?'

'Fysach chi ddim 'di mwynhau!' meddai'n uwch.

'Hy!' meddai. ''Sna'm rhyfadd bod yr Eifion 'na 'misio i mi fod yno. Cydwybod euog oedd ganddo fo siŵr. Cynllunio *hyn* doedd?'

'Dyna sy'n rhyfadd,' myfyriodd Gwen. 'Dwi'm yn meddwl 'i *fod* o wedi'i blanio fo.'

'Tydi hynny ddim yn gneud synnwyr! Pwy sy'n penderfynu jest gadael perthynas fel'na!' atebodd ei mam.

'Wel ...' dechreuodd Meinir, cyn newid ei meddwl a chau ei cheg. Eisteddodd y merched mewn tawelwch annifyr, ac roedd y pedair yn falch pan ddaeth Heledd yn ôl i'r tŷ. Gadawodd y drws yn agored y tu ôl iddi.

'Ma' Dad yma,' cyhoeddodd.

Edrychodd y lleill yn syn arni.

'Be mae *o* isio?' gofynnodd Gwen.

'Wel, o'n i'n ypset do'n ...' atebodd Heledd.

'*Ti 'di deud wrth dy dad?*' edrychodd Gwen arni'n. 'Ac mae o 'di dod *yma?*'

'Mi oedd o'n poeni amdanan ni. Isio gweld 'yn bod ni'n iawn.'

'Chwara teg iddo fo wir,' mwmialodd Gwen yn chwerw.

Cerddodd Tudur Ellis i ganol y gegin heb fod yn ymwybodol o'r annifyrrwch yr oedd ei bresenoldeb yn ei greu. Roedd yn ddyn golygus, smart, a'i wallt mor dywyll â gwallt ei ferch er ei fod yntau hefyd wedi cyrraedd ei hanner cant. Roedd ei osgo'n hyderus – a'i swydd fel uwch swyddog addysg, a phrifathro cyn hynny, yn golygu ei fod wedi arfer disgwyl a derbyn parch.

'Ewadd, mae 'na lond tŷ yma!' meddai â gwên. 'S'mai, *ladies?*'

Gwenodd Sadie arno ond trodd Meinir ei phen – wnaeth hi erioed faddau iddo am dwyllo'i ffrind gorau, a'i rhoi hi ei hun yn y sefyllfa annifyr ac anodd o orfod penderfynu oedd hi am ddweud wrth Gwen am ei affêr ai peidio wedi iddi ddarganfod ei dwyll.

Roedd Eirlys, fodd bynnag, wedi hen faddau. Cododd a mynd ato.

'Tudur!' meddai 'Sut wyt ti ers talwm?'

'Eirlys!' Plygodd i roi cusan ar foch ei gyn-fam yng nghyfraith. 'Rargian, dach chi'n edrach yn fengach nag oeddach chi'r tro dwytha welis i chi! Be 'di'r gyfrinach?'

Rhoddodd Eirlys chwerthiniad bach fflyrtiog. 'Ma'r un gyfrinach gin ti 'swn i'n deud!'

Rhoddodd Gwen ei phen yn ei dwylo. Un o'r rhesymau pam nad oedd hi a'i mam yn cyd-dynnu, er nad oedd ei mam wedi sylwi nad oedden nhw'n cyd-dynnu, oedd y ffaith fod Eirlys wedi aros yn ffrindiau efo Tudur ar ôl iddo adael Gwen am Glesni, oedd erbyn hyn yn wraig iddo. Ystyriai Gwen hyn yn frad o'r radd flaenaf ond doedd Eirlys ddim wedi sylwi. Roedd hi'n meddwl y byd o Tudur ers iddo fo a Gweneirys ddechrau canlyn yn y chweched dosbarth, ac wedi ymfalchïo yn esgyniad ei yrfa. A dweud y gwir, roedd hi'n fwy blin efo'i merch am fethu dal ei gafael arno nag yr oedd hi efo fo am ei gadael. Ystyriai Gweneirys yn dipyn o lond llaw fel merch, ac roedd yn amau mai felly y bu hi fel gwraig hefyd.

Trodd Tudur ei sylw at ei gyn-wraig.

'Gwen?'

Cododd Gwen ei phen i ddatgelu ei hwyneb chwyddedig. Roedd Tudur wedi gweld ei hwyneb felly o'r blaen. Edrychodd i ffwrdd.

'Ymmm ... Isio dymuno pen-blwydd hapus i chdi.'

Edrychodd Gwen arno, yn synnu bod dyn mor ddeallus wedi dweud peth mor wirion o ystyried yr amgylchiadau.

'Diolch,' meddai'n wan. Teimlodd don arall o gyfog yn llifo drosti o dan lygaid pawb ac anelodd at y sinc.

Dros y chwydu, clywodd pawb yn y gegin sŵn fel petai ceffyl yn carlamu lawr y grisiau, ac ymddangosodd Gethin mewn trywsus pyjamas a chrys T, ei wallt cyrliog coch yn disgyn yn ffasiynol dros ei lygad chwith. Roedd ôl cwsg diweddar arno, a safodd yn stond pan sylwodd fod llond y gegin o bobol.

'Wow! Parti arall?' Sylwodd ar y wynebau difrifol ac ar yr olwg oedd ar ei fam. Roedd Idwal, hyd yn oed, yn gorwedd yn dawel yn ei fasged.

'O shit,' meddai. 'Pw' sy 'di marw?'

Pennod 2

'Idwal!' sgrechiodd Gwen ar y belen ddu oedd yn taranu tuag at ddau fachgen oedd yn cicio pêl o gwmpas parc Coed y Brain. 'Idwal!' Chymerodd y ci ddim affliw o sylw ohoni – roedd o'n ddall a byddar i bopeth arall ar ôl iddo weld un o'i hoff bethau yn y byd i gyd: pêl. Rhedodd Gwen ar ei ôl ond doedd dim diben, oherwydd gwyddai'n union be fyddai'n digwydd nesa. Suddodd Idwal ei ddannedd i'r bêl a rhedeg oddi wrthi gan adael y bechgyn yn gweiddi ar ei ôl.

'Sgynnoch chi ddim control dros y ci 'na!' beirniadodd un ohonynt. 'Nath o fyrstio'n pêl ni wsos dwytha 'fyd!'

'Mae o'n gwrando'n lot gwell ar 'ych gŵr chi!' meddai ei gyfaill, yr un mor gyhuddgar. Edrychodd Gwen arnynt gan deimlo'r dagrau'n ffrydio eto. Aeth i'w phoced ac estyn ei phwrs. Tynnodd bapur ugain punt allan ohono a'i wthio i law un o'r bechgyn.

''Na chi, prynwch bêl arall,' meddai, gan geisio anwybyddu'r dagrau oedd yn powlio lawr ei gruddiau. Edrychodd y ddau fachgen mewn dychryn arni.

'Ym ... mae'n iawn, peidiwch â poeni ...' Gwthiodd y darn papur yn ôl i'w llaw.

'Gynnon ni un arall adra eniwe,' meddai'r llall.

'A' i i nôl 'ych ci chi, ylwch, 'mond isio chwara mae o,' cynigiodd y bachgen cyntaf, yn chwilio am unrhyw esgus i redeg oddi wrth y ddynes ryfedd oedd yn crio o'i flaen.

'Dach chi'n iawn?' gofynnodd y llall, a'i wyneb bach budur yn llawn consýrn. Gwnaeth hyn i ddagrau Gwen lifo'n waeth.

'Ydw, diolch,' meddai 'Sori, ma' ... ma' gin i annwyd,' ychwanegodd, gan ymbalfalu i fyny ei llawes i chwilio am hances.

'Iwshiwch waelod eich jympyr,' awgrymodd y bachgen yn garedig. 'Dyna fydda i'n neud.' Gwenodd Gwen arno gan ystyried mor abswrd oedd y sgwrs.

'Syniad da!' cytunodd, ac erbyn i'r bachgen arall ddychwelyd efo Idwal yn un llaw a'i bêl yn y llaw arall roedd Gwen yn chwythu ei thrwyn yn swnllyd yng ngwaelod ei chardigan.

Eisteddodd Gwen ar y fainc yn y parc a gwylio'r bechgyn yn cicio'u pêl dylledig am adre. Llithrai'r haul yn araf dros y bryniau ar y gorwel gan ddwyn y cynhesrwydd efo fo, ond wnaeth Gwen ddim sylwi ar y brath yn yr awel. Roedd tennyn Idwal wedi lapio'n dynn am ei llaw ac yntau'n eistedd yn ddigon tawel wrth ei hochr am unwaith. Roedd y bechygyn yn iawn, meddyliodd. Er ei bod hi'n meddwl y byd o Idwal, doedd ganddi fawr o reolaeth drosto. Doedd eu hargraff o reolaeth Eifion dros y ci ddim cystal – doedd yntau fawr gwell.

'Be dwi'n mynd i neud efo chdi dŵad, Idw bach?' gofynnodd Gwen i'r ci, a edrychodd yn ôl arni fel petai'n methu deall beth oedd y broblem. Gwenodd Gwen a chrafu top ei ben cyrliog. 'Fydd raid i ni ga'l trefn arnat ti, sti, yn enwedig rŵan bod Dad wedi mynd.'

Cododd lwmp i'w gwddw wrth gofio sut y bu iddi hi ac Eifion wirioni ar y bwndel bach blewog o'r munud y gwelsant o yn y cenel naw mis ynghynt. Roedd hi mor hapus y diwrnod hwnnw. Doedd hi ddim wedi bod yn hawdd iddi ddod i drystio dyn arall ar ôl cael ei brifo gan Tudur, ac yn y dechrau doedd ganddi ddim bwriad o fod yn ddim mwy na ffrindiau efo'r plymar ddaeth i drwsio ei boilar. Meinir wnaeth ei pherswadio i dderbyn ei gynnig i fynd allan am bryd o fwyd y tro cynta hwnnw. Cofiodd pa mor nerfus oedd hi, a sut y bu iddo lwyddo i wneud i'w nerfau ddiflannu efo'i allu i wneud iddi chwerthin; a gan bwyll bach dechreuodd ymddiried ynddo. Y diwrnod hwnnw yn y cenel, ymollyngodd yn llwyr i'r berthynas. A rŵan ... Daeth yr awydd i sgrechian drosti, gweiddi dros y parc yn ei rhwystredigaeth.

'Pam Idw? Pam?' gwaeddodd. Dychrynodd y ci a chlosio ati.

'Cheith o'm gneud hyn i ni. Cheith o ddim!'

Estynnodd ei ffôn o'i phoced efo llaw grynedig a thorrodd yr addewid a wnaeth iddi hi ei hun – ac i Meinir a Heledd – y diwrnod cynt, a ffonio Eifion. Atebodd yn syth.

'Hai ...'

Trawyd Gwen yn fud pan glywodd ei lais a chwffiodd y dagrau eto.

'Gwen ...? Gwen – ti'n iawn?'

'Be *ti'n* feddwl?'

'Dwi 'di bod yn meddwl dy ffonio di.'

'Pam 'sat ti'n gneud 'ta?'

Wnaeth Eifion ddim ateb.

'Cachwr!'

'Dwi wir yn sori ...'

'Ddeudist ti.'

'Dim dyma o'n i isio, sti,' meddai o'r diwedd, yn ddistaw.

Llamodd calon Gwen.

'Sdim rhaid i ti adael 'ta, nag oes!'

'Rhaid ...'

Ildiodd Gwen i'w dagrau a thrwyddynt erfyniodd:

'Plis Eifion. Plis! Paid â gneud i mi grefu arnat ti.'

Dechreuodd Idwal anystwytho, a neidiodd ar lin Gwen gan hewian.

'Idwal sy efo chdi? Lle w't ti?'

'Coed y Brain. Fedra i'm gneud efo'r ci 'ma ... ti'n gwbod sut mae o.'

'Be ti'n da'n fanna yr adag yma? Ma' hi'n dechra t'wllu. Ti isio i mi ddod yna?'

'Oes. Nag oes. Ia plis.'

'Fydda i yna rŵan.'

Dechreuodd calon Gwen ddrybowndian yn ei chlustiau wrth feddwl bod Eifion ar ei ffordd. Fyddai o'n teimlo'n wahanol heddiw? Ai Sadie oedd yn iawn, mai rhyw mid-leiff creisus oedd hwn? Rhyfeddodd unwaith yn rhagor na welodd hi beth oedd ar droed. Pan adawodd Tudur hi ar ôl bron i ugain mlynedd o briodas roedd hynny wedi bod yn gryn sioc, ond petai'n onest efo hi'i hun roedd yr arwyddion i gyd yno – y diffyg yn eu perthynas gorfforol, treulio mwy a mwy o amser yn dilyn eu diddordebau eu hunain, dim ond yn mynd allan fel cwpwl ar achlysuron arbennig a'r cecru diddiwedd am y plant a'r gwaith tŷ. Ar y pryd roedd Gwen yn credu mai dyna oedd y norm mewn priodas hirdymor – yn sicr, o siarad efo rhai o'i ffrindiau priod, doedd o ddim yn anghyffredin. Efallai y dylai fod wedi cymryd mwy o sylw, chwilio am gliwiau fod pethau'n dechrau mynd ar chwâl. Petai hi wedi sylwi ynghynt fallai y byddai wedi medru atal ei phriodas rhag chwalu'n llwyr. Roedd Gwen wedi addo iddi ei hun na fyddai fyth yn gwneud yr un camgymeriad eto – sut felly y methodd hi'r cliwiau y tro yma? Roedd Eifion yn ofalus ac yn gefnogol ohoni. Byddai'r ddau'n eistedd ochr yn ochr ar y soffa gyda'r nosau'n gwylio'r teledu a sgwrsio. Roedd hi wedi gwrando arno am oriau'n trafod manteision ac anfanteision y boileri béiomas a'r *eco thermal systems* diweddaraf, ac yntau wedi gwrando arni hithau'n mwydro am ei thrafferthion yn yr ysgol. Ac eto, fedrai hi ddim peidio ystyried ymateb pawb arall i sioc y diwrnod cynt. Heblaw Sadie a'i hempathi parod, rhyw agwedd 'O wel' gawsai gan bawb arall. Aeth ei mam mor bell â dweud nad oedd hi erioed wedi cymryd at Eifion, a 'Fedri di neud yn well na hwnna, mae o'n *boring*,' oedd geiriau Heledd a etifeddodd ddawn ei nain i siarad yn blaen.

Idwal welodd Eifion gynta. Dechreuodd grynu, wedi cyffroi'n lân. Gollyngodd Gwen ei dennyn a'i wylio'n dawnsio ei groeso i'w feistr. Bradwr, meddyliodd.

Eisteddodd Eifion yn betrusgar wrth ei hochr, a meddyliodd Gwen am yr holl adegau hapus pan oedd y ddau wedi eistedd yno'n gwylio'r ci yn mynd drwy'i bethau. Cofiodd ddod â fo i'r parc am y tro cynta, a'r holl sylw gawsai'r belen feddal, fywiog. Estynnodd am law Eifion a gafaelodd yntau yn ei llaw hithau fel petai hynny'r peth mwya naturiol yn y byd.

'Be 'di'r broblam, Eifion? Beth bynnag ydi o, mi ddown ni drosto fo. Mi fedra i newid. Dwi'n gwbod 'mod i'n gallu bod yn flêr ac yn ddifynadd ar adega, ac mae'r straen o ddod i ddygymod â bod yn athrawes yn fy ngneud i'n flin weithia ...'

Torrodd Eifion ar ei thraws.

'Dim chdi 'di'r broblam.'

'Be 'ta? Y plant? Dwi'n gwbod bod Heledd yn llond llaw, a tydi Gethin ddim yn tynnu'i bwysa, ond mae'r gwaetha drosodd. Mi fyddan nhw'n gadael ...'

'Ddim y plant ydi o chwaith. Y fi sy, Gwen. Ti'n berson ffantastig a dwi'n gwbod 'mod i wedi bod yn lwcus dy gael di ond ...' Edrychodd Eifion ar draws y parc tua'r bryniau yn y pellter.

'Ond be?'

'Dwn i'm. Mae'n anodd disgrifio sut dwi'n teimlo.'

'Tria!'

'Mae o fel 'tasa rwbath arall dros y bryn 'na yn 'y nenu i ...'

'Rhyw*beth* 'ta rhyw*un*?'

Edrychodd Eifion i lawr ar ei draed, yn amlwg yn cael trafferth mynegi ei hun.

'Wel, yn amlwg 'di o'm yn rhyw*beth* nac'di,' atebodd Gwen ar ei ran gan deimlo cynddaredd yn dechrau corddi yn ngwaelod ei bol – y tempar gwallt coch fel y byddai ei mam yn ei alw. Y gynddaredd roedd hi wedi gorfod dysgu ei ffrwyno a'i rheoli. 'Dwyt ti ddim y person mwya anturus, nag wyt? Ti'm 'di bod yn bellach na Tenerife, a'r peth mwya mentrus ti wedi'i neud ydi meiddio peidio ateb y ffôn pan mae dy fam yn ffonio!' Tynnodd ei llaw o law Eifion a throdd i edrych i fyw ei lygaid. 'Pwy ti'n feddwl wyt ti? Fedri di ddim trin pobol fel hyn, siŵr Dduw! Dyma 'di dy batrwm di, 'de? Dwi'n 'i weld o rŵan. Ma' Meinir yn iawn – fflitian o un ddynas i'r llall, addo'r byd iddyn nhw cyn panicio a rhedag i ffwrdd. Ti'n meddwl bod gwell i'w ga'l? Wel dos i chwilio amdano fo 'ta'r basdad stiwpid!'

Cododd ar ei thraed a dechrau baglu ei ffordd oddi wrtho gan lusgo Idwal ar ei hôl. Tynnodd hwnnw yn ei herbyn â'i holl nerth, yn gyndyn o adael ei feistr. Gollyngodd Gwen y tennyn.

'A gei di gadw dy basdad ci hefyd!' gwaeddodd. 'Mae o'n fwy o lond llaw na'i werth.'

Difarodd ei geiriau'n syth. Doedd hynny ddim yn wir.

'Iawn! Gymera i'r ci, dwi isio'r ci. Dwi'm yn meddwl y medri di gôpio efo fo beth bynnag,' atebodd Eifion.

Trodd Gwen yn ei hôl a chodi Idwal yn ei breichiau.

'Pwy sy'n deud na fedra i ddim côpio efo fo?'

'Chdi ddeudodd 'i fod o'n llond llaw.'

'Wel, mae o! Ond dydi hynny ddim yn golygu na fedra i ddim côpio efo fo.' Mwythodd Gwen y bwndel oedd wedi setlo'n ddigon cyfforddus yn ei breichiau.

'Yli, dwi'n dallt bod hyn i gyd yn anodd i chdi,' meddai Eifion, 'ond 'swn i'n rîli lecio tasat ti'n ystyried gadael i mi ga'l y ci, neu o leia gadael i mi 'i weld o. Mi fasa fo'n gallu dod efo fi yn y fan i'r gwaith amball waith.'

'Dim gobaith!'

'Gwna dy feddwl i fyny – doeddat ti ddim isio fo funud yn ôl!'

'Do'n i'm yn meddwl hynny siŵr. 'Di gwylltio o'n i.'

'Plis Gwen, dwi'n meddwl y byd ohono fo.' Cymerodd gam tuag atynt a chamodd Gwen yn ôl gan droi ei chorff rhwng Eifion a'r ci.

'Tyff!' meddai.

'Ci *ni* ydi o, cofia.'

'Wel, does 'na'm "ni" rŵan nag oes, felly 'nghi i ydi o.'

'Y fi dalodd amdano fo!'

Trodd Gwen ar ei sawdl a cherdded tuag at giât y parc gan daflu 'Ffyc off!' dros ei hysgwydd.

Pennod 3

Eisteddai Gwen yn ei char yn syllu'n syth yn ei blaen. Am unwaith, doedd y ffaith fod Heledd yn hwyr ddim yn ei chorddi. Doedd dim ots ganddi. Doedd hi'n teimlo fawr ddim a dweud y gwir. Agorodd drws ochr y teithiwr a lluchiodd Heledd ei bag i gefn y car cyn sodro'i hun yn y sedd flaen a thynnu'r feisor haul i lawr. Tynnodd focs o golur llygaid o'r bag yn ei llaw a dechrau rhwbio'r brwsh i'r powdwr mân. Oedodd, a'r brwsh hanner ffordd i fyny at ei llygaid.

'Ty'd 'laen, Mam, neu mi fyddan ni'n hwyr!'

Taniodd Gwen y car gan adael i eironi geiriau Heledd olchi drosti. Doedd ganddi ddim owns o awydd mynd i'w gwaith. Tybed allai hi gael papur doctor? Mi fyddai gan rywun hawl i gyfnod i ffwrdd ar ôl profedigaeth, ac roedd hi'n teimlo'n llawer gwaeth heddiw nag yr oedd hi pan fu farw ei thad druan ar ôl ei waeledd hir. Wedi'r cwbwl, roedden nhw wedi bod yn disgwyl y newyddion drwg hwnnw – yn wahanol iawn i ymadawiad Eifion. Ond, ystyriodd Gwen, mi fyddai wedi bod yn falch o gael dianc i'w gwaith bryd hynny er mwyn osgoi gorfod gwrando ar ei mam yn chwarae rhan y weddw druan ar ôl treulio blynyddoedd yn rhedeg ar y creadur.

Gorffennodd Heledd roi ei masgara a chadwodd y colur yn ei bag. Edrychodd ar ei hadlewyrchiad yn y drych bach. Roedd ei cholur yn berffaith fel arfer, ond doedd gan Gwen ddim syniad sut, a'r car yn bowndian dros y tyllau yn y lôn. Prin y gallai Gwen ymbincio yn y tŷ o flaen drych mawr.

'Mam! Yli golwg arnat ti! Ma' dy wallt di fatha nyth brân – a ti'm 'di rhoi mêc-yp!'

'Gad hi, Heledd. Dwi'n iawn.'

'Ti'm yn edrach yn iawn! Fydd pawb yn gwbod bod 'na rwbath yn bod. Ti'm isio edrach yn pathetic, nag oes? Chei di'm gadael i nob'ed fatha'r Eifion 'na neud i ti edrach fatha *loser*. Tynna fewn yn fanna.'

Ochneidiodd Gwen, gan nad oedd ganddi egni i ddadlau. Eisteddodd yn dawel a gadael i Heledd glymu ei gwallt yn ôl a thrin ei hwyneb. Wedi iddi orffen y coluro astudiodd Heledd ei gwaith.

'Wel, fedra i'm gneud 'im gwell na hynna – mae dy llgada di wedi chwyddo gormod. Sgin ti'm shêds?'

'Dwi'n iawn. Wneith neb sylwi arna i siŵr.' Taniodd y car fel petai mewn breuddwyd a'i anelu i gyfeiriad Ysgol Glan Dŵr.

Roedd Gwen wedi dod i'r casgliad nad oedd hi'n athrawes wrth reddf. Roedd hi wrth ei bodd efo'r disgyblion brwdfrydig oedd wirioneddol yn ymddiddori mewn celf, ond roedd trio dysgu'r rhai nad oedd ganddyn nhw owns o ddiddordeb yn y pwnc yn straen – ac yn anffodus roedd canran o'r rheini wedi dewis astudio'r pwnc i lefel TGAU, a hyd yn oed Lefel A, am eu bod nhw'n ei ystyried yn bwnc ysgafn, hawdd. Y gwir amdani oedd bod yn rhaid gweithio'n galed, a hynny'n annibynnol a thu allan i oriau ysgol, er mwyn bod yn llwyddiannus – ac roedd trio cael ei disgyblion i ddeall hynny yn ei llethu.

Ar Tudur roedd y bai ei bod hi'n athrawes. Doedd gwneud bywoliaeth ddim wedi bod yn rhywbeth y bu'n rhaid iddi boeni llawer amdano nes i Tudur ei gadael. I raddau helaeth roedd hi wedi bod yn wraig tŷ draddodiadol, wedi rhoi blaenoriaeth i gadw tŷ a magu plant, ond gallai hefyd ddweud iddi fod yn artist proffesiynol ers dyddiau ysgol pan fyddai'n gwneud mwclis bach allan o gaeadau poteli pop a'u gwerthu i'w ffrindiau. Ers iddi raddio o goleg celf Manceinion roedd hi wedi cael cyfnodau o greu gemwaith gan ddefnyddio'r hyn y byddai rhai'n ei ystyried yn sbwriel – darnau o hen watshys, hen emwaith ac yn y blaen – a'u gwerthu mewn ffeiriau crefft. Wrth i ailgylchu ddatblygu'n beth poblogaidd roedd y diddordeb yn ei gemwaith unigryw hefyd wedi cynyddu, ond fel y darganfu'n fuan wedi i gyflog Tudur beidio â chyrraedd y cartre, doedd gwerthiant ei gwaith celf ddim yn ddigon i fyw arno. Felly, dair blynedd ynghynt, penderfynodd Gwen fynd yn ôl i'r coleg i wneud ymarfer dysgu, rhywbeth yr wfftiodd ato yn ei hieuenctid, gan y byddai arian cynhaliaeth Tudur yn stopio wedi i Heledd adael yr ysgol.

Doedd y flwyddyn honno ddim wedi bod yn hawdd o bell ffordd. Roedd hi flynyddoedd yn hŷn na'i chyd-fyfyrwyr a bu'n anodd iawn cynnal tŷ a theulu dan bwysau'r gwaith coleg. Fyddai hi ddim wedi llwyddo heb anogaeth a chefnogaeth ymarferol Eifion – hebddo fo mi fyddai wedi rhoi'r ffidil yn y to cyn diwedd y tymor cynta. Roedd cael swydd yn syth wedi iddi orffen y cwrs, a hynny yn ei hysgol uwchradd leol, wedi dod fel sioc bleserus iddi, yn enwedig gan mai Meinir, ei ffrind gorau, oedd pennaeth yr adran Hanes yno ers blynyddoedd. Roedd Meinir wedi bod yn hynod o gefnogol, wedi ei llywio drwy ei chyfnod prawf a rhoi nerth iddi ddelio â Carys Puw, pennaeth yr adran Gelf a nemesis Gwen. Roedd Carys fel petai wedi cymryd yn ei herbyn o'r dechrau er gwaethaf ymdrechion Gwen i fod yn gyfeillgar, gan wneud yn glir mai hi oedd y bòs er mai dim ond dwy ohonyn nhw oedd yn yr adran.

'Oeddat ti'n gwbod bod Shannon Edwards yn sbrê-peintio cartons llefrith ar yr iard?' Torrodd llais Carys Puw ar draws ei breuddwyd. Edrychodd Gwen arni'n syn am ennyd, gan feddwl eto fyth pa mor debyg i ddau afal oedd ei bochau cochion tew. A dweud y gwir roedd ei siâp i gyd yn debyg i afal – afal bach crwn oedd yn edrych yn ddigon melys, ond a oedd yn chwerw iawn tu fewn. Fe'i bedyddiwyd hi yn Carys Pŵ gan y disgyblion oherwydd ei harferiad o drochi'i hun mewn persawr cryf.

'Ymm ... o'n,' meddai Gwen. Oedd hi? Fedrai hi ddim bod cant y cant yn siŵr o unrhyw beth oedd wedi digwydd y bore hwnnw gan fod ei meddwl ymhell o Ysgol Glan Dŵr a'i dwndwr.

'Be oedd ar dy ben di?' cododd Carys ei llais.

'Wel ... do'n i'm yn gweld pam lai ...'

'Dos allan i'r iard ac mi weli di pam lai!' poerodd Carys, a cheisiodd Gwen ddyfalu unwaith yn rhagor pam fod Carys mor annifyr efo hi. Roedd cael bòs yn dal i fod yn beth dieithr i Gwen, oedd wedi arfer bod yn atebol iddi hi ei hun a neb arall, ac roedd cael bòs bron i ugain mlynedd yn ieuengach na hi yn gwneud y profiad yn anos fyth, er nad oedd dadl mai Carys oedd yr athrawes fwya profiadol o bell ffordd. Yn wahanol i Gwen roedd Carys wedi anghofio am fod yn artist proffesiynol yn gynnar iawn yn ei gyrfa ac wedi penderfynu mynd, yn hytrach, i ddysgu.

'Ti'n mynd 'ta? Dy lanast *di* ydi o – gei *di* 'i glirio fo. Arhosa i yn fama efo'r rhain,' cyfarthodd Carys gan wgu ar ddosbarth 11N oedd yn glustiau i gyd. Mygodd Gwen yr awydd i ddweud wrthi pa mor amhroffesiynol oedd siarad fel hyn o flaen dosbarth o blant, ond am yr eildro'r diwrnod hwnnw doedd ganddi ddim egni i ddadlau felly allan â hi i'r iard.

Roedd Shannon Edwards yn sefyll ar yr iard yn edrych fel *caricature* o ddisgybl pwdlyd. Cuddiai'r trwch o baent a phowdwr ar ei hwyneb ei thlysni naturiol. Er ei bod yn ferch greadigol, beniog byddai Eirlys wedi'i galw yn 'dipyn o lancas'. Gafaelai mewn tun o baent coch, ac roedd rhes daclus o gartons llefrith coch wrth ei thraed. Wrth ei hochr safai Doug, y gofalwr canol oed, a'i wyneb yr un lliw â'r cartons.

'Miss! Ddudoch chi 'sa fo'n iawn ...'

'Sbia'r llanast ma' hon 'di neud!' Gwaeddai Shannon a Doug ar draws ei gilydd.

'Shannon! Lle ma' dy bapur newydd di?' gofynnodd Gwen yn anobeithiol, gan edrych ar y cochni oedd wedi llifo ar hyd yr iard o gwmpas y cartons.

'Mae'n edrach fel tasa 'na fwrdwr 'di digwydd yma!' meddai Doug.

'Nathoch chi'm deud 'tha fi am iwsio papur newydd, Miss.'

'Arglwydd, sgin ti ddim synnwyr cyffredin, hogan?' gwaeddodd Gwen.

Edrychodd Shannon yn fwy pwdlyd fyth.

'Sdim isio gweiddi ...'

'Lle dwi'n mynd i ga'l amsar i sgwrio hwn?' gofynnodd Doug yn gyhuddgar.

'Geith Shannon neud,' atebodd Gwen, gan obeithio datrys y broblem yn weddol ddiffwdan.

'Y?' meddai honno.

'Na cheith wir! Dydi *kids* ddim yn ca'l handlo cemicals. Helth an' sêffti.'

'Wel mi wna i 'ta!'

'Dwi'm yn meddwl bo' chdi damad yn fwy cyfrifol na hon! A dim jest matar o sgwrio ydi o chwaith – ma'r stwff llnau mor gry mae o'n gwanio wyneb yr iard, ac ma'n rhaid rhoi côt o *sealant* drosto fo, ac ma' hwnnw'n stwff drud, ac efo'r byjet dwi'n ga'l dyddia yma ...'

'Ydi hon yn ffrae breifat 'ta geith rhywun ymuno ynddi?' Torrodd llais Meinir Haf ar ei draws. Roedd hi'n cerdded ar draws yr iard tuag atynt yn gwisgo sgert fer, dynn, oedd yn dangos ei choesau siapus i'w heithaf. Er ei bod hi'n hanner cant roedd gwell siâp arni nag amryw o'i chyd-athrawon ieuengach, yn bennaf oherwydd ei genynnau ond roedd hi hefyd yn hoff iawn o gadw'n heini. Roedd ei gwisg mor anaddas â cholur Shannon ond doedd dim ffliwjan o ots ganddi. Gwisgai Meinir fel yr oedd hi'n byw ei bywyd – i blesio'i hun. Teimlai Gwen mor falch o'i gweld nes i'r dagrau fygwth llifo eto. Ymsythodd Doug gan ddatgelu ei fod yntau hefyd dan swyn yr athrawes Hanes.

'Shannon – coda'r cartons 'ma a dos yn ôl i dy ddosbarth,' meddai Meinir gydag awdurdod tawel. Ufuddhaodd y ferch yn syth, yn falch o gael dianc oddi wrth y ddau oedolyn afresymol o'i blaen.

'Sbia llanast!' meddai Doug wrth Meinir mewn llais oedd yn erfyn am gydymdeimlad.

'Plant, 'de!' meddai Meinir. 'Dydyn nhw ddim yn dallt canlyniada'u hymddygiad nac'dyn, ond sdim rhaid i mi ddeud hynny wrthat ti, nag oes Doug – ti'n dallt plant i'r dim, dwyt, a chditha'n gweithio'n eu canol nhw ers blynyddoedd.'

'Wel, tydi'r bygars bach ddim yn ca'l y gora arna i!' Ymsythodd Doug eto fyth. Closiodd Meinir ato a rhoi ei llaw ar ei fraich. 'A dwi'n siŵr nad ydi sbotia bach o baent yn sialens i ddyn dyfeisgar fatha chdi,' ychwanegodd cyn troi at Gwen. 'Glywist ti sut llwyddodd o i sortio problem drws y cwpwrdd yn fy stafall i, do?' Trodd yn ôl at Doug ac edrych i fyw ei lygaid. 'Jiniys!' Gwenodd Doug yn ôl arni, y Rottweiler blin wedi troi'n labradôr. 'Doug, sgiwsia fi, ond dwi angen benthyg Miss Siôn am chydig.' Rhoddodd Meinir ei braich am ysgwyddau Gwen a'i harwain ymaith yn daclus gan adael Doug yng nghanol y paent coch yn ysgwyd ei gynffon.

'Dwi wrth 'y modd efo dynion twp!' sibrydodd Meinir yng nghlust Gwen. 'Ti isio denig o'r lle 'ma? Awn ni am ginio i Gaffi'r Gloch – ty'd at 'y nghar i yn syth ar ôl y gloch.' Gwenodd Gwen yn ddiolchgar ar ei ffrind.

Yn eu hoff gornel yng Nghaffi'r Gloch, mwythodd Gwen ei chwpaned o goffi heb yfed tropyn ohono, gan edrych ar Meinir yn claddu platiad enfawr o jips cartre, ham ac wy. Roedd y caffi'n anarferol o brysur gan fod criw o gerddwyr newydd gyrraedd.

'Dwn i'm sut w't ti'n ca'l get-awê efo byta cymaint,' rhyfeddodd Gwen. ''Swn i'n magu pwysa taswn i hyd yn oed yn sbio ar hynna i gyd.'

'*Colli* pwysa fyddi di os na fyti di rwbath.'

'Da iawn! Dwi angen colli rhywfaint.'

'Ma' raid i ti fyta, siŵr, neu mi ei di'n sâl. Cym'ra ddarn o *quiche* enwog Roj – ti wrth dy fodd efo honno fel arfar.'

'Dwi'm isio bwyd.'

'Ti'n dal i deimlo'n sâl?'

'Chydig, ac mae 'ngheg i'n sych drwy'r amsar.'

'Wel yfa'r coffi 'na 'ta!' meddai Meinir gan rawio fforchiad arall o jips i'w cheg.

Edrychodd Gwen drwy'r ffenest a sipian ei choffi'n ara. Ymddangosodd Sadie o'r gegin ym mhen draw'r ystafell efo powlenaid o gawl a'i gosod o flaen Gwen.

'Wnei di ffafr i mi a thrio hwn? Ma' Roj 'di bod yn ecsperimentio efo tatws melys a sunsur, a 'di o ddim yn siŵr ydi'r cyfuniad yn gweithio.'

'O dwn i'm, sti, sgin i fawr o awydd ...'

'Plis?' gofynnodd Sadie gan droi ei chefn i dderbyn archeb gan y bwrdd o gerddwyr oedd yn amlwg yn llwglyd ar ôl eu taith yn yr awyr iach.

'Ocê 'ta, mi dria i ryw fymryn. Diolch,' galwodd ar ei hôl. Roedd y cawl yn hyfryd a gorffennodd Gwen y cyfan heb feddwl. Gwthiodd Meinir ei phlât gwag hithau oddi wrthi yn fodlon, ac eistedd yn ôl.

'Reit 'ta. Be 'di'r *P of A*?'

Edrychodd Gwen yn hurt arni.

'Y be?'

'*Plan of action*! Be ti'n mynd i neud rŵan?'

'Be ti'n feddwl?'

'I ddod dros y dyn dwl 'na 'de.'

'Dwn i'm ... Dwi'n dal i drio gneud synnwyr ...'

'Wel, 'swn i'n deud bod petha drosodd o ddifri.'

Dychwelodd Sadie at y bwrdd i gasglu'r llestri budron a gwenodd yn fodlon pan welodd fod powlen Gwen yn wag.

'Oedd y cawl yn iawn felly?'

'Neis iawn,' cadarnhaodd Gwen.

'O leia rw't ti 'di byta rwbath,' ategodd Meinir.

'Do,' gwenodd Sadie. 'Wyt ti'n teimlo rywfaint gwell?'

'Dim rîli.'

'Ti 'di clywed gan Eifion wedyn?'

'Naddo – a tydi hi ddim isio chwaith,' atebodd Meinir ar ei rhan.

'Falla y daw o at ei goed, sti. Dach chi angen siarad, mynd i weld rhywun fel *Relate* ella?' awgrymodd Sadie.

'Wel, fedri di mo'i gymryd o'n ôl – dim ond mynd eto fysa fo. Mi fetia i bod 'i fam o wedi'i fwlio fo pan oedd o'n blentyn, ac mai dyna pam 'i fod o ofn setlo efo 'run ddynas!'

'Mmm. Ma' hi'n sicr yn ddylanwad mawr arno fo o hyd.' Doedd Gwen erioed wedi cymryd at Beti, mam Eifion. Yn ddynes fawr ddiog, hi oedd yn gwisgo'r trywsus – er na welodd Gwen erioed mohoni'n gwisgo trywsus go iawn, ystyriodd; prin y bysa hi'n medru eu tynnu dros ei chluniau tewion. Roedd

Robat, ei gŵr tawel, wedi hen fynd i'w gragen ac wedi dysgu mai dweud dim oedd y peth callaf.

'Wel, dwi'n dal i feddwl mai ca'l rhyw greisus mae o ... ella 'i fod o angen help, bechod,' meddai Sadie.

'Bechod wir!' wfftiodd Meinir.

Canodd gloch o'r gegin i ddynodi bod ordor rhywun yn barod. Ymatebodd Sadie yn reddfol a throi tua'r gegin.

'Dwn i'm pa blaned ma' honna'n byw arni weithia!' wfftiodd Meinir ar ôl i Sadie fynd allan o'u clyw. Gwenodd Gwen. Y ddwy yma oedd ei ffrindiau gorau yn y byd – ond fyddai hi ddim yn bosib cael dwy fwy gwahanol. Roedd Meinir yn byw yn y presennol heb boeni gormod am y gorffennol na beth oedd o'i blaen. Ers dyddiau ysgol, roedd Eirlys wedi ei bedyddio'n 'yr hogan wyllt 'na'. Roedd Sadie, ar y llaw arall, yn hoff o ddadansoddi ac ystyried popeth; a doedd hi byth yn gwneud dim yn fyrbwyll.

'Mae un peth yn sicr beth bynnag,' torrodd Meinir ar draws ei meddyliau, 'rhaid i chdi roi'r ci gwirion 'na i Eifion.'

Edrychodd Gwen yn syn arni. ''Di o ddim yn gi gwirion! Mae o werth y byd.'

'Ond mae o'n nyts! Tydi o 'mond yn gwrando arnat ti pan mae'n ei siwtio fo.'

'Fatha pawb arall yn y tŷ 'cw! A dim ond fo fydd acw efo fi yn o fuan, fel y deudist ti dydd Sadwrn. Mae o'n gwmni i mi.' Roedd y syniad o golli'r ci hefyd yn ei dychryn i'r byw.

'Mae o hefyd yn cachu yn 'rar, rhedag ar ôl beics, byta peli ac yn swnian isio mynd am dro bob munud!' ychwanegodd Meinir. Anwybyddodd Gwen ei ffeithiau.

'Ti'm yn dallt, nag wyt. Mae o'n fwy na jest ci, mae o'n aelod o'r teulu.'

'Hmmmm.' Roedd Meinir yn amlwg yn cytuno efo rhan gynta'r frawddeg ond nid yr ail.

'Ac ma' Eifion isio ca'l ei weld o bob hyn a hyn,' ychwanegodd Gwen.

'Be? Fatha rhannu cýstodi 'lly?'

'Ia.'

'Neith hynny ddim gweithio siŵr. Os torri cysylltiad, torri cysylltiad go iawn.'

'Dwi'n dal i orfod bod mewn cysylltiad efo Tudur,' rhesymodd Gwen.

'Ond ci ydi Idwal.'

'Ac fel ti'n deud, mae o'n llond llaw felly dwi angen help efo fo.'

Edrychodd Meinir yn amheus.

'Wel, taswn i'n dy sgidia di mi fyswn i'n clymu'r ci yn sownd yn ei reilings o a phostio'i gachu fo drwy'r letyrbocs!'

Chwarddodd Gwen. 'Bysat ma' siŵr. Ti'm yn gall! A dwi 'di deud 'that ti – 'di o'm yn ca'l y ci!'

'Wel clyma fag o'i gachu fo i'r reilings 'ta!'

'Braidd yn eithafol ella?'

'Nac'di! Mae'r prat yn 'i haeddu fo!'

'Dwi'm yn meddwl yr a' i mor bell â hynna, ond mi wyt ti wedi rhoi syniad i mi be i neud efo gweddill ei stwff o ...'

Y noson honno, parciodd Gwen ei char mewn stryd dawel y tu ôl i Stryd y Bryn lle safai tŷ teras Eifion. Doedd hi ddim am barcio o flaen y tŷ gan fod gormod o gymdogion busneslyd, ac roedd hi am gwblhau ei thasg mor llechwraidd â phosib. Gafaelodd yn y bag bin du a'r darn o gardbord oedd ar y sêt gefn a brasgamodd tuag at dŷ Eifion gan drio peidio tynnu sylw ati ei hun. Roedd yn chwys oer. Tybed ai fel hyn roedd lladron yn teimlo, myfyriodd. Gwelodd fan las Eifion wedi'i pharcio tu allan i'w dŷ. Gwyddai y byddai o flaen y teledu yn gwylio *Coronation Street*, arferiad a etifeddodd gan ei fam er mawr ddiflastod i Gwen nad oedd byth yn gwylio operâu sebon. Wrth nesáu at y giât llaciodd geg y bag, a heb stopio cerdded tywalltodd ei gynnwys dros y reilings ar hyd yr ardd ffrynt i gyd. Gosododd y darn cardbord ar bostyn y giât. Arno mewn paent coch roedd y geiriau '*Clearance*: Helpwch eich hun'. Trodd ei chefn, ond cyn dechrau brasgamu i loches ei char taflodd gipolwg dros ei hysgwydd ar y dillad, CD's, llyfrau a thŵls oedd yn blith draphlith hyd yr ardd.

Cyrhaeddodd y car ac estyn yn syth am ei ffôn. Fedrai hi ddim peidio â chwerthin yn uchel wrth iddi decstio Meinir: 'Dwi 'di neud o! X'. Teimlai am y tro cynta ers dyddiau mai hi oedd yn rheoli ei bywyd ei hun, ac roedd o'n deimlad braf. Dychmygodd wyneb Eifion pan welai ei gymdogion yn cwffio dros y trugareddau oedd yn llanast o flaen y tŷ. Daeth ateb gan Meinir bron yn syth: 'Da'r hogan! Gobeithio tynnist ti lun! X'. Wnaeth hi ddim meddwl gwneud ar y pryd, ond gan ddal i biffian chwerthin penderfynodd ddreifio heibio'r tŷ a thynnu llun sydyn drwy ffenest y car. Wrth ddynesu sylwodd yn syth ar hoff siwmper Eifion oedd wedi bachu ar y reilings – crys chwys Seasalt glas tywyll oedd yr un lliw yn union â'i lygaid o. Hi oedd wedi'i brynu iddo pan oeddan nhw ar eu gwyliau yng Nghernyw, ac roedd hi wedi talu pris del amdano. Syrthiodd y wên oddi ar ei hwyneb. Be ddiawl oedd hi wedi'i wneud? Ymddwyn fel cymeriad yn un o'r operâu sebon roedd Eifion mor hoff ohonyn nhw! Stopiodd y car tu allan i'r tŷ, neidio allan a chanu cloch y drws. Trodd ar ei sawdl a neidio'n ôl i'w char gan gipio'r arwydd oddi ar bostyn y giât wrth basio a gyrru oddi yno mor gyflym ag y gallai.

Fel roedd hi'n cyrraedd adre bibiodd ei ffôn i ddweud ei bod wedi derbyn tecst – Eifion! Parciodd y car rywsut rywsut i'w ddarllen, a'i chalon yn dyrnu. 'Diolch. Ma' siŵr 'mod i'n haeddu hynna. X'. Darllenodd y tecst eto. 'X'? Be oedd ystyr hynna? Arferiad? Na, roedd o wedi teipio atalnod llawn o'i flaen o, felly roedd yr 'X' yn fwriadol. Teipiodd ei hateb. 'Oeddat, ond sori'. Oedodd ennyd cyn penderfynu ychwanegu 'X' – a dechreuodd ddifaru cyn gynted ag y pwysodd y botwm anfon. Syllodd ar sgrin y ffôn a darllenodd ei neges eto. Erfyniodd ar i'r ffôn ddirgrynu efo neges arall, ond na. Dim smic. Teimlodd gryndod yn ei bol ac roedd ei cheg yn sych grimp eto. Roedd ganddi gur yn ei phen a theimlodd ei chorff yn mynd yn drwm, yn rhy drwm iddi fedru ei gynnal, bron. Diffoddodd injan y car ond allai hi ddim dringo ohono. Allai hi ddim symud, dim ond eistedd yno'n llipa. Dechreuodd dagrau poeth rowlio'n araf i lawr ei bochau a lledaenodd y cryndod drwy ei chorff i gyd. Llifodd y dagrau'n gyflymach, nes iddi deimlo fel petai'n colli pob rheolaeth ar ei bywyd eto. Dychrynodd pan glywodd gnoc ar y ffenest. Heledd.

'Be ti'n neud yn ista'n car? Ty'd i'r tŷ wir Dduw – ma' Idwal yn mynd yn nyts!'

Pennod 4

'Mam!' sgrechiodd Heledd o waelod y grisiau. 'Ma' Gethin 'di gorffan y llefrith i gyd!'

Ochneidiodd Gwen. Bore arall ...

'Mae o'n gwbod bod gin i arholiad bora 'ma ...'

'Be sgin hynny i neud efo llefrith?' gwaeddodd Gethin o'i stafell wely.

'Ti'n gwbod 'mod i'n gorfod ca'l brecwast iawn cyn arholiad!'

'Wel, ti byth yn byta brecwast fel arfar! A dim 'y mai fi ydi o bod Mam ddim 'di dŵad â digon o lefrith.'

'Rhaid i fi ga'l brecwast, ne neith 'y mrên i ddim gweithio!'

'Pa frên?'

Ymlwybrodd Gwen yn araf allan o'i hystafell wely ar ôl noson arall o droi a throsi. Doedd ganddi ddim amynedd bod yn reffarî i'r ddau yma eto. Cerddodd lawr y grisiau i wynebu Heledd flin.

'Rargian annw'l – newch chi'ch dau stopio sgrechian dros y tŷ? Mi fyddwch chi'n deffro gweddill y pentra ar y rêt yma. Dach chi'n bihafio fel plant ysgol feithrin!'

'Fo 'di bai. Mae o'n gwbod ...'

'Heledd!' torrodd Gwen ar ei thraws. 'Byta fanana. Banana 'di'r peth gora gei di i roi hwb i'r 'mennydd.'

'Ma'r mwnci 'na 'di byta'r bananas i gyd hefyd!' Agorodd drws y llofft a daeth Gethin allan a rhedeg hyd y landin gan ddynwared mwnci.

'W-w-w a-a-a w-w-w a-a-a!'

'Gethin!' gwaeddodd Gwen ar ei mab. Gwyddai mai un o hoff bleserau Gethin oedd tynnu ar ei chwaer, ond roedd wedi gobeithio y byddai'n gadael llonydd iddi a hithau yng nghanol ei harholiadau lefel A. Pan oedd o'n sefyll ei arholiadau lefel A dair blynedd ynghynt, wyddai Gwen ddim eu bod nhw wedi dechrau nes iddi gael galwad o'r ysgol yn gofyn pam roedd Gethin yn hwyr i'w arholiad, a bu'n rhaid iddi ei lusgo o'i wely. Yn wyrthiol, llwyddodd i gael tair lefel A ddigon parchus, diolch i'w allu naturiol yn hytrach na'i ymroddiad i'w waith, a bu ar 'flwyddyn allan' byth ers hynny, yn methu penderfynu ar brifysgol na chwrs. Treuliodd flwyddyn – cyfnod pryderus iawn iddi, cofiodd Gwen – yn teithio o amgylch De America, cyn cael gwaith tu ôl i'r bar yn nhafarn boblogaidd y Llew Aur yn y dre. Yno roedd o o hyd, yn ddigon bodlon ei fyd er mawr siom i'w dad oedd wedi disgwyl pethau mawr gan ei fab disglair. Weithiau, byddai Gwen yn amau bod Gethin wedi dewis ei lwybr yn fwriadol er mwyn cosbi ei dad a dial arno am adael y teulu.

'Pam wyt ti 'di codi mor fora beth bynnag?' gofynnodd, wrth iddo ddiflannu i'r ystafell molchi.

'Sgota efo'r hogia,' atebodd a rhoi clep i'r drws ar ei ôl.

'Mam!' mynnodd Heledd ei sylw, a sylwodd Gwen fod y dagrau'n dechrau cronni felly gafaelodd amdani.

'Heledd bach, paid â chynhyrfu dy hun.' Yn wahanol iawn i'w brawd roedd Heledd yn cymryd ei gwaith ysgol o ddifri, ac yn uchel iawn ei chloch ynghylch y straen roedd yr arholiadau'n ei greu iddi. Ond fel Gethin roedd ganddi ddigon yn ei phen, ac roedd wedi etifeddu natur uchelgeisiol ei thad. Bwriadai fynd i Brifysgol Caerdydd i astudio Seicoleg ond roedd yn rhaid iddi gael dwy A ac un B yn ei lefel A i wneud hynny – ac fel y deallai Gwen erbyn hyn, allai hi ddim gwneud hynny heb frecwast.

'Picia drws nesa. Dwi'n siŵr bydd gan Sadie ddigonedd o lefrith,' awgrymodd.

'Fyddan nhw ddim 'di codi.'

'Byddan siŵr – mi fyddi di'n lwcus i'w dal nhw cyn iddyn nhw fynd i agor y caffi.'

'*Dwi*'m yn mynd. Dos di!'

'Dwi'm 'di molchi eto.'

'Fedri di'm molchi rŵan eniwe – ma'r mwnci 'na yn y bathrwm!'

'Paid â bod yn afresymol. Dau funud fyddi di ...'

'Ti'n gneud dim i fy helpu i, Mam, a ti'n gwbod pa mor bwysig ydi'r arholiada 'ma!'

'Heledd! Ti'n gwbod nad ydi hynna'n wir.'

'Ti'n poeni mwy am y blydi Eifion 'na. Wel mae o 'di mynd! *Get over it!*'

Oedodd Gwen am ennyd cyn brathu ei thafod, troi ar ei sawdl a chychwyn am y drws cefn.

'Mam! Sori. Do'n i'm yn feddwl o ...'

'Wel mi ddylsat ti ddysgu meddwl cyn agor dy geg 'ta,' meddai dros ei hysgwydd.

'Iŵ hŵ!' Erbyn i Gwen agor drws cefn y tŷ drws nesa roedd yr ysfa i adael i'w dagrau lifo bron â phasio. Roedd Roj yn eistedd wrth y bwrdd brecwast yn y gegin fodern, daclus, yn bwyta powliad o fiwsli.

'Hi Roj, sorry to disturb you so early ...'

'Cymraeg, plis!' torrodd Roj ar ei thraws gan dynnu cneuen o'i locsyn cringoch. Roedd o wedi bod yn dysgu Cymraeg ers priodi Sadie dair blynedd ynghynt ac yn awyddus iawn i fanteisio ar bob cyfle i siarad yr iaith.

'Nest ti neud fi neidio rŵan! Methu fy ngheg i! Welist ti hynna? Treiglad pherffaith!'

'Sori!' meddai Gwen, oedd yn ei chael hi'n anodd dod i arfer â siarad Cymraeg efo Roj, neu ei helpu i 'groesi'r bont' fel y byddai o'n galw ei siwrnai ieithyddol i fod yn siaradwr Cymraeg.

'Isio gofyn ffafr ydw i. Sgynnoch chi lefrith i'w sbario?' gofynnodd yn araf.

Edrychodd Roj yn ofalus arni, ac er ei fod yn ystyried ei hun yn 'ddyn newydd', yn ystyriol ac yn gwneud ei siâr o gwmpas y tŷ, doedd o ddim – fel y rhelyw o'i ryw – yn gyfforddus yng nghwmni dynes ar fin dagrau. Cododd.

'Oes siŵr ... ym ... a' i i nôl Sadie. Sadie! Gwen's here!'

Daeth Sadie drwodd, yn synnu gweld ei ffrind mor gynnar yn y bore, a dihangodd Roj â rhyddhad.

'Gwen? Ti'n iawn?'

'Yndw tad! 'Mond isio benthyg llefrith. Mae arholiada Heledd wedi dechra, ac mi ydan ni gyd yn diodda.'

'A!' meddai, ac estyn am garton o lefrith o'r ffrij. 'Neith semi?' Sylwodd Gwen fod cynnwys y ffrij yn hynod drefnus, yn hollol wahanol i'w ffrij hi lle roedd popeth blith draphlith – os oedd y plant yn cofio rhoi'r bwyd yn ôl ynddi o gwbwl.

'Rwbath wir! 'Mond digon iddi ga'l brecwast. Dwi 'di pregethu ers blynyddoedd pa mor bwysig ydi pryd cynta'r dydd a tydi hi ddim 'di cymryd owns o sylw – ond rŵan mae'r byd ar ben am fod 'na'm llefrith iddi i'w roi ar ei chorn fflêcs.'

'Mae 'na ddigon yn fanna i chdi ga'l peth hefyd, yli.'

'Dwi'm 'i angen o i gyd, sti. Dwi'n iawn.'

Edrychodd Sadie ar ei ffrind. Roedd hi'n dair wythnos ers i Eifion adael ac roedd torcalon wedi gadael ei ôl arni. Roedd bagiau duon o dan ei llygaid a'i ffrog flodeuog yn edrych yn llac amdani.

'Rhaid i chdi edrach ar ôl dy hun, sti.'

'Mi ydw i.'

Edrychodd Sadie'n amheus arni.

'Mi ydw i!' mynnodd Gwen.

'Ty'd draw am swpar heno.'

'Diolch Sadie – 'swn i wrth 'y modd, ond well mi aros adra ne mi fydd Heledd yn cwyno 'mod i ddim yna iddi a hitha ar ganol ei harholiada, er mai ond cocyn hitio ydw i iddi fel arfar!'

'Mi bicia i draw i dy weld di 'ta. Ma' gin i gwpwl o lyfra i ti.'

'Iawn. Grêt. Well i mi fynd i dywallt hwn ar gorn fflêcs yr hogan 'ma. Wela i di'n munud. Diolch!'

Ddwyawr yn ddiweddarach roedd Gwen yn sefyll o flaen dosbarth 9P yn trio pwysleisio iddyn nhw bwysigrwydd gorffen eu prosiectau er mwyn cael unrhyw siawns o astudio TGAU Celf y flwyddyn nesa. Dim ond rhyw chwarter o'r plant oedd yn gwrando, sef y chwarter oedd eisoes wedi gorffen eu prosiectau.

'Newch chi plis wrando? Dwi'm yn deud hyn er lles fy iechyd. Dwi'n trio'ch helpu chi!' Ochneidiodd. Roedd hi'n dechrau dod i gredu ei bod yn amhosib cael dosbarth o blant i eistedd a gwrando. Roedd hi wedi bod yn un siaradus yn y dosbarth pan oedd hi yn yr ysgol, ond feiddiodd hi, na'i ffrindiau, erioed fod mor haerllug efo'u hathrawon ag yr oedd rhai o ddisgyblion Glan Dŵr.

'Faint ohonach chi sy'n bwriadu cymryd Celf flwyddyn nesa?' gofynnodd, gan obeithio i'r nefoedd y byddai'r chwarter oedd wedi rhoi eu gwaith i mewn yn eu mysg. Dim ond dwy o'r rheini roddodd eu dwylo i fyny. Edrychodd ar weddill y dwylo a dechreuodd anobeithio. Dyma ni eto, meddyliodd, criw arall oedd yn siŵr o fod yn dewis y pwnc am y rhesymau anghywir.

'Wel, chewch chi mo'ch derbyn os na fyddwch chi'n rhoi eich gwaith i mewn, a bod hwnnw o safon dderbyniol!'

'Sgynnoch chi'm hawl 'yn gwrthod ni, Miss!' meddai Jason Dooley. Lwmpyn mawr diog o fachgen oedd Jason oedd yn ymddiddori mwy mewn plagio'i athrawon nag mewn gwrando a dysgu.

'Mi ffendi di bod gin i,' atebodd.

'Miss Pŵ 'di pennaeth yr adran – hi fydd yn deud!'

'Miss *Puw*.'

'Dyna ddeudis i!'

'Naci Jason, ti'n gwbod yn iawn be ddeudist ti.'

'Be ddeudis i 'ta?'

'Miss Pŵ!'

'W-y ... dwi'n deud bo' chi 'di galw Miss Puw yn Miss Pŵ!'

Dechreuodd gweddill y dosbarth chwerthin yn wirion a suddodd calon Gwen.

'Dyna ddigon!' Trodd ei sylw at ei ffôn oedd yn canu yn ei bag llaw. Cythrodd iddo'n syth, gan ddamio ei bod wedi anghofio ei roi ar *silent*.

'Hei, Miss – 'dach chi'm i fod i ddod â ffôns i'r dosbarth!' gwaeddodd Jason Dooley arni, yn haerllug eto.

'Lwcus mai ond *un* ffôn sgin i felly, 'de?' atebodd Gwen, yr un mor haerllug. Cyn iddi bwyso'r botwm i'w ddiffodd sylwodd ar enw a llun Eifion ar y sgrin. Dechreuodd gyffroi – doedd hi ddim wedi clywed ganddo ers iddi adael ei stwff yn ei ardd. Pwysodd y botwm ateb yn frysiog.

"Rhosa funud,' meddai wrtho. '9P – cariwch ymlaen efo'ch gwaith,' gorchmynnodd cyn camu i'r coridor a chau drws y dosbarth ar ei hôl.

'Be sy?'

'Sori styrbio chdi ...'

'Dwi ar ganol gwers.'

'Wel do'n i'm yn disgwl i chdi atab.'

'Pam ti'n ffonio fi 'ta?'

'I adael negas ar dy beiriant di.'

'Be sy?'

'Idwal ...'

'Ti'n fy ffonio i yn 'y ngwaith i fwydro am y ci? Anghofia fo. Fi bia fo rŵan.'

'Wel ella ddyliat ti edrach ar ei ôl o'n well 'ta.'

'Be ti'n feddwl?'

'Dwi newydd ga'l galwad gan y fet. Ma' rhywun 'di dod o hyd iddo fo'n crwydro hyd y pentra. Lwcus fod ganddo fo *chip* – mi sganiodd y fet o i weld pwy oedd bia fo.'

'Sut ddiawl ...? Ma' raid bod Gethin 'di gadael y tŷ heb jecio'i fod o i mewn. Aros nes ca' i afael arno fo. A' i i'w nôl o amser cinio.'

'Dwi 'di bod yn barod. Ges i anferth o groeso.'

Teimlodd Gwen bwl o genfigen heb ddeall yn iawn ai cenfigennus o'r ci ynteu Eifion oedd hi.

'Lle mae o rŵan?'

'Dwi 'di gorfod mynd â fo efo fi ar joban.'

'Lle w't ti? Ddo' i i'w nôl o.'

'Sdim rhaid. Ddo i â fo draw ar y ffor' adra.'

Roedd Gwen wedi cynhyrfu cymaint, ac roedd cymaint o sŵn yn dod o'r dosbarth, fel na chlywodd gamau Carys Puw y tu ôl iddi.

'Gwen! Be sy'n digwydd?'

O na, meddyliodd Gwen, ac wrth ffarwelio'n frysiog ag Eifion ceisiodd guddio'i ffôn y tu ôl i'w chefn.

'Waeth i ti heb â thrio'i guddio fo. Ro'n i'n gweld yn iawn dy fod di ar y ffôn. Dwi'n cymryd mai galwad bersonol oedd honna. Ti'n ymwybodol o'r rheola!'

'Sori ... problam 'di codi ...'

'Yli – dwi'm isio gwbod am dy broblema di. Rw't ti yn fama i neud job o waith ...'

Drwy gornel ei llygaid sylwodd Gwen fod Jason Dooley'n eu gwylio drwy'r gwydr yn nrws y dosbarth ond roedd ffiws Gwen wedi'i danio erbyn hyn a doedd dim diawch o ots ganddi. Roedd hi wedi cael llond bol o Carys yn ei thrin fel un o'i disgyblion. Talsythodd o flaen ei phennaeth adran.

'Dwi'n gwbod pam dwi yma, diolch yn fawr, a dwi ddim angen rhyw jolpan drwynsur fatha chdi, sgin ddim syniad sut i drin pobol, i ddeud wrtha i. Rŵan, wnei di fy sgiwsio fi? Mae 9P yn disgwl amdana i.' Agorodd ddrws y dosbarth i weld y plant i gyd ar eu traed er mwyn ceisio gweld beth oedd yn digwydd yn y coridor.

'STEDDWCH!' Ufuddhaodd pob un gan sylweddoli'n reddfol nad oedd y Miss Siôn yma'n un i'w chroesi. Taflodd Gwen gipolwg ar Carys, oedd yn sefyll y tu allan a'i hwyneb yn fflamgoch.

'Mae'n ddigon embarysing ca'l mam yn gweithio'n yr ysgol heb i honno ddechra cwffio yn y coridor!' Roedd Heledd wedi aros nes bod y ddwy ohonyn nhw yn y car ar eu ffordd adre cyn dechrau dweud y drefn.

'Do'n i ddim yn cwffio, siŵr.'

'Wel dyna 'di'r stori – chdi a Carys Pŵ yn cwffio yn y coridor a Jason Dooley 'di gorfod 'ych gwahanu chi!'

Dechreuodd Gwen biffian chwerthin wrth lunio cartŵn yn ei phen o'r digwyddiad honedig.

'Dwi'n falch bo' chdi'n 'i weld o'n ddoniol, 'chos dwi ddim! Lwcus mai ar ôl yr arholiad y clywis i'r stori!'

'Ty'd 'laen, Heledd, ti'n gwbod na fyswn i ddim yn gneud peth mor wirion â hynna.'

'Dwi'm yn gwbod wir ... ti'm yn chdi dy hun dyddia yma.'

'Hi ddechreuodd 'y nhrin i 'fath ag un o'r plant, ac mi ddeudis i'n glir nad oedd hynny'n dderbyniol.'

'Be ddeudist ti wrthi?'

'Dwi'm yn cofio'n iawn ...'

'Mam! Be ddeudist ti?'

'Deud 'i bod hi'n jolpan drwynsur sy ddim yn gwbod sut i drin pobol.'

'Nest ti ddim!'

'Do.'

'Wel, mi oeddat ti'n deud y gwir, eniwe. Wyt ti mewn trwbwl rŵan?'

'Nac'dw siŵr! Ges i air bach efo Elgan ac ma' bob dim yn iawn. Dwi'm hyd yn oed wedi gorfod ymddiheuro iddi.'

Bu Gwen yn ddigon call i fynd i weld Elgan Price, y pennaeth, yn syth ar ôl y wers ac esbonio popeth iddo cyn i Carys gael cyfle i gwyno amdani. Roedd o eisoes yn ymwybodol o'r tor-perthynas, gan fod Meinir wedi dweud wrtho fod Gwen dan straen. Roedd o hefyd yn adnabod Carys ac yn gwybod pa mor anodd y gallai hithau fod, ac yn sylweddoli fod Gwen yn llygad ei lle – doedd hi ddim yn un dda am drin pobol – ond gwyddai Elgan mai dyma un o'i gryfderau o, ac y gallai setlo'r mater efo ychydig o'i *charm* arferol.

Roedd cerdded tuag at y tŷ heb glywed sŵn Idwal yn cyfarth ei groeso yn deimlad rhyfedd. Daethai'r ci i adnabod sŵn ei char, ac roedd y cyfarthiad a gâi hi yn wahanol i'r cyfarthiad o rybudd a gâi unrhyw gar dieithr. Teimlad rhyfeddach fyth oedd cerdded i'r tŷ a pheidio cael ei groeso gwallgof – y rhedeg 'nôl ac ymlaen a rownd a rownd, yn trio'i orau i beidio neidio rhag cael cerydd.

'Lle ma' Idwal?' gofynnodd Heledd, yn sylwi ar ei absenoldeb yn syth.

'Gan Eifion.'

'Y? 'Di o'm yn ca'l 'i gadw fo nac'di?'

'Nac'di! Gethin adawodd y tŷ bora 'ma heb neud yn siŵr bod Idwal i mewn. Mi ffoniodd y fet Eifion i ddeud bod rhywun wedi dod o hyd iddo fo.'

'Gethin! *Idiot*! Pryd ma' Eifion yn dod â fo'n ôl?'

'Ar y ffordd o'i waith.'

'Paid â gofyn iddo fo ddod i'r tŷ, cofia.'

''Na i ddim,' addawodd Gwen, heb fwriad o gadw at yr addewid hwnnw. Roedd hi wedi dechrau gobeithio, yng ngwewyr ei hiraeth, mai Sadie oedd yn iawn – mai mid-leiff creisus a gawsai Eifion ac y deuai at ei goed. Ac roedd yn rhaid iddyn nhw drafod Idwal. Efallai y dyliai hi adael i Eifion gael ei weld o bob hyn a hyn. Byddai hynny'n help ymarferol iddi hi yn ogystal ag yn ffordd o adael drws eu perthynas yn gilagored.

Erbyn i Gwen glywed sŵn fan Eifion y tu allan roedd hi wedi newid o'i dillad ysgol i ffrog ysgafn o liw porffor golau oedd yn gweddu iddi i'r dim, ac wedi rhoi crib drwy ei mwng gwyllt a thwtio'i cholur. Clywodd Idwal yn hyrddio'i hun yn erbyn y drws cefn yn ei gyffro a rhewodd wrth ddisgwyl i'r drws agor, ond wnaeth o ddim. Doedd o erioed am adael y ci yn yr ardd? Estynnodd am ddolen y drws a'i agor fel yr oedd Eifion yn codi ei law i gnocio. Safodd y ddau'n chwithig a'r ci'n dawnsio o'u hamgylch.

'Do'n i'm yn lecio jest cerddad i mewn ...'

'Nag oeddat, ma' siŵr.'

'Ti'n iawn?'

'Fel y gweli di fi.'

'Ti'n edrach yn dda.'

Allai Gwen ddim dweud yr un peth amdano fo. Roedd ganddo dwf tridiau da o locsyn a chysgodion duon o dan ei lygaid. Oedd o'n difaru?

'*Ti*'n iawn?' gofynnodd iddo.

'Ydw, diolch. Prysur efo gwaith ar y funud. Mwy o waith nag y medra i 'i neud.' Roedd ei fusnes plymio un dyn wedi tyfu'n sylweddol dros y tair blynedd diwethaf ac roedd ganddo enw da am fod yn ddibynadwy a thrylwyr.

'Dwi 'di bod yn deud 'that ti am ga'l prentis.'

'Dwi'n meddwl y bydd raid i mi, ne gwrthod gwaith – ac ma' hynny'n mynd yn groes i'r graen.'

'Ti am ddod i mewn?'

''Sa'n well i mi beidio.'

'Ty'd. Rhaid i ni benderfynu be i neud efo Idwal,' meddai Gwen, ei llais yn bradychu cymaint yr oedd hi eisiau treulio mwy o amser efo fo.

'Fedra i'm aros. Gin i betha i neud.'

''Sgin ti ddynas arall, Eifion? Dyna sydd?' Mentrodd Gwen ofyn y cwestiwn er bod arni ofn clywed yr ateb.

'Nag oes siŵr. 'Swn i'm yn gneud hynna i chdi.'

''Sa'n well gin i tasa gin ti! 'Swn i'n dallt pam gadewist ti wedyn!'

'Yli, 'swn i'n lecio dal i weld Idwal.' Newidiodd Eifion y pwnc, yn amlwg yn anghyfforddus â thrywydd y sgwrs. 'Os 'di hynna'n iawn efo chdi, 'lly. Fedra i helpu efo fo, mynd â fo am dro a ballu. Fel deudist ti, mae o'n llond llaw.'

'Ty'd i mewn. 'Dan ni angen siarad,' erfyniodd Gwen arno.

'Sna'm pwynt. Dim byd arall i'w ddeud. Jest ffonia ne decstio pan mae'n iawn i mi weld Idwal.'

'Ti'm yn difaru felly?' gofynnodd Gwen, y fflam o obaith roedd hi wedi bod yn ei megino'n pylu.

'Nac'dw. Sori. Dwi'n gwbod 'mod i 'di gneud y peth iawn. Dwi 'di teimlo rhyw ollyngdod mawr yr wsnos dwytha 'ma.'

Roedd ei eiriau fel cyllell i galon Gwen.

'O, Eifion ...' Camodd Gwen tuag ato a cheisio gafael amdano ond bagiodd oddi wrthi. Dechreuodd dagrau siom ei hysgwyd. 'Be dwi 'di neud yn rong?'

'Dim byd, dwi 'di deud 'that ti. Fi 'di o ...' Cododd ei lais, ei amynedd yn amlwg yn dechrau pallu. Dechreuodd Idwal aflonyddu wrth draed Gwen wrth synhwyro nad oedd popeth fel y dylai fod, a dechrau neidio arni.

'Lawr!' gwaeddodd, ei llais yn dechrau cracio.

'Rhaid i mi fynd, sori.' Trodd Eifion a'i heglu hi i

gyfeiriad ei fan, yn syth i lwybr Sadie oedd yn dod rownd y gornel.

'Sori, Sadie!'

'Na, fi sy ddim yn sbio ...' dechreuodd Sadie ymddiheuro, ond wnaeth Eifion ddim aros i glywed diwedd ei brawddeg.

'Cachwr!' gwaeddodd Gwen ar ei ôl cyn disgyn i freichiau Sadie yn ei dagrau.

Eisteddai'r ddwy wrth fwrdd y gegin.

'Sori, Sadie.'

'Am be dŵad?'

'Mwydro dy ben di eto, a'r crio 'ma! Dwi'n ffed yp o grio.'

'I be ma' ffrindia'n da, 'de, ac ma' crio'n lles. Rhyddhau'r hormons sy'n gneud i chdi deimlo'n well.'

'Dwn i'm am deimlo'n well ond mae o'n fy mlino fi.' Chwaraeodd efo'r freichled oedd am ei garddwrn, yr anrheg pen-blwydd a gafodd gan Eifion. 'Ti'n meddwl y daw o'n ôl?'

'Dwn i'm. Ella. Wyt ti *isio* fo'n ôl?'

'Fwy na dim yn y byd.'

'Pam?' Gofynnodd Sadie y cwestiwn yn ddistaw a gofalus.

Edrychodd Gwen yn syn arni.

'Pam? Am 'mod i'n 'i garu fo siŵr.' Arhosodd Sadie'n ddistaw gan wneud i Gwen deimlo fod yn rhaid iddi lenwi'r tawelwch. 'Dwi 'di dod i ddibynnu arno fo. Dwn i'm sut dwi'n mynd i gôpio ar ben fy hun.'

'Ond dwyt ti ddim ar dy ben dy hun nagw't? Ma' gin ti'r plant, dy ffrindia, dy fam ...'

'Fydd y plant yn 'y ngadael i cyn i mi droi, ac ma' Mam ... wel ti'n gwbod yn iawn sut un 'di Mam!'

'Ti'n siŵr nad jest ofn bod ar ben dy hun wyt ti?' gofynnodd Sadie, yn ofalus eto.

'Naci siŵr! Dwi'n 'i garu o. Roeddan ni'n berffaith i'n gilydd!' brathodd Gwen. Gwyddai Sadie nad oedd yn syniad da iddi ddilyn y trywydd ymhellach.

'Yli,' meddai gan estyn am ddau lyfr roedd hi wedi eu gadael ar ochor y bwrdd. 'Dwi 'di dod â'r rhain i chdi.' Edrychodd Gwen ar y cynta: *How to Get your Dog Under Control*.

'Wel dwi'n sicr angen hwn! Diolch. Ti'n clywad, Idwal?' meddai wrth y ci oedd wedi setlo i gysgu dros ei thraed. 'Ti'n mynd i gael dy dreinio!' Cododd y llyfr arall. *Three Hundred and Sixty Five Days of Divorce: Daily Inspirational Quotes to Help You Through*. Doedd Gwen ddim mor siŵr am hwnnw. Agorodd y llyfr i ddiwrnod dau ddeg un a darllen. 'Life may not be full of happy endings but there are many happy beginnings and middles. Ia. Da. Dwi'n siŵr fydd hwn yn help,' meddai gan drio cuddio'i hamheuaeth.

'Ma'r llyfr yna'n ca'l adolygiada da iawn, yn benna achos 'i fod o'n bytiog. Dwi'n gwbod o brofiad na fyddi di ddim yn teimlo fel darllan truth pan mae dy feddwl di'n troi, ond ma' geiria'n gallu bod yn gysur mawr.'

'Diolch.' Cofiodd Gwen fod Sadie hithau wedi cael ei siâr o boenau bywyd, ac wedi gorfod wynebu'r ffaith na fyddai byth yn medru cael plant. Roedd hynny'n beth anodd iawn i un mor famol ei natur ei dderbyn.

'Reit. Well i mi fynd.' Cododd Sadie. 'Os ti'n iawn?'

Cododd Gwen o'i chadair hithau a rhoi coflaid werthfawrogol i'w ffrind gan ei sicrhau ei bod yn rêl boi, ond wedi i Sadie fynd gollyngodd Gwen ei hun yn drwm yn ôl i'w chadair. Cododd y llyfr dyfyniadau a'i agor ar hap. 'Handle stressful situations like a dog. If you can't eat it or hump it, piss on it and walk away.' Hmmm ...

Pennod 5

Clywodd Gwen ei ffôn yn canu fel petai ym mhen draw twnnel. Brwydrodd â chwsg i agor ei llygaid, a phan sylweddolodd nad breuddwydio roedd hi, a bod ei ffôn yn canu go iawn, cododd ar ei heistedd yn syth. Er bod deufis ers i Eifion rannu ei gwely, trodd yn reddfol i roi hwyth iddo yntau i ddeffro ond syrthiodd ei llaw ar obennydd oer. Ymbalfalodd am ei ffôn ar y cwpwrdd wrth ochr y gwely a'i daro i'r llawr yn ei phanig. Distawodd ei sgrech. Rhoddodd y lamp ymlaen er mwyn dod o hyd iddo, ac edrych ar y cloc – chwarter wedi tri. Pwy goblyn fyddai'n ffonio yr adeg yma o'r nos? Ceisiodd gofio lle roedd pawb: do, mi glywodd Gethin yn dod adre o'i waith ac i'w wely – roedd yn anodd peidio gan ei fod o'n carlamu i fyny'r grisiau er gwaetha'r ceisiadau ar iddo feddwl am eraill – ac roedd Heledd hefyd yn saff yn y ciando ers oriau. Eifion? Daeth o hyd i'w ffôn fel yr oedd o'n dechrau canu drachefn. Edrychodd ar y sgrin a gweld y gair 'Mam'.

'Mam? Dach chi'n iawn?'

'Lle w't ti 'radag yma o'r nos?'

'Be dach chi'n feddwl, lle ydw i? Yn 'y ngwely, debyg!'

'Ond dwi 'di trio ffonio'r ffôn tŷ deirgwaith a dim ond y ddynas 'na dwi'n ga'l.'

'Pa ddynas?' gofynnodd Gwen yn ffwndrus, gan ddechrau amau ai breuddwyd oedd hon wedi'r cyfan.

'Y ddynas Saesnag 'na ar dy beiriant atab di 'de!'

'Tydan ni ddim yn clwad y ffôn tŷ o'r llofft. Be sy?'

'Dwi'm yn dda, ond dwi'n well rŵan.'

'Be sy?'

'Wel, mi es i i 'ngwely tua hannar awr wedi naw achos do'n i'm yn teimlo'n rhyw sbeshal 'radag hynny, a doedd 'na fawr ddim ar y teli. Petha sâl sy 'na ar nos Wenar 'di mynd ...'

'*Mam! Be sy?*'

'Wel, mi ddeffris i gynta tua hannar nos efo poena mawr yn 'y mrest. Mi godis, a cha'l diod o ddŵr ac ro'n i'n teimlo'n well am chydig. Ro'n i'n meddwl hw'rach mai'r pei pysgod ges i i de oedd 'di deud arna i. Rwbath oedd gin i yn y *freezer* o'dd hi ...'
Roedd y ffaith fod ei mam yn dilyn ei harferiad o fynd rownd Aberdaron i gyrraedd terfyn ei stori wedi argyhoeddi Gwen nad oedd angen galw am ambiwlans yn syth bìn, ond roedd hi'n ei chael hi'n anodd iawn peidio â sgrechian arni i egluro'r sefyllfa'n iawn. '... ac ma' raid 'mod i 'di cysgu'n ôl achos mi ddeffris eto ac roedd y poena chydig yn waeth, a phan welis i ar y cloc 'i bod hi'n dri, wel mi ddychrynis.'

'Pam o'dd yr amsar yn bwysig?'

'Wel tri o'r gloch y bora 'de! Yr amser mwya poblogaidd i farw! Nid bod gan y rhan fwya ohonan ni ddewis ynglŷn â hynny.'

'Dwi'm yn meddwl 'ych bod chi ar farw.'

'Na finna chwaith, *rŵan*, ond ro'n i chwartar awr yn ôl!'

'Sut ma'r boen erbyn hyn?'

'Lot gwell ers i mi roi'r gola 'mlaen.'

'Wel ... ma' petha'n edrach yn waeth yn y t'wllwch, tydyn.'

'Ydyn. A phan w't ti ar dy ben dy hun.'

'Ewch yn ôl i gysgu 'ta, ac mi ffonia i chi'n y bora. Nawn ni apointment doctor i chi ga'l y *once over*.'

'Ia. Ma' siŵr 'sa hynna'n syniad, bysa. Dwi 'di ca'l poena tebyg yn ddiweddar, ond dim mor ddrwg â heno.'

'Dach chi ddim 'di sôn.'

'Do'n i'm isio dy boeni di a chditha ... yn 'i chanol hi.'

'Nawn ni ffonio'r doctor yn y bora felly. Ewch yn ôl i'ch gwely.'

'Na i.'

'Nos dawch.'

'Nos dawch. O ... Gweneirys? Lwcus na doeddwn i ddim ar farw ne fasat ti byth 'di clwad y ffôn!'

Roedd Gwen ar fin esbonio mai'r ffôn symudol fyddai'r dewis gorau mewn unrhyw argyfwng, ond penderfynodd y byddai'r sgwrs honno yn fwy llwyddiannus yng ngolau dydd.

'Nos dawch.'

Gorweddodd Gwen yn y tywyllwch yn gwrando ar sŵn ei chalon. Roedd pinnau bach ym mlaenau ei bysedd ac roedd ei cheg yn sych grimp. Sioc yr alwad ffôn, meddyliodd. Anadlodd i mewn yn ddwfn ac anadlu allan yn ara bach i geisio llonyddu'r cryndod yn ei chorff. Roedd y düwch o'i chwmpas yn cau amdani, yn pwyso arni, yn ei mygu. Curodd ei chalon yn uwch ac yn gyflymach. Rhoddodd y lamp wrth ochr y gwely ymlaen ac edrych ar y cloc – chwarter i bedwar a'r tŷ yn dawel a llonydd. Pawb arall yn cysgu'n sownd, gan gynnwys ei mam erbyn hyn, mae'n debyg. Pam felly fod ofn yn ei llethu? Cofiodd Sadie'n gofyn iddi, ar ôl i Eifion adael, ai ofn bod ar ei phen ei hun oedd hi, a theimlodd y dagrau'n pigo tu ôl i'w llygaid eto. Oedd, roedd ganddi ofn bod ar ei phen ei hun. Doedd hi ddim eisiau bod yn gyfrifol am ysgwyddo'r baich o ofalu am y plant, ei mam, y tŷ a'r ci. Doedd hi ddim wedi ei gwneud i fod ar ei phen ei hun. Roedd hi angen cymar. Angen enaid hoff cytûn. Rhywun wrth y bwrdd brecwast i rannu ei gobeithion am y diwrnod, rhywun wrth y bwrdd swper fyddai'n barod i wrando arni'n bwrw baich y dydd a rhywun i afael amdani yn oriau mân y bore a'i chysuro fod y byd yn ei le ac y byddai popeth yn iawn.

Pan adawodd Tudur hi roedd y plant yn ieuengach, yn ei chadw hi'n brysur, yn rhwystro'i meddwl rhag crwydro gormod tua'r dyfodol, felly theimlodd hi erioed mo'r anobaith a deimlai rŵan. Roedd hithau hefyd yn ieuengach bryd hynny. Yn hanner cant, pa obaith fyddai ganddi o ddod o hyd i rywun arall? Sut allai hi ymddiried yn unrhyw ddyn eto? Daeth geiriau ei mam i atseinio yn ei phen – 'chaiff y rhan fwya ohonon ni ddim dewis pryd i farw'. Oes, penderfynodd. Mae ganddon ni i gyd ddewis. Gallai ddewis y funud hon – chwarter i bedwar fore Sadwrn, Gorffennaf y pumed. Gallai lyncu llond potel o dabledi a ffarwelio â'r boen ddiddiwedd. Dim mwy o ddioddef y corddi yn ei bol, y cur pen, y tyndra yn ei brest, y meddyliau diddiwedd yn rasio rownd a rownd ei phen. Pam na châi fod fel Meinir? Yn hoff o'i chwmni'i hun a'r rhyddid i wneud fel y mynnai? Ond doedd hi ddim. Gwelai ei hun fel rhyw hen fabi mawr – ofn bod ar ei phen ei hun, ofn crebachu i henaint heb neb i afael yn ei llaw, a'i phlant yn byw ym mhen arall y wlad neu hyd yn oed y byd, ac yn ei hystyried yn faich. Roedd arni ofn gorfod bwyta *meals for one* heb neb ond y ci yn gwmni. O leia roedd y ci ganddi, cysurodd ei hun. Idwal ffyddlon, annwyl.

Llusgodd ei chorff blinedig o'r gwely ac estyn am ei gŵn wisgo. Llithrodd yn dawel i lawr y grisiau ac i'r gegin lle roedd Idwal yn cysgu'n belen gynnes yn ei fasged. Neidiodd o'i gwsg wrth iddi gerdded tuag ato, a dechrau cyfarth.

'Shhh, Idw bach, 'mond fi sy 'ma.' Llamodd y ci tuag ati, yn falch o'i gweld er yr awr anarferol, a chododd Gwen ef yn ei breichiau gan grychu ei hwyneb i osgoi ei gusanau gwlyb. 'Ach a fi, na – dwi'm isio sws, diolch. Ddim gin ti, beth bynnag,' sibrydodd. 'Ty'd, gei di ddod i gysgu efo Mam ... ond dim ond am heno, cofia.'

Yng nghysur sŵn anadl enaid byw arall wrth ei hochr ymollyngodd Gwen i drwmgwsg aflonydd.

Yn ddiweddarach y bore hwnnw deffrôdd Gwen gan fethu â deall pam na allai symud ei choesau. Eisteddodd i fyny mewn braw i weld Idwal yn gorwedd ar ei thraws, yn chwyrnu cysgu. Ochneidiodd hwnnw'n uchel wrth iddi geisio'i ysgwyd ymaith, ac edrychodd arni gystal â dweud 'Oes raid i mi?' Bu'n rhaid i Gwen ei lusgo i ffwrdd yn y diwedd, mor gyndyn oedd yr hen foi o adael safle cystal.

'Ty'd was – ma' gynnon ni *training* bora 'ma. Ma' hi'n hen bryd ca'l mistar ar Fistar Mostyn!'

Wrth wisgo amdani, teimlai Gwen yn fwy positif. Roedd ganddi reswm i godi a rhywle i fynd.

Sadie argymhellodd Joe Wightman iddi, wedi iddo roi ei daflen fusnes ar yr hysbysfwrdd yng nghyntedd ei chaffi. Cyn-blismon wedi ymddeol oedd o – wedi arfer hyfforddi cŵn yr heddlu – a bellach yn rhedeg ei ysgol hyfforddi cŵn ei hun. Roedd ganddo enw da am drin cŵn anodd, felly os allai unrhyw un gael trefn ar Idwal, Joe Wightman oedd hwnnw. Teimlai Gwen yn nerfus wrth droi trwyn y car i mewn i'r maes parcio tu allan i'r sièd fawr lle roedd y dosbarth elfennol yn cael ei gynnal. Roedd twr bychan o bobol yn mynd â'u cŵn drwy'r drws fesul un, a gwyliodd ddynes fechan yn cael ei llusgo i mewn gan arth o gi Newfoundland oedd bron gymaint â hi. Yn dynn wrth ei sodlau roedd clamp o ddyn mawr a chanddo ben moel. Siglai'r teiar o fraster rownd ei fol o ochr i ochr dan ei grys T llwyd, ac roedd ei freichiau'n llewys o datŵs. Trotiai pompom o gi bach gwyn yn ddel wrth ei ochr; ci cic-yn-din fel y bysa Eifion wedi'i alw fo. Trawyd Gwen gan wayw o hiraeth amdano a'r ffordd y byddai wedi chwerthin o weld yr ieuo anghymarus.

Trodd ei sylw at ei thedi bêr bach hithau oedd yn eistedd yn eiddgar yng nghefn y car, gan obeithio i'r nefoedd ei fod o'n mynd i fihafio.

'Dim lol rŵan, cofia!' siarsiodd, wrth agor bŵt y car. Ysgydwodd Idwal ei gynffon yn wyllt yn ateb. Dechreuodd roi'r tennyn yn sownd yn ei goler ond cyn iddi gael cyfle i'w glipio saethodd Idwal fel cath i gythraul o'r car ac i mewn drwy ddrws y sièd, yn cyfarth fel peth gwirion. Suddodd calon Gwen wrth iddi gau bŵt y car. Brwydrodd â'r awydd i neidio'n ôl i'r car a gyrru am adre; yn hytrach, cymerodd anadl ddofn a'i ddilyn drwy'r drws.

Tu mewn i'r sièd roedd tua deg o bobl a'u hamrywiol gŵn yn sefyll mewn rhes a'u cefnau at y wal bellaf. Eisteddai rhai o'r cŵn yn dawel ac ufudd wrth draed eu meistri ond roedd Gwen yn falch o weld bod ambell berchennog arall yn cael trafferth cadw rheolaeth ar eu hanifeiliaid. Roedd y sŵn cyfarth oedd yn adleisio o amgylch waliau sinc yr adeilad yn fyddarol. Adnabu gyfarthiad Idwal yn eu mysg, a chraffodd i chwilio amdano – a'i weld yn trio'i orau i sniffio pen ôl y Newfoundland. Gan fod hwnnw gryn dipyn yn fwy na fo doedd o ddim yn cael llawer o hwyl arni. Brysiodd tuag ato a chlipio'r tennyn yn sownd yn ei goler, gan ymddiheuro i berchennog yr arth. Llusgodd Idwal i ben draw'r rhes gan geisio peidio tynnu sylw ati ei hun.

Agorodd drws yng nghefn y sièd a daeth dyn tal, tenau i mewn. Roedd yn gwisgo trywsus combat a chrys T tyn oedd yn arddangos ei gyhyrau nobl. Roedd ei wallt yn frith ac wedi ei dorri'n fyr, ac roedd ganddo fwstásh bach taclus oedd yn edrych dipyn bach yn rhyfedd o ystyried gweddill ei ymddangosiad. Edrychai'n gadarn a ffit er gwaetha'r ffaith ei fod yn siŵr o fod yn ei bum degau hwyr. Mae'n rhaid mai hwn oedd Joe Wightman.

'Right everyone. Dogs on your left please, lead in your right hand. Try to keep them quiet if you can!'

Llwyddodd Gwen i gael Idwal i sefyll ar yr ochr chwith iddi yn ddigon di-lol, ond roedd trio cau ei geg yn fater arall.

'Shh Idwal. Ty'd rŵan ... paid â chodi cwilydd arna i!'

Roedd pob ci arall wedi tewi erbyn hyn, a hyd yn oed y Newfoundland yn eistedd yn ufudd wrth ochr ei feistres.

'Idwal! Shysh! Shysh!' erfyniodd Gwen.

'Right. Let's start by doing some walking to heel. Starting from this end we'll walk around the space. Have your treats ready ... and go!'

Rhoddodd Gwen ochenaid o ryddhad gan eu bod nhw ar ben draw'r rhes o gerddwyr, ond *treats*? Edrychodd o'i chwmpas a gweld bod gan bawb arall fag bach ar eu beltiau, neu law mewn poced, yn barod i estyn tamaid blasus i lwgrwobrwyo'u cŵn. Drapia! Mi ddylai fod wedi meddwl am hynny. Tyrchodd ym mhoced ei siaced ond doedd ganddi ddim byd ond hen hances bapur i'w gynnig i Idwal. Erbyn hyn roedd pen arall y rhes yn agosáu at ei sodlau ar ôl cerdded o amgylch y sièd un waith, ac roedd yn bryd iddi hithau gychwyn. Dilynodd ferch ifanc a'i chi defaid, a oedd yn cerdded wrth ei hochr yn ddel. Tynnodd Idwal â'i holl nerth i drio cyrraedd y ci defaid, gan ddal i gyfarth nerth ei ben. Safai Joe fel syrcas feistr yng nghanol y cylch.

'Turn his attention away from what's making him bark!' gwaeddodd arni.

Haws dweud na gwneud, washi, meddyliodd Gwen, gan mai cŵn eraill wnâi iddo gyfarth, ac nad oedd prinder o'r rheini o'i gwmpas.

'Idwal! Callia!' dwrdiodd, gan geisio ei dynnu tuag ati, ond er nad oedd Idwal yn gi mawr, roedd o'n gi cryf a phenderfynol.

'Call him back to you!' gorchmynnodd Joe eto.

'Idwal, ty'd! Ty'd at Mam. Fama ... gw'boi rŵan!' Ond dal i dynnu a chyfarth wnâi Idwal. Dechreuodd Joe gerdded tuag ati gan amneidio arni i ddod allan o'r cylch. Ochneidiodd Gwen, gan ofni y byddai'r syrcas feistr yn estyn ei chwip i'w cheryddu.

'Carry on everyone! Remember to call out "heel" if your dog wanders from your side, and reward him if he returns.'

Camodd Gwen allan o'r cylch gan lusgo Idwal ar ei hôl. Dychwelodd at y wal gefn gan deimlo fel merch ysgol yn cael ei gyrru i sefyll i'r coridor. Dilynodd Joe hi a dawnsiodd Idwal ei groeso gan neidio i fyny ato.

'Lawr!' meddai Joe yn dawel ond yn gadarn, ac ufuddhaodd Idwal. Synnodd Gwen at ddylanwad y dyn ar ei chi – a synnu o'i glywed yn siarad Cymraeg. Doedd o ddim yn edrych fel Cymro, rywsut. Rhoddodd Joe damaid blasus i Idwal o'r bag ar ei felt a llowciodd Idwal hwnnw'n syth.

'A pha fath o fwngral ydi hwn?' gofynnodd.

'Dim mwngral ydi o, ond *cross*. Cockapoo,' atebodd Gwen, yn amddiffynnol braidd.

Cododd Joe un ael a gwenodd rhyw hanner gwên.

'*Cockapoo?*'

'Croes rhwng cocyr sbanial a phŵdl.'

'Dau frîd sydd'n gallu bod yn llond llaw. Faint ydi 'i oed o?'

'Bron yn flwydd.'

'Dwi'n cymryd nad ydach chi wedi bod â fo i gael unrhyw hyfforddiant o'r blaen.'

'Na. Mae o'n gwrando ... mi oedd o'n gwrando'n well ar y ... Dwi newydd wahanu ac, ym ...'

Roedd Gwen fel petai wedi crebachu ym mhresenoldeb awdurdodol yr hyfforddwr.

'Ac mae eich gŵr yn fwy o feistr arno fo na chi.' Datganiad, nid cwestiwn.

'Doedd o ddim yn ŵr i mi, ond oedd, mi oedd o – mae o – er, dim bob amsar chwaith.'

Roedd Idwal wedi codi eto ac wedi dechrau crwydro hyd ben ei dennyn tuag at y sioe gŵn oedd yn pasio heibio iddo.

'Galwch o'n ôl atoch chi.'

'Idwal! Idwal!' Anwybyddodd y ci hi'n llwyr.

'Idwal! Ty'd yma rŵan, hogyn da. Ty'd at ...' Ataliodd ei hun rhag dweud 'Mam', gan deimlo'n hollol stiwpid.

'Un gair dach chi ei angen, nid brawddeg. Idwal!' Trodd Idwal ei ben i weld pwy oedd yn berchen ar y llais dieithr oedd yn galw ei enw.

'Ty'd!' Amneidiodd Joe ar y ci i ddod ato, ac ufuddhaodd Idwal. Daliodd Joe ei law allan o flaen Gwen.

'Sosej.'

'Sori?'

'Sosej, ham, caws – beth bynnag sy ganddoch chi'n drît iddo fo.'

'Ym ... sgin i ddim ... ym ... do'n i'm yn gwbod ...'

Edrychodd Joe arni, ddim cweit yn nawddoglyd ond yn ddigon agos i hynny nes gwneud iddi deimlo fel plentyn ysgol unwaith eto.

'Y peth gora fysa i chi fwcio sesiwn un i un efo fi. Dwi'm yn meddwl 'ych bod chi'n barod ar gyfer y dosbarth yma eto.'

Sylwodd Gwen mai ati hi roedd o'n cyfeirio yn hytrach na'r ci.

'Mae gin i slot rhydd nos Fercher am chwech. Wela i chi bryd hynny. Mi gostith ddeg punt ar hugain, ond sdim rhaid talu am heno,' ychwanegodd, gan droi ei gefn a cherdded i ffwrdd heb aros i glywed ateb.

Safodd Gwen yn gegrwth am ennyd. Am ddyn anghwrtais! Doedd hi ddim yn teimlo fel dod ar ei gyfyl byth eto, ond roedd y ffordd y bu i Idwal wrando arno'n syth a di-lol yn awgrymu'n gryf y dylai dderbyn y cynnig. Trodd tuag at y drws gan drio anwybyddu'r edrychiad o biti o gyfeiriad perchennog y ci defaid, a gwên goeglyd perchennog y pompom. Mi fydda i'n ôl, addunedodd, ac mi gewch chi weld Idwal yn rhoi tri thro am un i'ch cŵn chi!

Erbyn gyda'r nos, doedd Gwen ddim yn teimlo mor hyderus. Treuliodd y pnawn yn darllen y llyfr dysgu cŵn gafodd hi gan Sadie, a thrio cael Idwal i wneud pethau syml fel eistedd ac aros drwy ei lwgrwobrwyo efo darnau bach o sosej roedd hi wedi'u coginio'n arbennig. Mi synnodd i ddechrau pa mor gyflym y deallodd yr hen foi y gêm, ond yn anffodus, cyn gynted ag y sylweddolodd ei fod wedi cael y sosejys i gyd, wnaethai'r diawl bach ddim byd roedd hi'n ofyn iddo. Edrychodd ar gloc y gegin. Chwech o'r gloch. Rhy fuan i gael gwydraid o win? Nac oedd, penderfynodd, a hithau'n ddydd Sadwrn. Roedd ganddi hanner potelaid o Pinot Grigio yn y ffrij ers y noson cynt, felly tywalltodd wydraid mawr iddi hi ei hun. Gwyddai y dylai fwyta rhywbeth hefyd, ond doedd ganddi ddim awydd nac amynedd coginio iddi hi ei hun. Roedd Gethin yn gweithio a Heledd yn nhŷ ei thad yn ôl ei harfer ar ddydd Sadwrn.

'Iechyd da!' meddai wrth Idwal, oedd yn eistedd wrth ei thraed. Cododd hwnnw ei ben ac edrych arni efo'i lygaid mawr brown.

'Be wna i, Idw? Tecstio Eifion? Gofyn iddo fo ddod efo ni i'r trêining?' Cododd y ci ar ei draed a cherdded ati, a llyfu ei llaw. 'Titha'n hiraethu amdano fo hefyd, yn dwyt? Ddyliwn i adael iddo fo dy weld di, ma' siŵr, dyliwn? Tasa hynny ond er mwyn rhannu'r baich.' Ysgydwodd Idwal ei gynffon yn hapus pan estynnodd ei feistres ei llaw i grafu o dan ei glustiau.

Teimlai Gwen y maen melin yn ôl am ei gwddw, yn ei thynnu i lawr eto. Cleciodd y gwydraid gwin ar ei dalcen a gwagio gweddill y botel i'r gwydr. Eisteddodd yn ei chadair arferol ar ben y bwrdd derw, hir, a rhoi ei phen yn ei dwylo. Chlywodd hi mo'r drws yn agor a Heledd yn dod i mewn.

'Mam? Ti'n iawn?'

Dychrynodd Gwen.

'Heledd! Chlywis i mohonat ti'n cyrraedd. Gest ti ddiwrnod da?'

Cyn iddi gael cyfle i ateb tynnwyd sylw Gwen gan gysgod yn y drws.

'Gwen!'

'Tudur?' Doedd o ddim yn arfer dod i'r tŷ, dim ond gollwng ei ferch wrth y giât. 'Ydi bob dim yn iawn? Be sy?' gofynnodd yn betrusgar.

'Dim byd! 'Mond galw i weld os oedd Geth adra, gan 'mod i'n dechra colli nabod arno fo. 'Di o'm 'di bod draw ers pythefnos.'

'Nac'di – mae o wedi mynd i'w waith ers meitin.'

Roedd Heledd wedi mynd ar ei phen i'w llofft, yn amlwg yn teimlo'n chwithig ym mhresenoldeb ei dau riant efo'i gilydd. Edrychodd Tudur ar y botel win wag ac ar y bagiau duon dan lygaid Gwen.

'Ti 'di dechra'n fuan iawn ...' amneidiodd at y gwydr.

'Be 'di hynny i chdi?' chwyrnodd Gwen yn amddiffynnol.

'Dim byd. Sori. Do'n i'm yn ... Sut w't ti beth bynnag?'

'Iawn, diolch.'

'Da iawn.' Safodd Tudur yn ddistaw am ennyd. 'Wel, mi a' i 'ta.'

'Ta-ta.' Trodd Gwen ei phen oddi wrtho gan drio deall pam roedd o yno. Roedd y gwin wedi mynd yn syth i'w phen ar stumog wag, a theimlai'n gysglyd ac ychydig yn ffwndrus.

Roedd Tudur eisoes wedi cychwyn am y drws pan arhosodd, fel petai wedi anghofio rhywbeth.

'Sut ma' Eirlys?'

Ei mam! Roedd Gwen wedi anghofio popeth amdani.

'O'r nefoedd – dwi 'di anghofio ei ffonio hi!' Cododd Gwen yn ei phanig a chwilio'n wyllt am ei ffôn. 'Peth rhyfadd na fysa hi 'di fy ffonio i.' Trodd at Tudur. 'Pam nad ydi hi wedi fy ffonio i?'

'Dwn i'm. Oes 'na rwbath yn bod arni?'

Erbyn hyn roedd Gwen wedi dod o hyd i'w ffôn yn ei bag llaw ac wrthi'n pwyso rhif ei mam.

'Mi ffoniodd ganol nos, ddim yn teimlo'n dda. Lle ma' hi? Tydi hi ddim yn atab.'

'Rho gyfla iddi – mi wyddost ti pa mor hir mae'n gymryd iddi ffendio'r ffôn.'

'Sut fedris i anghofio'i ffonio hi?' Roedd Gwen yn dechrau mynd i banic o ddifri. Cerddai o amgylch y gegin, ei chalon yn cyflymu efo pob eiliad roedd y ffôn yn dal i ganu.

'Dim atab! Be tasa 'na rwbath wedi digwydd iddi?' Roedd euogrwydd yn cau amdani.

'Paid â chynhyrfu. Dwi'n siŵr ei bod hi'n iawn, sti.'

Cipiodd Gwen oriadau'r car oddi ar y bachyn wrth y drws cefn.

'Lle ti'n mynd?' gofynnodd Tudur.

'I chwilio amdani, siŵr iawn.'

'Ond fedri di'm dreifio, ti 'di ca'l diod.'

'Un glasiad ...'

Gwyddai Tudur ei bod ar fin crio, felly cymerodd y goriadau o'i llaw.

'Ty'd. A' i â chdi.'

'Be am Heledd? Be ddeuda i wrth Heledd?'

'Neith Heledd ddim sylwi dy fod di wedi mynd, sna'm pwynt ei phoeni hi heb fod angen.'

Edrychodd Gwen ar ddwylo cadarn Tudur ar y llyw. Dwylo dyn go iawn, er na wnaethon nhw erioed ddiwrnod o waith caled, dim ond gwthio beiro a tharo bysellfwrdd cyfrifiadur. Daeth y dywediad 'mewn dwylo diogel' i'w meddwl. Roedd hi wastad wedi teimlo'n saff efo Tudur – hyd at y munud y dywedodd o wrthi ei fod o'n ei gadael. Am beltan fu honno. Roedd hi wedi sylweddoli nad oedd pethau'n wych rhyngddyn nhw, ond feddyliodd hi erioed y bysa fo'n ei bradychu. Yn ei gadael. Yn ei gollwng o'i ddwylo saff. Trodd Tudur i edrych arni.

'Ma' hi'n iawn, sti. Ma' gin i deimlad ym mêr fy esgyrn.' Llywiodd y car yn gelfydd i ddreif Erw Wen, cartref taclus Eirlys. Roedd ei char wedi ei barcio'n gam, fel arfer, a pharciodd Tudur y tu ôl iddo. Neidiodd Gwen allan o'r car cyn i Tudur ddiffodd yr injan ond arhosodd wrth ddrws y tŷ. Trodd at Tudur oedd yn dod allan o'r car.

'Ddoi di i mewn efo fi?' gofynnodd, yn wirioneddol ofnus erbyn hyn.

'Dof siŵr.'

Trodd Gwen ddolen y drws, nad oedd wedi ei gloi, a chamodd i'r tŷ.

'Mam! Mam!' gwaeddodd. Clywodd sgwrsio'r teledu yn dod o'r ystafell fyw, a dilynodd y sŵn.

'Mam!' Rhewodd yn stond yn y drws. Daeth Tudur i sefyll y tu ôl iddi, gan edrych dros ei hysgwydd ar yr hyn a ddychrynodd ei gyn-wraig. Roedd Eirlys yn eistedd yn llonydd yn ei chadair a'i phen ar ei brest, ei llaw yn hongian yn llipa wrth ei hochr a'r teledu yn y gornel yn siarad efo fo'i hun. Cerddodd Tudur heibio i Gwen a chyffwrdd Eirlys yn ysgafn ar ei hysgwydd.

'Eirlys?' Ysgydwodd hi ychydig yn galetach. Allai Gwen ddim symud.

'Eirlys!' gwaeddodd Tudur eto, yn uwch y tro hwn.

Neidiodd yr hen wraig o'i thrwmgwsg â sgrech fechan.

'Tudur! Be ar y ddaear ...? Mi fu bron i chdi roi'r farwol i mi! Gweneirys? Be sy matar?'

'Blydi hel, Mam! Mi fu bron i chitha roi'r farwol i finna! Dwi 'di bod yn trio'ch ffonio chi!'

'Naddo, dw't ti ddim. Tydi'r ffôn ddim 'di canu drwy'r dydd. O'n i'n meddwl yn siŵr 'sat ti wedi galw draw i weld sut o'n i ar ôl neithiwr, neu o leia ffonio,' meddai Eirlys yn sych.

'O'n i wedi bwriadu ...'

'Ond mi oedd gin ti betha pwysicach ar dy feddwl na phoeni am dy fam!'

''Nes i'ch ffonio chi gynna.'

'Chlywis i mo'r ffôn gynna. Ca'l napan bach o'n i gan 'mod i heb ga'l llawar o gwsg neithiwr.' Trodd ei sylw at Tudur. 'Ddeudodd Gwen wrthat ti 'mod i 'di ca'l tro neithiwr, Tudur?'

'Do wir. Ma' hi 'di bod yn poeni amdanoch chi – a finna i'w chanlyn hi, wrth gwrs.'

'Dyna pam doist ti hefo hi, ia?'

'Siŵr iawn. Su'dach chi erbyn hyn?'

'Lot gwell diolch – ond mi es i at y doctor bora 'ma, ac mae o am 'y ngyrru fi i weld sbeshalist jest rhag ofn.'

'Sbeshalist be?' gofynnodd Gwen.

'Dwn i'm. Nath o'm deud. Neu os gnath o, 'nes i'm dallt. Ma' Doctor Parry yn tueddu i fwmblian.' Dechreuodd godi o'i chadair. 'Gymrwch chi banad?'

'Fedran ni'm aros ...' Roedd y tyndra ym mrest Gwen wedi dychwelyd, a'i stumog yn corddi. Ysai am gael mynd yn ôl adre at ei gwin. Teimlai'n euog am anghofio am ei mam ac yn flin efo Eirlys am bwysleisio'i ffaeleddau.

'Mi gym'rwn ni banad sydyn,' meddai Tudur ar ei thraws, gan setlo ar y soffa.

Syllodd Gwen yn ddig arno.

'Steddwch chi, Mam – mi wna i banad.'

Eisteddodd Eirlys yn ôl yn ei chadair esmwyth heb ddadlau.

'Dim siwgwr i mi, cofia! Ac ma' 'na dorth frith yn y tun. Wyt ti'n dal yn un am dorth frith, Tudur?'

'Dwi'm wedi ca'l un cystal â'ch un chi ers blynyddoedd.'

Rhoddodd Eirlys chwerthiniad bach o bleser, a rowliodd Gwen ei llygaid cyn diflannu i'r gegin.

Ddwyawr yn ddiweddarach eisteddai Gwen yn ei chegin ei hun, yn mwytho gwydraid arall o win. Am ddiwrnod! Ysai i gael dweud yr hanes i gyd wrth rywun ... Eifion. Dyfalodd be oedd o'n ei wneud y funud honno. Gwneud ei hun yn barod i fynd allan am beint, mwya tebyg. Meddyliodd amdano'n sefyll wrth y bar yn y Llew Aur yn fflyrtio efo dynes ieuengach, ddelach, glyfrach na hi. Tybed fyddai Gethin yn dweud wrthi tasa fo'n gweld Eifion yno efo dynes arall? Estynnodd ei ffôn o'i bag llaw. Oedodd uwchben enw Eifion ac yna teipiodd y neges 'Methu chdi' cyn ei chwalu. Teipiodd neges arall: 'Plis ty'd yn ôl, fedra i'm byw hebddat ti' ond chwalodd hwnnw hefyd. Syllodd ar ei enw. Roedd yn *rhaid* iddi drio anghofio amdano. Trio ei chwalu o'i chof. Cliciodd ar ei rif a'i ddileu o'i ffôn cyn clecio'i gwin ar ei dalcen.

Pennod 6

Am bum munud i chwech ar y nos Fercher ganlynol gyrrodd Gwen i mewn i faes parcio Ysgol Hyfforddi Joe Wightman. Ei char hi oedd yr unig gar yno, ac am ryw reswm teimlai hyd yn oed yn fwy nerfus na'r tro diwetha. Clipiodd fag bach yn llawn o ddarnau o sosej yn sownd ym melt ei jîns a dringo allan o'r car. Roedd Idwal yn ymddwyn fel petai wedi gwirioni o gael dod yn ôl i'r sièd, yn sniffian yr awyr ac yn edrych o'i gwmpas, yn chwilio am y cŵn eraill.

'Sori boi, 'mond chdi a fi heddiw,' eglurodd Gwen. Am chwech o'r gloch ar y dot agorodd y drws bychan yng nghefn y sièd a cherddodd Joe drwyddo. Roedd o'n gwisgo siwmper wlân werdd oedd â rhwyg yn ei llawes ac olion pawennau mwdlyd ar ei blaen. Unwaith eto, meddyliodd Gwen pa mor od yr edrychai ei fwstásh bach twt.

'Helô, Idwal,' cyfarchodd y ci oedd yn ysgwyd ei gynffon i'w groesawu. 'Dwi'n gweld bod dy fam wedi cofio'r trîts tro yma.' Ai gwneud hwyl am ei phen oedd o wrth ei galw'n 'fam'? Doedd Gwen ddim yn siŵr. Trodd Joe ei sylw ati hi.

'Reit 'ta. Chydig o gwestiyna. Blwydd ydi o, medda chi. Dwi'n cymryd ei fod o'n gi tŷ?'

Edrychodd Gwen arno heb ddeall yn iawn.

''Di o'm yn byw mewn sièd?'

'Rargian nac'di! Yn y tŷ. '

'Felly 'di o'm yn gi gwaith?'

'Nac'di.'

'Dach chi'n deall mai cŵn hela ydi sbanials?'

'Mae o'n hannar pŵdl.'

'Ac fel *retrievers* y magwyd y rheini'n wreiddiol.'

'Wel, ci anwes ydi hwn. Un o'r teulu.'

'Os ydach chi'n cadw ci fel hyn yn y tŷ mae'n rhaid i chi dderbyn ei fod o angen lot o 'marfar corff a lot o ddisgyblaeth.

Maen nhw'n gŵn deallus sy angen llaw gadarn neu mi fyddan nhw'n gneud hwyl am eich pen chi. Maen nhw wedi eu bridio i ddilyn meistr, ac mae'n rhaid i chi ddangos iddo fo mai chi ydi hwnnw.'

'Honno.'

'Sori?'

'Dynas ydw i, felly meistres – honno.' Roedd Gwen wedi penderfynu nad oedd hi am adael i hwn wneud hwyl am ei phen. Wedi'r cyfan, roedd hi'n talu iddo fo am ei amser, a doedd hi ddim am dalu i unrhyw un wneud iddi deimlo fel plentyn ysgol. Roedd hi'n cael digon o hynny gan Carys Puw.

'Dwi'n gweld mai dynas ydach chi,' meddai Joe yn bwyllog, ei lygaid yn teithio dros ei chorff. Roedd yr hanner gwên honno ar ei wyneb eto. Gwridodd Gwen a dechrau difaru iddi wneud y fath safiad. Rhoddodd ei phen i lawr a chanolbwyntio ar ben cyrliog Idwal.

'Ydi o'n ca'l dod fyny ar y soffa, neu ar gadeiria esmwyth eraill?' gofynnodd Joe.

'Ymm ...' Ystyriodd Gwen ddweud celwydd er mwyn plesio, ond yn y diwedd penderfynodd ddweud y gwir. 'Ydi.'

'Os felly, rhaid i chi neud yn siŵr mai dim ond ar eich gwahoddiad chi mae o'n gneud hynny, nid fel y mynno fo.'

'O, iawn,' meddai, gan edrych i fyny mewn rhyddhad. Roedd hi wedi disgwyl ffrae.

'Ydi o'n cysgu ar 'ych gwely chi?' Edrychodd Joe i fyw ei llygaid a gwridodd Gwen eto.

'Nac'di. Byth,' meddai'n bendant, gan ysgwyd ei phen. Tu ôl i'w chefn roedd hi'n reddfol wedi croesi bysedd ei llaw dde, arferiad oedd wedi goroesi o'i phlentyndod.

'Da iawn. Tydi o byth yn syniad da gadael i unrhyw gi ddod i'ch gwely chi.' Oedd yna wên o dan y mwstásh eto?

'Reit ta ...?' Gogwyddodd ei ben i un ochr gan ei hatgoffa o Idwal. Deallodd Gwen ei gwestiwn y tro yma.

'Gwen.'

'Gwen. Dewch i ni ddechra arni.'

Er mawr syndod i Gwen fe wnaeth hi fwynhau'r awr a hedfanodd heibio. Erbyn ei diwedd roedd hi wedi llwyddo i gael Idwal i gerdded wrth ei hochr, eistedd a dod ati pan alwai arno.

'Cofia, ma' raid i ti ymarfer ac ymarfer rŵan. Buan iawn y daw'r cwbwl yn ail natur iddo fo, a fydd o'm angen y sosej,' meddai Joe wrthi wrth i'r wers ddirwyn i ben.

'Mi wna i.'

'Da iawn chdi. Ti 'di gweithio'n dda heno,' ychwanegodd Joe wrth dderbyn yr arian gan Gwen. Petai ganddi gynffon mi fyddai hithau wedi ei hysgwyd fel y gwnâi Idwal – a sylweddolodd nad ysgol hyfforddi cŵn oedd gan Joe, ond ysgol hyfforddi pobol ar sut i hyfforddi cŵn.

'Ydw i'n barod i ddod i'r dosbarthiada cyhoeddus, dach chi'n meddwl?' Doedd hi ddim wedi medru llithro o'r 'chi' i'r 'chditha' mor rhwydd ag y gwnaeth Joe, efallai oherwydd ei fod o'n hŷn na hi, neu fod ei bresenoldeb awdurdodol yn mynnu parch.

'Dim cweit. Cwpwl o sesiyna unigol eto. Yr un amsar wsnos nesa.'

'Iawn. Grêt.'

'Ac os oes 'na rywun arall yn mynd â fo am dro, mi fysa'n syniad iddyn nhw ddod yma hefyd, iddyn nhw gael gweld y technega 'dan ni'n eu defnyddio.'

'Does 'na neb ond fi. Tydi Gethin, y mab, erioed wedi bod â fo, a wnaiff Heledd, y ferch, ddim mynd â fo ers iddo fo redag ar ôl beiciwr nes iddo ddod oddi ar ei feic.'

'Ddaru fo frifo?

'Naddo, drwy lwc.'

'Wel, paid â gadael iddo fo ddod oddi ar ei dennyn o gwbwl felly. Mae o'n bell o fod yn barod am hynny.'

'Wna i ddim.'

'A'r *ex*?'

'Be amdano fo?'

'Ydi o'n gweld y ci?'

'Nac'di! Dydan ni ddim mewn cysylltiad. Mae o isio gweld y ci ond ... wel ...'

'Dydi o ddim mewn cysylltiad efo'i blant?'

Edrychodd Gwen arno'n ddryslyd.

'Sgin Eifion ddim plant.' Tro Joe oedd hi i edrych yn ddryslyd.

'O! Gethin a Heledd dach chi'n feddwl. Na – nid Eifion ydi 'u tad nhw. Tudur 'di hwnnw, yr *ex* arall.'

'O!'

Gwridodd Gwen eto. Doedd hyn ddim yn swnio'n dda.

'Dwi'm isio busnesa,' meddai Joe, 'ond os ydi o'n gweld y ci yna mi fydd yn rhaid iddo ynta drin Idwal 'run fath yn union ag yr wyt ti'n ei drin o, neu mi fydd o'n dadwneud dy waith caled di.'

'Iawn. Gofia i, hynny ydi, os wna i ... os geith o ...' Torrwyd ar ei thraws gan sŵn y drws bach yng nghefn y sièd yn agor, a cherddodd dynes i mewn. Roedd hi wedi ei gwisgo mewn jîns glas golau a chrys T du, tyn, a ddangosai ei chorff siapus, ac roedd ei gwallt melyn wedi ei godi'n flêr ar dop ei phen. Am funud credai Gwen mai geneth ifanc oedd hi, ond wrth graffu'n fanylach gwelodd fod ei hwyneb yn edrych yn hŷn na'i chorff a'i bod, mae'n siŵr, tua'r un oed â hi.

'O sorry! I thought you'd finished. Supper's ready,' meddai mewn tôn oedd yn awgrymu ei bod hi'n fwy blin nag edifar.

'I have,' atebodd Joe, gan ddechrau cerdded tuag ati. 'Wsnos nesa!'

Gwaeddodd y geiriau olaf i gyfeiriad Gwen heb droi i edrych arni, ac am yr eildro mewn wythnos gwyliodd Gwen ei gefn yn cerdded oddi wrthi.

Yr wythnos ganlynol oedd wythnos ola'r tymor, a fedrai Gwen a gweddill athrawon Ysgol Glan Dŵr ddim disgwyl i weld ei diwedd. Roedd tymor yr haf wedi bod yn un anodd iddi, ac roedd Gwen wedi rhoi cryn ymdrech er mwyn canolbwyntio ar ei gwaith. Doedd y ffaith nad oedd Carys Puw prin yn siarad efo hi, heblaw pan fyddai'n rhaid iddi, ddim yn helpu. Roedd Gwen wedi dechrau osgoi mynd i'r ystafell athrawon yn ystod amseroedd egwyl a chinio, gan ddewis aros yn yr adran gelf ar ei phen ei hun. Yno yr oedd hi, wrthi'n tacluso'r cwpwrdd paent, yn ystod amser cinio y dydd Mercher olaf hwnnw pan gerddodd Meinir i mewn.

'Fama ti'n cuddio eto.'

'Dwi'm yn cuddio! Tacluso hwn cyn diwadd y tymor dwi.'

'Wyt tad! Dos i nôl dy fag – 'dan ni'n mynd i Gaffi'r Gloch i ga'l brêc o'r lle 'ma, neu mi fydda i 'di sgrechian. Diolch i Dduw mai mond deuddydd arall sy 'na i fynd.'

Roedd Caffi'r Gloch yn llawn dop a'r haul wedi denu pobol allan o'u tai a'u swyddfeydd i'w fwynhau. Bu Gwen a Meinir yn lwcus i fachu'r bwrdd gwag olaf y tu allan i'r caffi. Roedd y gwres yn danbaid a symudodd Meinir yr ambarél haul er mwyn eu cysgodi.

'Dwi wrth 'y modd efo'r haul 'ma,' meddai Meinir.

Ymlaciodd Gwen yn ei chadair. Doedd hi ddim yn rhy hoff o wres llethol, yn rhannol oherwydd ei chroen golau, ond ar y llaw arall, gobeithiai am dywydd braf dros y gwyliau. Gwyliodd Sadie yn gwau yn gelfydd rhwng y byrddau tuag atynt.

'Helô chi'ch dwy! Wedi denig dach chi?' gofynnodd yn hwyliog.

'Meddwl bysan ni'n dod yma i ga'l llonydd o'r bwrlwm,' atebodd Meinir, 'ond mae 'na lawn cymaint o fwrlwm yn fama.'

'Dwi'm 'di stopio ers ben bora. Be dach chi ffansi? Mi fedra i argymell y cacenni pysgod efo salad *couscous*.' Roedd golwg boeth a blinedig ar Sadie druan.

'Swnio'n lyfli – dau o'r rheina plis, a dau *cappuccino*,' atebodd Meinir dros y ddwy ohonynt.

'Dwi'm isio llond platiad, sti. Neith jest ...' protestiodd Gwen, cyn i Meinir dorri ar ei thraws.

'Wel mi wyt ti'n ca'l llond plât! *My treat!* Does 'na ddim ohonat ti.'

'Mi wyt ti 'di colli lot o bwysa,' cytunodd Sadie.

'Faint?' gofynnodd Meinir.

'Stôn a hannar.'

'Ma' hynna'n lot mewn cyn lleiad o amsar,' meddai Sadie mewn llais llawn pryder.

'Wel, wneith o ddim drwg i mi. Dwi'n dal i fod stôn dda yn drymach nag o'n i cyn i Tudur 'y ngadael i,' meddai Gwen yn amddiffynnol.

'Rhaid i ti edrach ar ôl dy hun yn well, sti. Dwi'n poeni amdanat ti.'

'A finna,' ychwanegodd Meinir.

'Dwi'n iawn.' Dechreuodd Gwen deimlo fel petai'r ddwy'n codi yn ei herbyn.

Chafodd Sadie mo'i hargyhoeddi, felly aeth i baratoi'r coffi. Trodd Meinir y sgwrs wedi iddi fynd.

'Be sgin ti ar y gweill ar gyfer gwylia'r ha' 'ta?'

'Sgin i'm plania ...' Ceisiodd Gwen ddweud hynny mewn ffordd ffwrdd-â-hi, fel petai hi'n rhydd i wneud fel y mynnai ar fympwy, ond roedd Meinir yn ei hadnabod yn rhy dda.

'Pam nad ei di i ffwrdd i rwla am ryw wsnos efo'r plant?' gofynnodd.

'Ddôn nhw ddim, siŵr! Maen nhw 'di mynd yn rhy hen i fod isio mynd ar wylia efo Mam – a beth bynnag, ma' Heledd yn gweithio yn y Llew Aur dros yr ha', ac ma' hi'n lwcus 'i bod hi wedi medru cael yr wsnos nesa i ffwrdd i fynd i Magaluf efo'i ffrindia. Ma' Gethin wedi dechra canlyn yn selog efo rhyw hogan o'r enw Beca, felly dwi byth yn ei weld o y dyddia yma.'

'Gofyn gei di fynd efo nhw i Magaluf!'

Chwarddodd Gwen. 'Ma' siŵr 'sat ti'n mynd, yn bysat?'

'Ma' isio dangos i'r petha ifanc 'ma sut i fwynhau, does?'

'Mi fydda i'n swp sâl yn poeni amdani.'

'Waeth i ti heb – tydi poeni ddim yn lles i neb. Mae'r tripia tramor 'ma 'di mynd mor gyffredin i bobol ifanc heddiw ag oedd mynd i'r Steddfod Genedlaethol i ni, rhyw *rite of passage* ond efo Sangria yn lle seidar.'

'Biti na fysan nhw mor ddiniwad ag yr oeddan ni!'

'Siarada di drostat dy hun, Gwen bach ...'

Cyrhaeddodd Sadie efo'r coffi ac estynnodd Gwen am ei chwpan yn ddiolchgar. Lledodd llygaid Meinir wrth iddi sylwi ar rywbeth o'r newydd.

'Ww! Gad 'mi weld honna. Ma' hi'n gorjys!'

Tynnodd Gwen y fodrwy fawr las a gwyn anghyffredin oddi ar ei bys a'i rhoi yn llaw Meinir.

'Del – lle gest ti hon?'

'Gwen wnaeth hi,' broliodd Sadie, 'allan o ddarna o hen grochenwaith, a ffrâm gopr.'

'Dwi ar ganol gneud clustdlysa i fynd efo hi ers wsnosa,' ychwanegodd Gwen. 'Ma' gin i bob math o gynllunia ar y gweill yn fy stiwdio adra, taswn i'n medru dechra arnyn nhw.'

'Wnei di un i mi?'

'Gwnaf siŵr, ond dwi'm yn gaddo pryd gei di hi ...'

'Ti 'di meddwl mwy am ga'l arddangosfa yn fama?' gofynnodd Sadie.

'Do, ond dwn i'm ...' Roedd Gwen yn falch iawn o gynnig caredig Sadie i gael arddangosfa yng Nghaffi'r Gloch ond doedd hi ddim wedi llwyddo i droi ei meddwl at greu digon o ddarnau i lenwi un o'r cistiau arddangos roedd Sadie'n bwriadu eu prynu.

'Be? Wyt ti 'di ca'l cynnig arddangos yma?' meddai Meinir.

'Do,' atebodd Sadie wrth droi yn ôl i gyfeiriad y gegin. 'Fel ti'n gweld o sbio ar y walia 'ma, 'dan ni'n lecio cefnogi artistiaid lleol, a bwriad Roj a finna ydi ehangu i fedru arddangos gwaith crefftwyr fel Gwen hefyd.'

'Ma' hwn yn gyfla gwych, Gwen! Gei di greu gemwaith drwy'r ha', ac mi fyddi di wedi gneud ffortiwn fach erbyn Dolig,' meddai Meinir yn frwdfrydig.

Doedd gan Gwen ddim amynedd ceisio esbonio i Meinir ei bod hi eisoes wedi treulio oriau yn eistedd yn ei stiwdio fach yng nghefn y tŷ, yn syllu drwy'r ffenest, ei meddwl yn troi a throi ond ei dwylo'n gwneud dim. Ond doedd dim rhaid iddi esbonio – roedd ei ffrind bore oes yn ei hadnabod hi tu chwith allan.

'Ty'd 'laen, Gwen bach. Rhaid i chdi drio, sti, troi dy feddwl at betha newydd. Ti'n gwbod be mae'r Sais yn ddeud dwyt?'

'Be?'

'The way to get over a man is to get under another one!'

'Hy! Dwi'm yn meddwl. Dwi 'di ca'l digon o ddynion i bara oes.'

'Be ti'n fwydro? 'Mond dau ti 'di ga'l! 'Di hynna'n ddim byd y dyddia yma. Dwi 'di ca'l dau ar y tro cyn heddiw!'

Edrychodd Gwen arni mewn syndod.

'Dau ar y tro?'

'Ia – pam ti'n sbio arna i fel'na?'

'Ti 'di cysgu efo dau ddyn ar y tro?' Doedd Gwen ddim wedi sylwi ar weinyddes ifanc y tu ôl iddi oedd ar fin ymestyn drosti efo dau blatiad o salad. Bu bron i honno ollwng y llestri yn ei syndod o glywed y fath ddadleniad am ei chyn-athrawes hanes.

'Naddo siŵr!' brysiodd Meinir i'w chywiro pan sylwodd fod y weinyddes yn glustiau i gyd. 'Diolch,' meddai wrth y ferch gyda gwên, gan ddisgwyl iddi fynd cyn parhau i siarad efo Gwen.

'Gwatsha be ti'n ddeud wir, neu mi fydd 'na bob math o straeon amdana i rownd yr ysgol – chwaer fawr Shannon Edwards ydi honna!'

Gwenodd Gwen wrth feddwl am y straeon amrywiol fyddai wastad yn cael eu rhannu yn yr ysgol am Miss Haf.

'Sori,' ymddiheurodd Gwen mewn llais llawer distawach, 'ond chdi ddeudodd!'

'Cyfeirio at y tro ro'n i'n mynd allan efo Iestyn Hughes a Garry Smithfield ar yr un pryd o'n i!'

'Mi gest ti *overlap* bach yn fanna, yn do?'

Dewisodd Meinir beidio â dilyn y trywydd hwnnw ymhellach, gan droi ei sylw'n ôl at ei ffrind.

'Wn i – mi helpa i di i gofrestru ar wefan dêtio.'

'Dim ffiars o beryg!'

'Pam lai? Dwi 'di cyfarfod dynion neis iawn drwyddyn nhw.'

'Ella wir, ond ti 'di cyfarfod amball nytar hefyd – fatha'r boi 'na oedd yn casglu'r fflyff o'i fotwm bol a'i gadw fo mewn jar!'

'Oedd, mi oedd hwnnw'n reit od, doedd?'

'A hwnnw efo tatŵ o'i nain ar draws ei gefn.'

'Yyych, ia. Ond drwy Match.com y gwnes i gyfarfod Ieu hefyd, ac mae *o*'n lyfli. Ti'n gorfod cusanu chydig o lyffantod cyn ffeindio dy dywysog!'

Roedd Meinir wedi bod yn gweld Ieuan Griffiths, milfeddyg a weithiai yn y dre, ers ychydig fisoedd ac roedd y berthynas honno i'w gweld yn addawol.

'Wel dwi ddim ffansi cusanu 'run llyffant, a dwi ddim am roi fy hun mewn rhyw gatalog i ddynion bori drosta i fel taswn i'n fuwch mewn mart chwaith. Dim mwy o ddynion i mi!'

'Gawn ni weld,' meddai Meinir, gan wybod y byddai cyfle arall i godi'r pwnc yn y dyfodol agos. 'Ma' hi'n ddydd Gwener Gwallgo mewn deuddydd cofia – bob math o bobol rownd Dre.'

Cnodd Gwen y *couscous* yn dawel. Beryg na allai osgoi ymuno yn rhialtwch Gwener ola'r tymor, ond doedd hi ddim yn edrych ymlaen. Ond cyn hynny, roedd sesiwn hyfforddi efo Joe Wightman ar y gorwel.

'Ti'n meddwl dylwn i ofyn i Eifion ddod efo fi heno?' gofynnodd.

'Eifion? I be? I lle?'

'I sesiwn hyfforddi Idwal.'

'Pam bysat ti isio gofyn iddo fo fynd efo chdi?'

'Joe ddeudodd fod yn rhaid i bawb sy'n mynd â'r ci am dro fod yno.'

'Ti rioed 'di bod yn gadael i hwnna ga'l y ci?'

'Naddo! Ond falla ryw dro ... mae o'n gallu bod yn llond llaw sti.'

'Mi wn i!'

'Y ci dwi'n feddwl.'

'A hwnnw! Dwi 'di deud wrthat ti – rho'r blydi ci i Eifion ac anghofia am y ddau. Dyna'r unig ffordd i ti fedru symud ymlaen. Beth bynnag, ti 'di chwalu ei rif o o dy ffôn yn do?'

'Do,' meddai Gwen, gan wybod mai mater bach fyddai cael gafael arno eto tasa hi'n gŵglo 'plymars' ar y we.

'Be wyt ti am wisgo nos Wener 'ta?' gofynnodd Meinir.

Ceisiodd Gwen ddilyn trywydd y sgwrs ond Eifion oedd yn llenwi ei meddwl. Gwyddai mai Meinir oedd yn iawn ynglŷn â thorri cysylltiad efo fo, er na fyddai byth yn cytuno â hi ynglŷn â chael gwared ar Idwal, ond roedd ei chalon yn mynnu y byddai'r dosbarth hyfforddi yn gyfle i'w weld o eto, ac efallai y byddai hynny'n arwain at ailgynnau'r fflam.

Erbyn iddi gyrraedd maes parcio ysgol hyfforddi Joe Wightman teimlai'n swp sâl. Roedd ei cheg yn sych, ei stumog yn corddi a rhythm ei phyls yn drybowndian yn ei chlustiau. Roedd y maes parcio'n wag, ond gyrrodd rownd a rownd, yn methu penderfynu lle i barcio ei char. Edrychodd yn ei drych ôl a gweld fan Eifion yn cyrraedd, felly tynnodd i mewn i'r bae agosaf. Wrth i Gwen agor y bŵt, gan osgoi edrych ar Eifion, dechreuodd Idwal gyfarth yn uchel, yn amlwg wedi gweld ei feistr. Saethodd y ci allan a charlamu ato, gan neidio fel plentyn ar bolyn Pogo o'i gwmpas.

'Haia boi! Haia Idw! Ti'n gi da? Wyt ti'n gi da?' Chwarddodd Eifion ar gampau'r ci. 'A dw inna'n falch o dy weld ditha!'

Trodd Gwen tuag atynt, a chymryd anadl ddofn.

'Lawr!' meddai yn y llais hyderus ac awdurdodol a ddefnyddiai yn yr ysgol – a oedd, gobeithiai, yn cuddio'i hofn a'i nerfusrwydd. Rhoddodd Idwal y gorau i'w neidio'n syth a mynd ati'n ddisgwylgar. Rhoddodd Gwen ddarn bach o sosej iddo'n ddiolchgar.

'Ci da!'

'Wow! *Impressive,*' meddai Eifion gan wenu'n gyfeillgar arni. Roedd o'n gwisgo ei jîns gorau a'r siwmper Seasalt las ac roedd ei wyneb yn llyfn, yn bradychu'r ffaith ei fod newydd siafio. Cyffrodd Gwen – oedd o'n mynd allan ar ôl y sesiwn hyfforddi, ynteu oedd o wedi gwneud ymdrech arbennig er ei mwyn hi? Allai hi ddim gwadu'r atyniad yr oedd hi'n dal i'w deimlo tuag ato ac ysai i fwytho'i wyneb a chusanu ei wefusau meddal. Plygodd i glipio'r tennyn ar goler Idwal. Doedd hyn ddim yn mynd i fod yn hawdd.

'Ti 'di parcio fatha dy fam!' meddai Eifion yn ysgafn, gan amneidio at ei char a oedd hanner ffordd i mewn, neu hanner ffordd allan, o linellau'r bae. Anwybyddodd Gwen ei gellwair.

'Ty'd – awn ni i mewn,' meddai, a cherdded yn gyflym tua'r fynedfa gan wneud yn siŵr fod Idwal yn aros yn dynn wrth ei sawdl chwith.

Roedd Joe Wightman yn sefyll yng nghanol y sièd yn disgwyl amdanynt.

'Dach chi'n hwyr,' meddai, gan edrych yn syth at Eifion.

Edrychodd Gwen ar ei watsh. Pedwar munud wedi chwech.

'Sori.'

'Dim ots gin *i* – 'ych pres chi'ch hunain dach chi'n wastraffu.' Roedd o'n dal i edrych yn syth at Eifion. Synhwyrai Gwen fod gwrychyn hwnnw'n codi.

'Eifion ydi hwn,' eglurodd Gwen.

'Reit, Eifion, dewch i ni weld faint o reolaeth sy ganddoch chi dros y ci 'ma.'

Yn wyneb y sialens gwnaeth Eifion ei orau i gael Idwal i wrando a dilyn ei gyfarwyddiadau, ond er mawr ddifyrrwch i Gwen roedd pob gorchymyn o du Eifion yn ofer tra oedd y ci'n bihafio'n rhyfeddol o dda iddi hi. Hedfanodd yr awr ac ymlaciodd Gwen fwyfwy gan fwynhau'r dealltwriaeth newydd rhyngddi ag Idwal. Teimlai'n llawer mwy hyderus ar ddiwedd y sesiwn, ond roedd crib Eifion, fodd bynnag, wedi ei dorri'n llwyr. Estynnodd Gwen am ei phwrs i dalu Joe.

'Mae'n iawn, dala i,' mynnodd Eifion.

'Na, dwi'n talu.'

'Dwi'n mynnu!'

'Does dim rhaid ...'

'Gad iddo fo dalu,' meddai Joe, gan gymryd yr arian o law Eifion, a oedd erbyn hyn yn gwgu arno.

'Ty'd,' meddai Eifion wrth Gwen, a throi ar ei sawdl am y drws. Trodd Idwal a cherdded yn ddel wrth ei ochr. Wnaeth Gwen mo'i ddilyn, a gwenodd hi a Joe ar ei gilydd.

'Da iawn chdi eto heno,' canmolodd Joe. 'Dwi'n meddwl y

bysa'n syniad da mynd â fo i le prysur wsnos nesa, er mwyn i ti ymarfer ei reoli o pan fydd 'na lot o betha o gwmpas i dynnu ei sylw. Mae 'na lwybr lawr wrth yr afon ym mhen arall y dre sy'n boblogaidd efo cerddwyr cŵn a beicwyr. Mi wnawn ni gyfarfod yn y maes parcio gyferbyn am chwech.' Dweud oedd o eto heddiw, nid gofyn, sylwodd Gwen wrth iddi gychwyn ar ôl Eifion ac Idwal.

'Gwen!' galwodd Joe ar ei hôl.

''Mond chdi a'r ci.'

'Dwn i'm pwy ma'r Hitler bach 'na'n feddwl ydi o!' meddai Eifion wrth agor bŵt car Gwen ac amneidio ar i Idwal neidio iddo. 'Pen bach go iawn!'

'Ti'n meddwl? Dwi'n 'i weld o'n hyfforddwr da iawn,' meddai Gwen, gan gamu i'r car. 'Ti wedi gweld sut dechnega mae o'n eu defnyddio rŵan, felly mi fedri di neud yr un peth os fydd Idwal yn dod atat ti ryw dro.'

Safodd Eifion ger drws agored y car. 'Wyt ti am fynd ato fo dy hun wsnos nesa?'

'Ydw.'

'Dwi'n meddwl y bysa'n well i mi ddod efo chdi.'

'Sdim angen. Glywist ti be ddeudodd o – dim ond fi sy angen mynd. 'Dan ni'n gwbod be i neud rŵan – dim ond angen practis ydan ni.' Oedd o'n genfigennus tybed, meddyliodd Gwen.

'Dwi'm yn siŵr ydi o'n dryst.'

'Paid â mwydro!'

'Wel, cymera ofal 'ta, a phaid â mynd i nunlla heb fod 'na bobol eraill o gwmpas.'

'Ti'n siarad nonsens rŵan. A be di'r ots i ti beth bynnag?' gofynnodd, gan danio injan y car. Edrychodd Eifion arni.

'Wrth gwrs bod ots gin i.'

Trodd Gwen i edrych i fyw ei lygaid.

'Oes?'

'Wel oes siŵr. Ti wedi bod yn rhan bwysig o 'mywyd i.'

'Wedi?'

'Wel, ia. Er y byswn i'n hapus i ni fod yn ffrindia ... os ti isio?'

'Ffrindia?'

'Ia.'

Suddodd ei chalon yn ôl i'r dyfnderoedd.

'Sori Gwen. Fedra i ddim cynnig mwy na hynny i chdi.'

'Diolch am y *cynnig*, ond mae gin i ddigon o ffrindia. Well i ti frysio, neu mi fyddi di'n colli dechra *Coronation Street*.' Caeodd ddrws y car yn glep yn ei wyneb a phwyso'i throed yn galed ar y pedal gan achosi i'r car sgrialu o'r maes parcio.

'Pryd ga' i weld Idwal eto?' gwaeddodd Eifion ar ei hôl, a cherrig mân y maes parcio'n chwyrlïo o gwmpas ei goesau.

Pennod 7

Erbyn diwedd y pnawn Gwener roedd Gwen wedi newid ei meddwl am fynd allan i'r Dre. Edrychai ymlaen yn awr at eistedd mewn gardd gwrw efo gwydraid mawr o win yn ei llaw ac anghofio am adroddiadau, asesiadau, targedau a phlant swnllyd, drewllyd, digywilydd.

'Wyt ti am fynd adra i newid gynta?' gofynnodd i Meinir wrth iddi edrych rownd yr ystafell athrawon am y tro ola am chwe wythnos. Fedrai hi ddim dweud y byddai hi'n gweld eisiau'r lle, y carped gwyrdd hynafol a'r cadeiriau blêr, di-siâp yr oedd yn amhosib eistedd ynddyn nhw heb bechu yn erbyn rhywun.

'Ew, nac'dw siŵr – gwastraffu amsar yfad fysa hynny! Dwi'n mynd yn syth i'r pyb er mwyn bachu sêt cyn i'r heidia gyrraedd o Sir Fôn a Phen Llŷn yn nes ymlaen.'

'Mi fydd yn rhaid i mi bicio adra i newid gynta, beryg.'

'Be sy o'i le efo be ti'n wisgo rŵan?'

Edrychodd Gwen lawr ar ei chrys T pinc oedd â staen inc ar y ffrynt, ei sgert gotwm liwgar, flodeuog, a'r pymps bach piws oedd am ei thraed. 'Fedra i ddim mynd allan yn rhain, siŵr!' Roedd Meinir yn gwisgo sgert goch fer a siwmper lwyd, ysgafn.

'Rhaid i chdi gynllunio'n well!' meddai Meinir, gan dynnu ei siwmper i ddatgelu mai ffrog dynn efo gwddw isel oedd y sgert goch. Stwffiodd y siwmper i'w bag ac estyn pâr o sandalau sodlau uchel duon allan ohono. Tynnodd y clip mawr oedd yn dal ei gwallt i fyny ac ysgydwodd ei gwallt melyn yn gyrten o amgylch ei hwyneb.

'Ta-da!'

'Wid-a-wiiiw! Mae'n amlwg dy fod ti'n gneud hyn ers blynyddoedd! Peth newydd i mi ydi'r dathlu diwadd tymor 'ma, cofia. A dwn i'm sut wyt ti'n medru gwisgo'r rheina!' rhyfeddodd Gwen wrth wylio Meinir yn eistedd i roi'r sandalau am ei thraed.

'Hawdd ar ôl chydig o arfar,' meddai, gan godi i sefyll. Wrth i'w ffrind edrych i lawr arni teimlai Gwen yn fach iawn.

'Sut wyt ti'n dod lawr i'r Dre wedyn 'ta?' gofynnodd Meinir.

'Ga' i lifft efo Heledd ar ei ffordd i'w gwaith.'

'Mi basiodd ei phrawf gyrru felly!'

'Do – a choeli di byth be gafodd hi gan Tudur i ddathlu.'

'Paid â deud – car?'

'Ia! Vauxhall Corsa bach sy'n fengach o dipyn na 'nghar i.'

'Babi Dad fu hi erioed, 'de.'

'Doedd Gethin ddim yn rhy hapus nes i Tudur ei atgoffa pwy gyfrannodd at ei flwyddyn ffwrdd o yn teithio rownd De America.'

'Mi fydd yn handi iddi ga'l car. Geith hi fod yn dacsi i chdi rŵan, i dalu'n ôl am yr holl redag rwyt ti wedi'i neud iddi hi.'

'Ia 'de – neu "aidîal" fel bysa'r plant 'ma'n ddeud!'

'Paid â bod yn hir, cofia. Tecstia pan gyrhaeddi di'r Dre ac mi ddeuda i wrthat ti lle ydan ni – a gordro jygiad o Pimms i ni!'

'Fyddi di'n methu cerddad ar y sodla 'na erbyn diwadd y nos!'

'Duw, dwi'n siŵr y bydda i wedi ca'l cynnig braich neu ddwy i 'nghynnal i erbyn hynny! Hei Huw!' gwaeddodd Meinir ar Huw Dafydd, pennaeth yr adran Ddaearyddiaeth oedd newydd gerdded i mewn.

'Nei di fod yn *crutch* i mi heno os bydda i angen un, gwnei?' Edrychodd Huw yn ddryslyd arni.

'Paid â phoeni – *crutch* ddeudis i, nid *crotch*!'

'Fi sy'n poeni y bydd hi'n ca'l traffarth efo'r sodla 'na,' eglurodd Gwen i Huw druan, oedd yn gwrido o dan edrychiad fflyrtiog Meinir.

'O ...! Rargian, ti bron mor dal â fi!' synnodd Huw, gan ddod i sefyll atynt.

'Go brin!' atebodd Meinir gan edrych i fyny ar yr arth o ddyn moel. Er ei fod yn edrych yn debycach i fownsar nag i athro, gan Huw roedd y galon feddalaf yn y byd, ac roedd disgyblion yr ysgol yn dotio arno. Fo oedd trefnydd Clwb Cerdded yr ysgol ac yn gyfrifol am gangen yr Urdd yno.

'Wyt ti'n dod allan efo ni, Gwen?' gofynnodd Huw.

'Ydi siŵr,' atebodd Meinir ar ei rhan, 'ond ma' hi'n mynnu mynd adra i newid gynta. Deud wrthi ei bod hi'n edrach yn iawn fel mae hi, wnei di, Huw?'

'Wel ... mi *wyt* ti'n ddel iawn fel wyt ti,' cadarnhaodd Huw, gan wrido eto.

'Diolch.' Gwenodd arno. 'Ond mi fydd *raid* i mi fynd adra.'

'Dos yn dy flaen 'ta – a brysia!' meddai Meinir a'i gwthio tua'r drws.

Wrth droi'r car i mewn i'r dreif, gwelodd Gwen fod Heledd yn sefyll yn y drws efo'r ffôn yn ei llaw, yn amlwg yng nghanol sgwrs ddyrys. Suddodd calon Gwen. Brysiodd allan o'r car gan anwybyddu Idwal druan oedd wedi rhuthro i'w chroesawu. Cerddodd Heledd i'w chyfarfod.

'Ma' hi newydd gyrraedd rŵan ... ydi ... mi wna i siŵr, Nain ... ma' hi Mam i chi rŵan ylwch. Drychwch ar ôl 'ych hun.' Gwthiodd Heledd y ffôn i law ei mam gan ystumio'r gair 'Nain'.

'Mam? Dach chi'n iawn?'

'Oeddat ti 'di anghofio 'mod i'n mynd i'r ysbyty heddiw?'

'Nag o'n siŵr!' Croesodd Gwen ei bysedd y tu ôl i'w chefn. Roedd hi wedi anghofio'n llwyr am apwyntiad Eirlys efo'r arbenigwr ar y galon yn sgil y pyliau o boenau a diffyg gwynt roedd hi wedi bod yn eu cael yn ddiweddar. 'Yn mynd i'ch ffonio chi o'n i rŵan, cyn gynted ag y cyrhaeddwn i adra. Ches i ddim cyfla i'ch ffonio chi o'r gwaith – ma' hi wedi bod yn lloerig yno drwy'r dydd.'

'Dwi adra ers dwy awr!'

'Be ddeudon nhw ta? Dach chi'n iawn?'

'Wel nac'dw debyg, ne fyswn i ddim wedi ca'l 'y ngyrru at Doctor Hassan yn naf'swn? Dyn neis iawn oedd o hefyd, er na do'n i'm yn dallt hannar be oedd o'n ddeud. Dannadd da ganddo fo.'

Caeodd Gwen ddrws y tŷ efo'i phen ôl a gosod ei bag ar y bachyn.

'Be sy'n bod efo chi 'ta?' gofynnodd.

'Ydw i am orfod trio esbonio i chdi ar y ffôn, 'ta wyt ti'n dod draw? Fedra i ddim dod draw fy hun – dwi 'di ca'l fy siarsio i beidio gyrru.'

'Be – rŵan? Dwi i fod i fynd allan ...'

'Wel, ro'n i'n meddwl, er dy fod di wedi gwrthod mynd â fi, y basat ti o leia isio gwbod be ddeudon nhw!'

Ochneidiodd Gwen.

''Nes i'm *gwrthod*, naddo Mam? Fel y gwnes i egluro i chi, fedra i ddim jest cymryd amsar i ffwrdd o'r ysgol, yn enwedig a hitha'n ddiwrnod ola'r tymor.'

'Wel ia, mi fedra i ddallt y sens yn hynna, a chditha'n ca'l yr holl wylia 'na fel ma' hi.'

Cymerodd Gwen anadl ddofn.

'Fedrwch chi ddim deud yn fras wrtha i rŵan be ddeudodd o, ac mi alwa i draw y peth cynta bora fory?'

'Do'n i'm isio deud 'that ti ar y ffôn a dy ddychryn di, ond ... mae o'n meddwl bod gin i Anjeina!' cyhoeddodd Eirlys fel petai'n datgan ei bod wedi ennill gwobr. Roedd yr ôl-nodyn 'Ddeudis i 'mod i'n sâl, do!' yn hongian yn yr awyr heb ei ddweud.

'A dwi 'di gorfod gweld nyrs calon, ac ma' honno wedi rhoi llyfryn i mi 'i ddarllan, ac ma' 'na lot o waith dallt arno fo, ac mi wyt ti i fod i'w ddarllan o hefyd, a dwi'm yn ca'l gneud dim a dwi'n gorfod ca'l *anjiogram*!' Daeth y cyfan allan heb i Eirlys oedi i gymryd ei gwynt.

Estynnodd Gwen am ei bag oddi ar ei fachyn. Roedd goslef ei mam yn awgrymu y dylai hi ddweud 'llongyfarchiadau' wrthi, ond llwyddodd i atal ei hun rhag gwneud hynny.

'Dwi ar fy ffordd. Mi fydda i yna mewn deg munud.' Rhoddodd y ffôn i lawr, a galw i fyny'r grisiau ar Heledd. 'Dwi'n mynd i weld dy nain!'

Clywodd Gwen ddrws llofft Heledd yn agor.

'Ma' hi'n iawn, yndi?'

'Ydi. Gorfod ca'l mwy o brofion, ond ti'n gwbod sut un ydi dy nain, felly ma'n well i mi bicio i'w gweld hi.'

'Mi fydd raid i ti fod yn ôl mewn hannar awr os wyt ti isio lifft i'r dre gin i.'

'Go brin y bydda i'n ôl erbyn hynny. Dos di hebdda i. Ga' i fŷs ne dacsi. Gyrra di'n ofalus.'

'Ocê. Ella wela i di yn y Llew Aur yn munud 'ta.'

'Ella wir.' Cychwynnodd Gwen drwy'r drws.

'Mam?'

'Ia?'

'Bihafia!'

Roedd hi bron yn chwech o'r gloch erbyn i Gwen gyrraedd yn ôl adre o dŷ ei mam. Doedd perswadio Eirlys i beidio â phoeni'n ormodol am y profion yr oedd yn eu hwynebu ddim wedi bod yn hawdd gan ei bod hi wedi darllen y llawlyfr a gafodd gan nyrs y galon o glawr i glawr erbyn i Gwen gyrraedd yno. Roedd hefyd, tybiai Gwen, yn arbenigwraig ar lawfeddygaeth y galon, er nad oedd y doctor na'r nyrs wedi dweud wrthi ei bod yn bendant angen y fath driniaeth.

Caeodd y drws ffrynt ar ei hôl gydag ochenaid a phlygodd i fwytho Idwal, oedd wedi rhuthro i'w chroesawu.

'Sori Idw bach, sgin i'm amsar i fynd â chdi am dro rŵan.' Edrychodd Idwal arni efo'i lygaid tywyll, meddal, fel petai'n deall pob gair. 'Dwi angen noson allan sti, boi, ordors Anti Meinir.' Llyfodd Idwal ei thalcen.

'Biti na fysa pawb mor oddefgar â chdi, 'ngwas i. Ti'n werth y byd, dwyt?'

Ysgydwodd y ci ei gynffon, yn deall o oslef Gwen ei fod yn cael ei ganmol, er nad oedd, go brin, yn gwybod pam.

Wrth redeg i fyny'r grisiau teimlodd blwc o boen sydyn yn ei bol. O na. Roedd hi'n hen gyfarwydd â'r boen fisol hon, ac allai'r amseru ddim bod yn waeth, a noson allan brin yn ymestyn o'i blaen. Roedd ei misglwyf wedi bod yn brydlon a dibynadwy am bron i dri deg saith o flynyddoedd, hyd at ychydig fisoedd ynghynt, pan ddechreuon nhw fod yn anarferol o drwm, gan gychwyn yn gynt a dirybudd a phara'n hirach. Rhuthrodd i'r tŷ bach jest mewn pryd. Teimlodd yr egni yn llifo allan ohoni gyda'r gwaed. Eisteddodd ar y toiled ac ochneidio. Doedd hi ddim yn hen bryd i hyn i gyd stopio? Roedd y rhan helaethaf o ddeugain mlynedd o waedu misol, ac eithrio'r cyfnodau pan oedd yn cario a bwydo'r plant, yn hen ddigon, yn *fwy* na digon. Doedd Meinir ddim wedi cael misglwyf ers wyth mis, ac er iddi gael ambell bwl o fod yn or-boeth yn y nos doedd hi ddim wedi cael trafferthion arferol y menopôs. Roedd hyn yn galonogol i Gwen, a oedd wedi bod yn trio anwybyddu dyfodiad y cyfnod hwn yn ei bywyd er gwaetha'r ffaith fod ei mam yn ei hatgoffa'n rheolaidd am ei phrofiadau erchyll ei hun, a sut y bu'n rhaid iddi fod ar dabledi HRT am flynyddoedd – er bod y rheini'n codi gwynt arni – er mwyn osgoi'r pyliau poeth a'r blinder parhaol. Ceisiodd chwalu'r holl beth o'i meddwl, gan drio penderfynu be i'w wisgo i fynd allan gan ei bod bellach wedi canu arni i fedru gwisgo'i thrywsus lliain gwyn fel yr oedd hi wedi bwriadu.

Cododd i olchi ei dwylo ac edrychodd yn fanwl arni ei hun yn y drych uwchben y sinc. Roedd ei chroen, oedd yn welw ar y gorau, yn llwydaidd, ac roedd bagiau duon dan ei llygaid.

Teimlai'n hen ac yn hyll. Doedd dim rhyfedd nad oedd Eifion eisiau bod efo hi. Teimlodd y don o anobaith roedd hi wedi bod yn trio'i gorau i'w hosgoi yn llepian drosti eto, ond ceisiodd roi rhyw drefn arni ei hun pan glywodd gyfarthiad Idwal, y cyfarthiad oedd yn cyhoeddi fod rhywun cyfarwydd wedi cyrraedd.

'Helô?'

'Haia!'

'Sadie? Chdi sy 'na!'

'Paid â swnio mor siomedig!'

'Dydw i ddim! Sori, do'n i ddim yn disgwyl neb.'

Pan gyrhaeddodd Gwen waelod y grisiau gwelodd fod Sadie'n gwneud ffýs fawr o Idwal.

'Fysa'r ci 'ma byth yn gneud *guard dog* naf'sa – dwi'n siŵr y bysa fo'n gadael i unrhyw un ddod i mewn,' chwarddodd Sadie, gan gosi bol y ci oedd yn gwingo mewn pleser.

'O, dwn i'm. Mae o'n gwbod pwy ydi 'i ffrindia fo, sti!'

'Ti'n barod 'ta?'

'Barod?'

'I fynd i'r Dre! Gwener Gwallgo – athrawon o bob man yn dathlu dechra'r gwylia – a chditha'n un ohonyn nhw! Welis i Heledd gynna, ac mi ddeudodd hanes dy fam, gan gynnwys y ffaith dy fod ti wedi colli dy dacsi, felly dyma fi: tacsi Sadie!'

'O, diolch i ti. Ond wsti be, sgin i'm llawar o fynadd mynd rŵan.'

'Pam?'

'Misglwy' newydd ddechra, a dwi 'di blino ...'

'Cwpwl o Ibuprofen ac mi fyddi di'n rêl boi.'

'Sgin i'm clem be i wisgo ...'

'Twt lol! Ma' gin ti gant a mil o ddillad – ac eniwe, ti'n edrach yn iawn fel wyt ti.'

Edrychodd Gwen ar Sadie yn ei sgert laes werdd a'i chrys T glas di-siâp, gan ystyried mai hi oedd yr un olaf ddylai roi cyngor ffasiwn, ond gan werthfawrogi ei brwdfrydedd.

'Ty'd 'laen, mi wneith les i ti. Ti'm 'di bod allan ers talwm, naddo, a dwi'n edrach mlaen at glywad yr holl hanas fory – yn enwedig am antics Meinir!'

Gwenodd Gwen.

''Sat ti'n gweld sandals oedd ganddi yn cychwyn allan – rhai uchel, uchel, fel sgin y genod ifanc 'ma.'

'Rheswm arall i ti fynd allan felly – i'w dal hi rhag iddi ddisgyn!'

Erbyn i Gwen gyrraedd gardd gwrw'r Llew Aur roedd hi'n teimlo dipyn yn well. Roedd y tabledi lladd poen wedi dechrau gwneud eu gwaith, a haen o golur yn cuddio'r beiau. Sythodd ei blows wen dros ei thrywsus du, llac, ac edrych o'i chwmpas. Roedd y lle'n orlawn a lefel y sŵn yn awgrymu bod cryn dipyn o gwrw wedi cael ei yfed, er gwaetha'r ffaith nad oedd hi ond saith o'r gloch. Gwasgodd drwy'r rhengoedd o ferched yn eu dillad ffasiynol, drud, eu gyddfau'n drwm o jingliarins. Adnabu Gwen rai o'r tlysau o ffenestri rhai o'r siopau crefft bach chwaethus oedd yn britho'r Dre. Bodiodd y gadwen o amgylch ei gwddw ei hun – un o'r rhai a greodd hi o ddarnau o grochenwaith – a phenderfynodd fwrw iddi o ddifri dros yr haf i orffen y casgliad ar gyfer Caffi'r Gloch. Amneidiodd i gyfarch ambell wyneb cyfarwydd – athrawon yn sicr oedd y mwyafrif ohonynt. Tynnwyd ei sylw gan floedd o chwerthin dwfn o grombil y dorf: Tudur! Roedd hi wedi anghofio y byddai ei chynŵr a'i gyd-swyddogion addysg allan heno hefyd. Trodd i'r cyfeiriad arall er mwyn osgoi gorfod eu pasio. Lle roedd Meinir? Crynodd ei ffôn yn ei bag. Tecst: 'Sbia tu ôl i chdi!' Trodd rownd i weld Meinir yn chwifio'n wyllt arni, a gwthiodd trwy'r dorf i'w chyfeiriad gydag ochenaid o ryddhad.

'Lle ti 'di bod?' sibrydodd Meinir yn ei chlust. 'Ty'd i droi'r sgwrs, wir Dduw – mae'r rhain yn mynnu sôn am blydi gwaith a finna'n trio anghofio amdano fo!' Trodd i wynebu'r criw. 'Hei bawb – ma' Gwen wedi cyrraedd!'

Gwenodd Gwen ar y criw o ryw ddeg o'i chyd-athrawon. Er ei bod hi'n gweithio efo nhw ers dwy flynedd bellach doedd hi ddim cweit yn teimlo fel rhan o'r giang, a gwyddai'n iawn fod ambell wên yn wên deg – yn enwedig un Carys Puw. Bechod bod honno wedi gorfod dod i eistedd ar yr un bwrdd â Meinir, gresynodd Gwen.

Neidiodd Huw Dafydd ar ei draed. Roedd ei wên o yn ddiffuant.

'A' i i nôl diod i ti – be gymri di?'

'O, ym ... gwin gwyn sych, plis Huw.' Gwenodd yn ddiolchgar arno. Un hoffus oedd Huw, ac un o'r ychydig rai ddaeth ati'n benodol i gyflwyno ei hun iddi ar ei diwrnod cynta yn Ysgol Glan Dŵr. Yn ogystal, achubodd ei cham pan eisteddodd Gwen yng nghadair Mark Maths cyn iddi ddeall y drefn yn yr ystafell athrawon.

''Dan ni *on a mission* i ffendio dynas i Huw heno!' pryfociodd Meinir.

'Dwi 'di deud 'that ti na sgin i'm amsar i ddynas!' atebodd Huw, a'i throi hi'n reit handi i gyfeiriad y bar wrth i'r gwrid godi yn ei fochau.

'Dwi'n methu dallt sut mae dyn da fel Huw yn dal i fod a'i draed yn rhydd,' meddai Meinir wedi iddo fynd, gan wthio'i hun ymhellach ar hyd y fainc er mwyn gwneud lle i Gwen eistedd wrth ei hochr.

'Faint ydi'i oed o, dŵad?' gofynnodd Gwen, gan eistedd yn ddiolchgar.

'Fydd o'n ddeugain flwyddyn nesa ... ac mae o'n byw efo'i fam o hyd.'

'Ella nad merched ydi'i betha fo?'

'Dwi'm yn meddwl! Ond hyd yn oed os ydi o'n hoyw, tydi o ddim i fod yn byw adra efo'i fam yn 'i oed o, nac'di? Hei – ella gwneith o ddyn i chdi!'

'Braidd yn ifanc i Gwen 'swn i'n deud,' meddai Carys Puw, oedd wedi bod yn gwrando ar y sgwrs o ben arall y bwrdd. Rhythodd Gwen arni a bu bron iddi ddweud wrthi am feindio'i busnes, ond synhwyrodd Meinir beth oedd ar ei meddwl, a thorri ar ei thraws.

'Erbyn meddwl, beryg mai comutmentffôb arall ydi o ... a dwyt ti'm isio mynd i lawr y lôn honno eto.'

'Byw efo'i fam o ran ymarferoldeb mae o,' ychwanegodd Carys. 'Mae o'n gneud ei dŷ ei hun i fyny ers blynyddoedd, ac yn gneud lot o'r gwaith ei hun felly mae'n cymryd amsar. Mae Huw yn dda iawn efo'i ddwylo.'

Gwyliodd Gwen lygaid Carys yn crwydro tuag at gefn Huw, oedd yn dal i giwio wrth y bar, a gwawriodd arni'n sydyn fod Carys yn ei ffansïo fo. Sylweddolodd nad oedd hi'n gwybod dim oll am fywyd personol ei phennaeth adran, dim ond ei bod yn sengl ac yn byw yn y dre. Cyrhaeddodd Huw yn ei ôl a rhoi gwydraid mawr o win gwyn yn llaw Gwen.

'Iechyd da!'

'O diolch i ti! O, dwi angen hwn!'

Teimlodd y gwin oer yn llifo i lawr cefn ei gwddw. Roedd yn deimlad braf. Gosododd ei gwydr ar y bwrdd a sylwi bod llygaid pawb arni, a'i gwydr yn wag.

'O rargian – do'n i ddim 'di bwriadu ei glecio fo!' eglurodd mewn cywilydd.

'A' i i nôl un arall i chdi!' cynigiodd Huw gyda gwên.

'Ew, na! Ga' i'r rownd yma.' Dechreuodd Gwen godi o'i sedd ond cyn iddi gael cyfle daeth Heledd draw atynt yn cario gwydraid mawr arall o win gwyn.

'Iechyd da!' meddai, a'i sodro ar y bwrdd o flaen ei mam.

'O diolch i ti, cariad! Gobeithio dy fod di wedi talu amdano fo!'

'Do siŵr! Wel ... naddo.'

'Ti'm 'di helpu dy hun?'

'Naddo! Dad sy wedi 'i brynu fo i chdi.

'Dy dad?' Cododd ei phen i edrych i gyfeiriad y dynion oedd yn sefyll yng nghanol yr ardd a daliodd lygaid Tudur. Gwenodd arni a chododd ei wydr peint i'w chyfarch. Gwenodd Gwen yn ôl arno'n wantan cyn troi i anelu ystum o syndod i gyfeiriad Meinir, oedd yn edrych yn syn yn ôl arni hithau.

'Ma' hyn yn rîli wiyrd. Gethin a fi yn gweithio yma, a chdi a Dad ar sesh,' meddai Heledd.

'Lle ma' Geth? Dwi'm 'di weld o.'

'Bar cefn. Well i mi fynd – er 'i bod hi'n nyts o brysur yma, mae'n laff gwatshad yr holl athrawon 'ma'n meddwi! Ma' Mark Maths yn cysgu yng nghongl y bar cefn, a tydi'r noson ddim 'di dechra'n iawn eto!'

'O diar,' meddai Huw, oedd wedi clywed y frawddeg ola. 'Mi fysa'n well i mi fynd i roi Mark mewn tacsi dwi'n meddwl, cyn i rywun sgwennu 'E am ymdrech' ar ei dalcen o fel ddaru nhw llynadd!'

Wedi iddo fynd plygodd Meinir ymlaen at Gwen.

'Be oedd hynna efo Tudur 'ta?'

'Duw a ŵyr! Ond do'n i'm yn mynd i wrthod hwn!' atebodd,

gan lowcio llymaid mawr o'r gwin oer. 'Mi oedd o wastad yn un da am ddewis gwin.' Teimlodd y tyndra yn ei chorff yn cilio'n raddol o ganlyniad i'w effaith. 'Ydan ni am gael bwyd yn fama, 'ta symud ymlaen?' gofynnodd, gan gofio nad oedd wedi bwyta ers amser cinio.

''Dan ni wedi byta yma gynna, ond dos di i ordro rwbath. Ma' siŵr mai fama fyddan ni am chydig.'

Edrychodd Gwen ar y dorf niferus wrth y bar a phenderfynodd y byddai cwffio drwyddi i archebu brechdan yn ormod o drafferth.

'Ga' i rwbath yn y munud,' meddai.

'Ty'd 'laen ta – clec i hwnna, i ti fedru dal i fyny efo ni!'

Erbyn i Huw ddychwelyd o'i ymdrech i berswadio Mark Maths i fynd adre, roedd y sgwrsio o amgylch y bwrdd yn uchel a bywiog, a sŵn chwerthin hwyliog yn llenwi'r ardd. Gosododd hambwrdd o wydrau llawn ar y bwrdd.

'Iechyd da!'

'Hwrêêê i Huw!' gwaeddodd Gwen, gan godi un o'r gwydrau. Roedd hi'n dechrau teimlo'n benysgafn – a dweud y gwir roedd ei holl gorff yn teimlo'n ysgafn a rhydd. Cymerodd anadl ddofn a gwenodd yn braf. Roedd hyn yn hwyl. Roedd hi'n mwynhau ei hun. Eisteddodd Huw wrth ei hochr.

'Dwi'n licio dy beth gwddw di,' meddai, gan edrych ar y darnau lliwgar o grochenwaith oedd wedi eu gosod yn gelfydd ar gadwen arian o amgylch ei gwddw. Gwenodd Gwen yn wylaidd.

'Diolch.'

'Hi nath o!' torrodd Meinir ar draws.

'Wir?' rhyfeddodd Huw, gan blygu ymlaen a bodio'r darnau o grochenwaith. Gwenodd Gwen yn swil. 'Am glyfar w't ti! Dwi rioed 'di gweld un fel'na o'r blaen.'

'Ma' hi wrthi'n paratoi ar gyfer arddangosfa o'i gwaith,' broliodd Meinir.

'Ydw?' holodd Gwen yn syn.

'Wel wyt – yng Nghaffi Sadie!'

'O ia,' meddai Gwen yn falch, gan anghofio mai dim ond un fodrwy a phâr o glustdlysau oedd ganddi wedi eu cwblhau.

'Hy!' Daeth yr ebychiad annisgwyl o gyfeiriad Carys Puw, oedd yn edrych arnyn nhw dros y bwrdd. Roedd hi wedi suddo rhywfaint yn ei chadair ac roedd ei bochau afal hyd yn oed yn gochach nag arfer. 'Dim ond darna bach o hen lestri ar weiran ydyn nhw!'

'*Actiwali*, mae 'na ffrâm arian wedi'i weldio o gwmpas bob darn,' esboniodd Gwen yn glên.

'Ac ma' hynnny'n beth anodd iawn i'w neud!' ychwanegodd Meinir. 'Mae o'n grefft!'

Crechwenodd Carys arni gan chwifio ei llaw yn ddiystyriol ati.

'Mi fysa un o'r rhain yn ddel i chdi, Carys,' meddai Huw. 'Mi wyt ti'n lecio petha efo dipyn o steil dwyt? Dwi wastad wedi meddwl bod gin ti chwaeth.'

Sythodd Carys yn ei chadair ac edrych arno'n amheus.

'Wyt ti?'

'Ydw. Ddyliat ti gael un. Dwi'n siŵr y bysa Gwen yn gneud un yn arbennig i chdi, yn union fel bysat ti isio fo.'

'Byswn tad,' ychwanegodd Gwen yn feddw-glên. Teimlai'n hael efo'r byd a'i bobol. 'Mi wna i un i chdi'n bresant!'

Tynnwyd y gwynt yn llwyr o hwyliau Carys, ac edrychodd o un i'r llall heb wybod yn iawn be i'w ddweud nesa. Roedd Gwen, Huw a Menir i gyd yn gwenu'n serchus arni. Achubodd Gwen hi rhag gorfod dweud dim.

'Toilet!' datganodd, gan godi ar ei thraed. 'Wps!' Rhoddodd ei llaw ar ysgwydd Huw i sadio'i hun gan fod ei phen yn troi. 'Codi rhy sydyn!' Dechreuodd wthio drwy'r dorf gan ganolbwyntio ar drio cofio lle roedd y toiledau.

Roedd ciw hir yn ei disgwyl yno. Rowliodd ei llygaid ar y ferch oedd o'i blaen yn y ciw. Gwenodd honno'n ôl arni.

'Does 'na byth ddigon o doiledau merched, nag oes?' cwynodd Gwen.

'Nag oes. 'Sa'n lot haws tasan ni'n medru piso'n erbyn walia fatha dynion!' atebodd y ferch. Chwarddodd Gwen, ynghyd â phawb arall yn y toiledau. Er bod y ciw yn faith roedd hwyliau da ar bawb, a'r sgwrsio'n ddifyr. Teimlai Gwen yn fodlon ei byd yn cael hwyl ymysg y merched dieithr. Doedd dim angen blydi dynion!

Siglodd ar ben ei thraed eto, a phwysodd yn erbyn y wal. Dylai fod wedi bwyta rhywbeth cyn hyn, yn enwedig a hithau wedi cymryd y tabledi lladd poen. Triodd gofio beth gafodd i ginio: banana. Erbyn hyn roedd ei stumog yn ogystal â'i phen yn troi, a phenderfynodd y byddai'n well iddi eistedd i lawr am funud ar y fainc wrth ymyl y sinc. Rhoddodd ei phen yn ei dwylo ac anadlu'n ddwfn.

Clywodd drws y toiledau'n agor a synhwyrodd fod rhywun wedi eistedd wrth ei hochr.

'Gwen?'

Cododd ei phen a gweld Carys Puw yn edrych arni'n bryderus.

'Ti'n iawn?'

Ceisiodd Gwen ganolbwyntio ar gael y stafell i stopio troi.

'Ydw, diolch. Bach o bendro. Fydda i'n iawn mewn munud.'

Syrthiodd tawelwch annifyr rhyngddynt. Cymerodd Gwen sawl anadl ddofn arall, nes i'r stafell ddechrau sadio. Edrychodd ar Carys.

'Dwi'n iawn, sti. Sdim rhaid i chdi ista'n fama efo fi – fyddi di'n colli dy le yn y ciw.'

'Iawn,' atebodd, ond wnaeth hi ddim symud. Be oedd yr hogan isio, meddyliodd Gwen. Oedd Carys yn mwynhau ei gweld hi'n dioddef?

'Carys?'

'Ia?'

Rhywle ym mhen Gwen roedd llais bach yn ymbil arni i dewi, ond dewisodd ei anwybyddu.

'Be dwi 'di neud i chdi?'

'Be ti'n feddwl?'

'Pam na dwyt ti ddim yn fy lecio i?'

'Pwy sy'n deud bo' fi ddim yn dy lecio di?'

'C'mon ... mae o'n reit amlwg tydi?'

Edrychodd Carys i ffwrdd.

'Deud! Fedra i 'i gymryd o, sti – ma' fy sgwydda fi'n ddigon llydan.'

Er mawr ddychryn i Gwen, dechreuodd Carys snwffian crio.

'O shit! Paid â chrio! Do'n i'm yn trio dechra dim ... o, shit ...'

'Ma' hi'n iawn arnat ti, tydi,' meddai Carys yn ddagreuol. 'Mi wyt ti'n dlws a thalentog, ac ma' pawb yn lecio chdi.'

'Fi? Am be ti'n mwydro? Go brin!'

'Ma *Huw* yn licio chdi!' Blydi hel, sylweddolodd Gwen, mae hi'n meddwl 'mod i'n mynd i gystadlu efo hi am sylw Huw! Doedd hi ddim yn siŵr a oedd hi'n ystyried y peth yn ddoniol ynteu'n drist, neu'r ddau.

'Carys bach, ma' Huw yn licio pawb! Dyn felly ydi o. Clên ac annwyl,' cysurodd. Dechreuodd Carys snwffian yn uwch.

'Pawb ond fi!' meddai, gan ymbalfalu yn ei bag am hances. Estynnodd Gwen un iddi o'i bag ei hun.

''Di hynna ddim yn wir ... mi oedd o'n glên iawn efo chdi gynna.'

'Pryd?' gofynnodd Carys yn anghrediniol.

'Pan oeddan ni'n sôn am fy mwclis i – mi o'dd o 'di sylwi dy fod di'n lecio petha efo steil, doedd?'

'Doedd o ddim yn 'i feddwl o.'

'Oedd siŵr! Tydi o ddim y math o foi i grafu efo pobol nac'di? A dwi wedi'i weld o'n dod i siarad efo chdi'n aml yn y stafell athrawon.'

''Mond 'run fath â mae o'n siarad efo pawb.'

'Hogyn clên ydi o, 'de? Ond mae 'na ryw swildod yn perthyn iddo fo, yn enwedig efo merched. Dwi'n meddwl y bysa angen i'r ddynas neud y *first move*.'

Gwelodd Gwen fod ymennydd dryslyd ei phennaeth adran yn trio prosesu'r wybodaeth.

'Ma' bywyd yn werthfawr ac yn fregus, Carys,' meddai Gwen yn ddoeth, gan roi ei braich o amgylch ysgwydd y ferch, a phlygu ei phen tuag ati'n gynllwyngar. 'Ma' raid i ni fachu ar bob cyfla gawn ni. Cofia: "Life may not be full of happy endings but there are many happy beginnings and middles." Rhaid i ti gychwyn ar dy *happy beginning* di!'

Edrychodd Carys arni yn fwy dryslyd fyth.

'Llyfr newydd. Paid â gofyn. Dos amdani! Ar ei ôl o!'

Dychrynodd Carys.

'Be – *fi* yn mynd ar ei ôl *o*?'

'Ia! Tydan ni ddim yn yr Oesoedd Canol rŵan. 'Dan ni'n ferched cryf, annibynnol, hyderus, ac mi fedran ni neud beth bynnag leciwn ni!' Torsythodd Gwen yn arwrol, gan synnu bod troi'n hanner cant wedi ei gwneud hi mor ddoeth. '*Go for it*, Carys. Be sy gin ti i'w golli?'

'Sgiws mi, Miss Siôn – chi ydi'r nesa'n y ciw.' Torrodd llais ar eu traws a chododd y ddwy eu golygon i weld Shannon Edwards 11N yn edrych lawr arnyn nhw, ei hwyneb wedi'i beintio fel babi dol, yn hurt o dal yn ei sodlau uchel oedd, tybiai Gwen, rhyw hanner modfedd yn hwy na'i sgert.

'Diolch Shannon,' meddai Gwen yn syber, a chodi mor urddasol ag y medrai oddi ar y fainc.

'*Go for it*, Miss Puw!' pwysleisiodd, cyn diflannu i'r ciwbicl.

Wrth geisio gwthio'n ôl drwy'r dorf dechreuodd pen Gwen droi eto, a gresynodd na wnaeth hi ymdrech i nôl bwyd ynghynt. Trodd tuag at y bar, yn bwriadu prynu paced o greision, ond rhewodd yn ei hunfan pan glywodd lais cyfarwydd yn dod o ben draw'r ystafell. Craffodd i wyll y gongl. Yn eistedd wrth fwrdd bach crwn, yn edrych yn hamddenol braf yng nghwmni dynes dlos, bryd tywyll, roedd Eifion. Cipiwyd ei gwynt a chorddodd ei stumog. Ymchwyddai'r cacoffoni o leisiau o'i hamgylch a dechreuodd grynu. Y bastad! Y BASTAD! Teimlai fel sgrechian ond ni ddaeth smic o'i cheg. Trodd at y drws a rhuthro allan gan lamu i mewn i gwmwl o fwg sigaréts oedd o amgylch y dorf fechan o ysmygwyr oedd wedi ymgasglu tu allan i'r drws. Cododd yr oglau nicotin bwys arni. O na, meddyliodd, plis dim yn fama! Rhuthrodd yn ei hôl i'r dafarn gan erfyn am lwybr clir drwy'r dorf i'r toiledau. Tarodd yn erbyn ysgwydd blonden flonegog mewn crys T blodeuog oedd lawer yn rhy dynn iddi.

'Hei – watsha lle ti'n mynd!' meddai honno.

'Sori,' mwmialodd Gwen. Camgymeriad oedd agor ei cheg. Dilynwyd y gair gan don o gyfog a lifodd yn un cowlad dros esgidiau duon gloyw'r dyn a safai rhyngddi a'r toiledau. Sigodd ei phengliniau a daliwyd hi yn nwylo'r dyn. Dwylo cryfion, cadarn. Dwylo Tudur!

'Newch chi fynd i ofyn am gadach, plis?' gofynnodd hwnnw i'r flonden. Tynnodd honno wyneb ych-a-fi.

'Pathectic! Methu dal ei diod yn ei hoed hi.'

'Ddyliech chi ddim rhoi barn heb wbod y ffeithia. Bechod na fysa hyn mor syml ag yfed gormod!' meddai Tudur wrthi, a thôn ei lais yn ddifrifol. Helpodd Gwen ar ei thraed gan siarad efo hi mewn llais addfwyn. 'Dyna chdi, cariad, paid â phoeni. Cwpwl o fisoedd eto ac mi fydd hyn i gyd drosodd. Ti 'di bod mor ddewr.' Newidiodd gwep y flonden.

'A' i i chwilio am gadach rŵan! O'r ffordd!' meddai wrth y dorf, oedd yn edrych ar yr olygfa â'u trwynau wedi crychu. 'Ma'r ddynas 'ma'n sâl!'

Pwysodd Gwen yn drwm yn erbyn Tudur gan gau ei llygaid mewn ymgais i ddileu'r hunlle roedd hi'n rhan ohoni. Theimlodd hi erioed y fath gywilydd yn ei bywyd.

'Plis dos â fi o'ma. Dwi'm isio i'r plant 'y ngweld i fel hyn!' erfyniodd. Rhoddodd Tudur ei fraich amdani a'i harwain drwy'r llwybr a agorodd o'i flaen.

'Hei – cadach!' gwaeddodd y ferch, gan luchio clwtyn gwlyb ar eu holau.

Ddeng munud yn ddiweddarach eisteddai Gwen yn ei chwman ar fainc ger sgwâr y Dre, yn gwylio Tudur yn crafu darnau o chŵd o'i dyllau criau efo ffon lolipop. Roedd ei phen yn drybowndian, roedd blas sur yn ei cheg ac roedd y crampiau yng ngwaelod ei stumog wedi dod yn ôl.

'Fedra i'm coelio dy fod di wedi deud wrth y ddynas 'na bod gin i ryw salwch difrifol,' wfftiodd.

Edrychodd Tudur i fyny arni.

''Nes i ddim! Ond mae'n well 'i bod hi'n meddwl hynny na meddwl dy fod di wedi meddwi'n rhacs a chditha'n athrawes barchus, yn tydi?'

'Dwi ddim wedi meddwi'n rhacs! Dwi jest ddim yn teimlo'n dda,' atebodd yn ddistaw. Roedd hi eisiau dianc i rywle, cyrlio'n belen o boen, chwalu'r awr ddiwetha o'i meddwl. Dileu'r wythnosau diwetha'n llwyr.

Edrychodd Tudur ar wyneb gwelw ei gyn-wraig. Roedd ei llygaid yn goch a'i cholur yn strempiau lawr ei bochau. Tynerodd ei lais.

'Dwi'n gwbod. 'Mond pryfocio diniwed. Dyma fo'r tacsi'n dŵad. Wyt ti isio i mi ddod adra efo chdi?'

Dechreuodd ei ffôn ganu yn ei boced ac estynnodd amdano a'i ateb mewn un symudiad chwim.

'Hai!' Trodd ei gefn ar Gwen. '... ar y ffordd i'r lle *kebabs* ... Na, 'mond fi a Paul. Fydda i'm yn hir.' Gostyngodd ei lais. '... Caru chdi hefyd.'

Cododd Gwen a dringo i'r tacsi heb edrych ar Tudur.

'Deud wrth Glesni am ddefnyddio brwsh dannadd i llnau'r chŵd oddi ar dy sgidia di.'

Pennod 8

Safai Gwen uwchben y tegell yn disgwyl iddo ferwi, ei chorff yn ysu mwy nag arfer am shot gynta'r dydd o goffi. Estynnodd yn grynedig i'w bag llaw a thynnu bocs o Ibuprofen ohono. Gwasgodd ddwy dabled allan o'u swigod plastig.

'*Hangover, Mother?*'

Neidiodd mewn braw, a gollwng y tabledi ar y llawr.

'Gethin! Be haru ti yn 'y nychryn i! Na, dwi ddim yn teimlo'n rhyw sbeshal. Idwal – gad o!' Bachodd y tabledi cyn i'r ci eu bwyta yn ôl ei arfer o lowcio unrhyw beth bwytadwy, ac ambell beth anfwytadwy, a laniai ar lawr y gegin.

'Lle est ti neithiwr 'ta?' gofynnodd Gethin. 'Ddeudodd Heledd 'i bod hi wedi dy weld di, ond doeddat ti ddim efo Meinir Haf a'r criw pan es i i ofyn iddyn nhw stopio canu dros y lle.'

'Es i adra'n handi. Do'n i'm yn teimlo'n rhy dda. Dwi'n hel am rwbath dwi'n meddwl. Ti isio panad?'

'Dim diolch, dwi ar fy ffordd allan.'

'Sgin ti amsar i ga'l panad efo dy fam?'

'Dwi 'di gaddo cyfarfod Beca yn Dre.'

'Ma' gin ti funud, siawns!'

Pwysodd Gethin yn erbyn y ddresel.

'Reit 'ta – be sy?'

'Dim byd, dim ond nad ydw i byth yn dy weld di'r dyddia yma, a phan wyt ti yma, ma' Heledd wedi bod yn mynnu fy sylw i.'

'Dw inna'n brysur dydw, rhwng bob dim.'

Gresynodd Gwen nad oedd hi wedi gwneud mwy o ymdrech i dreulio amser efo Gethin. Yn un peth, roedd o wastad yn medru codi ei chalon â'i bersonoliaeth gwydr-hanner-llawn. Weithiau, roedd bod yng nghwmni Heledd yn medru sugno ei hegni, ond roedd Gethin wastad yn llwyddo i'w llonni.

'Ma' petha'n mynd yn dda efo Beca 'lly?' gofynnodd, gan dywallt dŵr berw i ddau fŵg.

Roedd yr olwg ar ei wyneb yn awgrymu nad oedd Gethin yn rhy awyddus i drafod ei fywyd carwriaethol efo'i fam.

'Iawn, ia.'

'A gwaith?'

'Grêt.'

'Ti'n gweld digon o betha difyr yn y Llew ma' siŵr?'

'Ai, petha fel athrawon chwil gach yn gneud ffyliaid ohonyn nhw'u hunain!'

Rhoddodd Gwen y baned yn llaw ei mab ac eisteddodd wrth fwrdd y gegin. 'Ti'n ca'l gweld lot o bobol wahanol.'

'Yndw.'

Syllodd Gwen i mewn i'w choffi, yn trio penderfynu oedd hi am ofyn y cwestiynau oedd yn ei chorddi. Aeth amdani.

'Fyddi di'n gweld Eifion weithia?' gofynnodd, gan wneud ei gorau i swnio'n ddi-hid.

'Byddaf.' Edrychai Gethin yn anghyfforddus.

''Sa'n well i mi fynd,' meddai, gan osod ei fŵg wrth y sinc. 'Fydd Beca yn disgwl amdana i.'

'Ges i gip arno fo neithiwr. Ro'dd o efo ryw ddynas gwallt tywyll,' rhuthrodd Gwen.

'O.'

'Welist ti o?'

'Do.'

'Ti wedi'i weld o efo hi o'r blaen?'

'Gad hi rŵan, Mam. Anghofia fo. Ti fatha *lovesick teenager* hyd y lle 'ma ers wsnosa. 'Di o'm werth o.' Cododd Gethin oddi wrth y bwrdd.

'Ti *wedi*'i weld o efo hi o'r blaen 'lly?'

'Naddo. Be 'di'r otsh eniwe? Mae o drosodd rhyngthat ti a fo, dydi.' Cychwynnodd tua'r drws cyn ychwanegu, yn dyner, '*Move on* rŵan, ia? Wela i di.' Rhoddodd gusan ar dop ei phen wrth basio ac i ffwrdd â fo gan adael Gwen i bendroni dros ei eiriau. Oedd o'n dweud y gwir? Oedd Eifion wedi bod yn gweld y ddynes 'ma ers misoedd tybed? Ai dyna pam adawodd o? Cofiodd sut roedd hi'n teimlo ar ôl i Meinir ddweud wrthi fod Tudur wedi bod yn cael affêr efo Glesni – y teimlad o fod yn ddi-werth a'r cywilydd o feddwl bod pobol eraill yn gwybod, yn chwerthin am ei phen, neu'n waeth fyth, yn pitïo drosti. Wel, mi gâi Eifion ddweud ta-ta wrth unrhyw obaith o weld Idwal rŵan, a doedd hi ddim eisiau gweld lliw ei din o byth eto!

Torrwyd ar draws ei myfyrdodau gan ganiad y ffôn. Gwyddai'n syth mai ei mam oedd yn galw, gan mai dim ond Eirlys a lleisiau peirianyddol yn trio gwerthu pethau iddi fyddai'n ffonio ar ffôn y tŷ. Edrychodd ar sgrin y ffôn a gweld ei bod hi yn llygad ei lle.

'Helô, Mam.'

'Sut oeddat ti'n gwbod mai fi o'dd 'na?'

'Dwi 'di deud wrthach chi o'r blaen – mae'ch rhif chi'n dangos ar y ffôn. Dach chi'n iawn?'

'Fel ydw i, 'de.'

'Dim poena?'

'Na ... dim gwaeth nag arfar.'

'Cofiwch gymryd y sbrê 'na'n syth os ydi o'n mynd yn waeth.'

'Mi wna i. Wyt ti'n dod draw bora 'ma?'

'Wel, do'n i ddim wedi meddwl ... dach chi angen rwbath?'

'Na, dim otsh ...' atebodd ei mam mewn goslef oedd yn golygu'r gwrthwyneb i'w geiriau.

'Be sy?'

'Dim byd, jest meddwl bysat ti'n medru hwfro i mi o'n i.'

'Hwfro?'

'Ia. Dwi'm i fod i neud. Ddeudodd y nyrs.'

'Pam na fysach chi'n gofyn i mi neud tra o'n i acw ddoe 'ta?' gofynnodd Gwen gydag ochenaid.

''Nes i'm meddwl ddoe, naddo. Dwi'm yn arfar hwfro ar ddydd Gwener. Dim ots os wyt ti'n brysur, fedra i drio gneud efo brwsh.'

Edrychodd Gwen ar olion traed mwdlyd Idwal ar lawr ei

chegin a'r llestri budron roedd Gethin wedi eu gadael yn y sinc. Roedd isio mynadd, meddyliodd.

'Ddo i draw yn y munud 'ta. Meddyliwch be arall dach chi isio i mi neud tra dwi yna.'

Daeth bloedd o'r llofft.

'Maaam!'

'Rhaid i mi fynd – ma' Heledd yn gweiddi. Wela i chi'n munud.' Diffoddodd y ffôn.

'Maaam!'

'Be sy?'

'Lle ma' 'mlows gwaith i?'

'Dwi'm yn gwbod. Lle roist ti hi neithiwr?'

Ymddangosodd Heledd ar dop y grisiau.

'Dim honno – y llall!'

'Wel lle roist ti'r llall?'

'Basgiad olchi.'

'Ma' siŵr 'i bod hi yn y sychwr felly.'

'Nei di sbio i mi plis, Mam?'

'Dos i sbio dy hun, Heledd bach. Ma' raid i mi fynd i hwfro i dy nain.'

'Ond mi fydd Dad yma i fy nôl i unrhyw funud, a dwi angan y flows i fynd efo fi.'

Rhuthrodd Heledd lawr y grisiau, heibio'i mam ac at y peiriant sychu. Agorodd y drws a dechrau lluchio'r dillad oedd ynddo ar y llawr. Edrychodd Gwen arni'n syn.

'Paid â lluchio'r dillad glân 'na ar lawr! Dos i nôl y fasgiad olchi a phlyga nhw'n ddel.'

'Sgin i'm amsar!' atebodd y ferch yn wyllt, gan afael yn ei blows a gwthio popeth arall blith draphlith yn ôl i'r peiriant. Edrychodd ar y dilledyn.

'Ma' hi isio'i smwddio!'

'Wel smwddia hi 'ta!'

'Ma' hi'n anodd ei smwddio.'

'Nac'di siŵr. Dwi 'di dangos i ti droeon sut mae gneud.'

'*Ti*'n medru gneud lot gwell a lot cynt na fi.'

Anwybyddodd Gwen yr awgrym.

'Fedri *di* neud?"

'Dwi angen mynd i dŷ Nain a mynd ag Idwal am dro a llnau llawr y gegin a golchi'r llestri ar ôl Gethin a golchi'r flows oeddat ti'n wisgo neithiwr ...'

'Dau funud fyddi di.'

Clywsant sŵn car yn bibio tu allan.

''Ma fo Dad rŵan!'

'Gofyn iddo *fo* 'i swmddio hi i ti!' meddai Gwen, gan gychwyn i fyny'r grisiau rhag ofn i Tudur benderfynu dod i'r tŷ. Doedd ganddi ddim awydd ei weld o ar ôl cywilydd y noson cynt.

'Paid â bod yn stiwpid. Fedar Dad ddim smwddio!'

'Gofynna i'w wraig o 'ta!' meddai, gan ddiflannu i'w llofft a rhoi clep ar y drws.

'*God*, ti'n flin dyddia yma!' gwaeddodd Heledd ar ei hôl. 'Dwi isio'r hen Mam yn ôl!'

Roedd Eirlys yn sefyll yn y drws ffrynt pan barciodd Gwen y tu allan i Erw Wen.

'Lle fuest ti mo hir?'

'Mi fu raid i mi fynd ag Idwal am dro gynta.'

'Ti'n sbwylio'r ci 'na.'

'Nac'dw. Ma' raid i'r creadur gael mynd am dro, neu mi fydd o'n hewian drwy'r gyda'r nos.'

Gwnaeth ei mam ei cheg twll tin iâr, a olygai ei bod hi'n anghytuno, a throdd i mewn i'r tŷ.

'Mi ro' i'r teciall ar y tân.'

'Sgin i'm amsar am banad.' Dilynodd Gwen ei mam i'r tŷ ac aeth yn syth i'r twll dan y grisiau i nôl y Dyson. 'Lle dach chi isio i mi ddechra?'

'Ma' gin ti amsar am banad.'

'Nag oes.'

Anwybyddodd Eirlys ei hateb a mynd yn ei blaen i'r gegin. 'Ti wedi ca'l cinio?' gwaeddodd.

'Do,' gwaeddodd Gwen yn ôl, gan wybod y byddai ei mam yn ffysian ac yn trio'i gorfodi i fwyta rhywbeth petai hi'n dweud y gwir, a doedd ganddi mo'r stumog i wynebu dim.

'Be gest ti?'

'Brechdan.' Ciliodd i'r ystafell fyw cyn i'w mam fynnu cael gwybod be yn union oedd yn y frechdan.

Gwthiodd Gwen y Dyson o amgylch ystafell fyw fechan, daclus ei mam. Doedd dim math o angen ei llnau ar y carped. Roedd popeth yn yr ystafell yn lân ac yn ei le, yn ôl yr arfer.

Roedd hi'n gwthio'r peiriant yn ddiamynedd o dan y cadeiriau pan deimlodd gyffyrddiad ysgafn ar ei hysgwydd, ac am yr ail dro'r diwrnod hwnnw cafodd goblyn o fraw.

'Blydi hel, ddynas – dach chi'n trio rhoi hartan i mi?'

'Does dim isio rhegi! Ma' dy banad di'n barod.'

'Ddeudis i – sgin i'm amsar.'

'Twt lol. Be arall sgin ti'n galw, a chditha ar dy wylia am wsnosa, a dim dyn i edrach ar ei ôl o?' holodd Eirlys gan osod y baned ar y bwrdd coffi yng nghanol y llawr cyn eistedd yn y gadair freichiau ger y teledu.

'Gymera i banad sydyn 'ta.' Gwyddai nad oedd diben dadlau ymhellach.

Eisteddodd Gwen ar y soffa flodeuog gan drio llowcio'i phaned mor gyflym ag y gallai ac esgus ei bod yn gwrando ar straeon Eirlys am hwn-a-hwn a hon-a'r-llall.

'Wyddost ti honna oedd yn arfar byw drws nesa i hwnna oedd yn y coleg efo chdi?' dechreuodd ei mam ei hail stori cyn i Gwen ddeall y gynta'n iawn.

'Nac'dw,' atebodd Gwen, heb glem yn y byd am bwy oedd hi'n sôn.

'Honna efo'r ci bach gwyn sy'n gwisgo côt goch.'

'Hi 'ta'r ci?'

'Be?'

'Hi 'ta'r ci sy'n gwisgo'r gôt goch?' gofynnodd yn uwch.

'Wel y ci, siŵr iawn! Be ydi'i henw hi dŵad ... Meirion Patagonia oedd ei gŵr hi, ond mi gafon nhwtha ddifôrs.'

'Meira Watkins dach chi'n feddwl?'

''Na chdi! Meira Watkins! Peth ofnadwy ydi cof rhywun yn mynd.'

'Be amdani hi?'

'Ma' hi 'di marw echdoe. Strôc. Dim ond saith deg dau oedd hi.'

'O. Bechod.' Wyddai hi ddim be arall i'w ddweud heblaw bod saith deg dau yn swnio'n reit hen iddi hi, er nad oedd mor hynafol ag yr arferai fod.

'Sgwn i be ddigwyddith i'r ci ...' myfyriodd Eirlys.

'Be dach chi isio i mi neud nesa?' torrodd Gwen ar ei thraws.

'Wel, mae'r ardd 'di mynd i edrach braidd yn flêr ...'

Dim mor flêr a 'ngardd i, meddyliodd Gwen, gan lusgo'i hun ar ei thraed.

'Iawn – garddio amdani.'

'Ddo' i efo chdi.'

'Na! Steddwch chi yn fanna. Cymryd pwyll ddeudodd y nyrs, 'de.'

'Twt lol. Wneith ista yn 'rar ddim drwg i mi siŵr. A sut fysat ti'n gwbod be i neud heb i mi ddeud wrthat ti?'

Erbyn iddi gyrraedd adre ddwyawr yn ddiweddarach roedd Gwen yn teimlo fel cadach llawr. Roedd y plyciau ysbeidiol o boenau misglwyf yn gwneud iddi wingo, a churai gordd yn ei phen yn sgil prepian diddiwedd Eirlys – ond doedd y poenau hynny yn ddim o'u cymharu â'r gwayw oedd yn ei henaid. Ai dyma ei bywyd rŵan ? Rhedeg i'w mam a rhedeg i'w phlant, yn teimlo fel llenwad mewn brechdan yn cael ei gwasgu o bob ochr? Lluchiodd ei bag ar y bachyn a suddo i'r gadair agosaf. Trotiodd Idwal ati i'w chroesawu, ei gorff yn siglo o ochr i ochr gan fod ei gynffon yn ysgwyd cymaint. Gwasgodd ei hun mor agos ag y gallai at ei choes a gosod ei ben ar ei glin. Wrth iddo edrych i fyny arni efo'i lygaid mawr brown, gallai Gwen daeru ei fod yn cydymdeimlo â hi. Mwythodd ei ben cyrliog, ac yn sydyn, gyda sbonc ddeheuig, llwyddodd i lanio ar ei glin.

Claddodd Gwen ei phen yn ei gyrls meddal a gafael amdano'n dynn.

Am chwe munud i chwech ar y nos Fercher ganlynol parciodd Gwen ei char yn daclus yn y maes parcio lle roedd wedi trefnu i gyfarfod â Joe Wightman. Estynnodd gwdyn llawn darnau o sosej o'i bag a'i glipio ar felt ei jîns tra oedd yn gwylio car mawr 4x4 llwyd yn cael ei yrru'n gelfydd i gornel y maes parcio. Nodiodd Joe arni o'r tu ô i'r llyw. Wrth iddo gerdded tuag ati sylwodd Gwen ei fod yn edrych yn daclusach nag arfer mewn jîns smart a siwmper lwyd, ysgafn.

'Noson braf i fynd am dro,' meddai, cyn plygu i lawr i gyfarch y ci.

'Ydi,' atebodd Gwen, gan ystyried y byddai'n dro ddrud iawn am ddegpunt ar hugain.

'Awn ni i lawr ffor'ma.' Arweiniodd Joe hi tuag at lwybr coediog, ac wrth gerdded, tynnai Idwal ar ei dennyn gan sniffio'r ddaear yn wyllt, ei gorff yn gyffro i gyd.

'Ty'd â fo dan dy reolaeth,' gorchmynnodd Joe. Llwyddodd Gwen i wneud hynny'n syth, efo help y sosej, a throtiodd y ci yn ddel wrth ei hochr. Doedden nhw prin wedi cerdded hanner canllath cyn wynebu eu sialens gynta – a hynny ar ffurf Labrador mawr melyn oedd yn llusgo'i berchennog tuag atyn nhw.

'Tynna'i sylw fo,' sibrydodd Joe.

'Ty'd Idwal,' meddai Gwen yn hyderus, gan gerdded yn syth yn ei blaen heibio'r ci melyn. Roedd yn llawn nerfusrwydd. Fel arfer, byddai cyfarfyddiad fel hyn wedi golygu llusgo Idwal oddi wrth y ci arall, yn cyfarth nerth esgyrn ei ben, ond y tro yma dilynodd hi'n ufudd gan anwybyddu'r Labrador, ei sylw wedi ei hoelio ar y bag o ddanteithion ar ei belt. Safodd y Lab wrth eu hymyl a rhoi cyfarthiad i'w cyfarch ac er mawr ryddhad i Gwen cerddodd Idwal yn ei flaen gan adael y Lab yn sefyll ac edrych ar eu holau.

'Ci da! Gw'boi i Mam!' canmolodd, gan blygu i roi darn bach o sosej a mwytha mawr i Idwal. Gwgodd Joe.

'Does dim angen gneud ffys. Jest rho'r trît iddo fo, ac os oes rhaid i ti ddeud rwbath, mi neith "ci da".'

Sythodd Gwen, gan deimlo bod ei dathliad wedi ei ddifetha gan y cerydd ond daeth ati ei hun pan ychwanegodd Joe gyda gwên:

'Ond da iawn chdi. Ti 'di dod yn bell mewn amser byr. Mae'n amlwg 'ych bod chi wedi gneud 'ych gwaith cartre.' Gwenodd Gwen heb sylwi mai dyma oedd ei sosej hi.

Wrth gerdded tua'r afon daeth tri chi arall i'w cyfarfod, a'r un oedd ymateb Idwal. Ymlaciodd Gwen fwyfwy gan deimlo'n reit falch ohoni ei hun a'r ci. Daeth y tri ohonyn nhw at fainc ar lan yr afon ac arafodd Joe.

'Gawn ni *sit down* bach? Mae o wedi bod yn canolbwyntio'n galed,' meddai, gan amneidio at y fainc. 'Mae'n iawn iddo fo gael sniff bach o gwmpas rŵan.'

Cytunodd Gwen, ac eistedd wrth ochr Joe. Roedd y ffaith iddo eistedd tua chanol y fainc yn golygu bod rhaid iddi eistedd a'i chlun yn cyffwrdd ei glun o, felly gwasgodd ei hun i'r ymyl gymaint ag y gallai. Llaciodd ei gafael ar dennyn Idwal a gadael iddo synhwyro o gwmpas eu traed.

'Fama'n lle braf,' sylwodd Joe gan syllu'n syth yn ei flaen.

'Ydi.'

Roedd awel ysgafn wedi codi gan greu rhesi o donnau mân ar wyneb yr afon, a'r rheini'n pefrio yng ngolau'r haul. Sisialai'r dail ar y coed y tu ôl iddyn nhw'n ysgafn. Eisteddodd y ddau yn ddistaw am ychydig; Joe yn syllu yn syth yn ei flaen a Gwen yn gwylio'r ci, yn chwilio am rywbeth i'w ddweud.

'Fyddwch chi'n dod yma'n aml?' gofynnodd Gwen ymhen sbel, gan gicio'i hun yn syth am ddweud peth mor ddiddychymyg.

'Byddaf. Lle da i ddod i glirio'r pen.'

Edrychodd Gwen arno. Roedd o'n dal i edrych yn syth yn ei flaen fel petai ei feddwl yn bell. Roedd y gwallt ar ei arlais yn glaer wyn ac ôl traed yr hen frân ddidostur yn amlwg o amgylch ei lygaid. Bu'n ddyn golygus yn ei amser, ystyriodd.

Trodd ei ben yn sydyn i edrych arni a gwenu, fel petai'n deffro o fyfyrdod.

'Be amdanat ti ? Oes gen ti le arbennig? Rwla y byddi di'n mynd iddo i glirio dy ben?'

'Ym ... dwn i'm. Dwi rioed wedi meddwl am y peth. Fy stiwdio, ma' siŵr.'

'Stiwdio?'

'Ia. Artist ydw i – wel, athrawes ac artist. Creu gemwaith gan fwya.'

'Chdi nath honna?' gofynnodd, gan gyffwrdd y freichled am ei garddwrn. Tynnodd Gwen ei braich oddi wrtho gan fodio'r freichled.

'Naci. Presant oedd hon.'

'Gan rywun sbeshal?'

'Eifion. Jest cyn iddo fo adael. Y diwrnod cynt, a deud y gwir ...'

Cododd Joe un ael.

'A ti'n dal i'w gwisgo hi?'

'Pam lai? Mi oedd hi'n ddrud!'

'Dwi'n siŵr y bysat ti'n medru ei newid hi, ei throi hi'n rwbath arall.' Edrychodd Gwen arno'n ddryslyd. 'Ei thoddi hi i lawr, newid ei siâp a'i phatrwm, ychwanegu ati ...'

'Ma' siŵr y byswn i'n medru. Dwi'm 'di meddwl am y peth,' meddai Gwen, wedi ei synnu gan ei awgrym.

'Ella dylsat ti. Ma' siŵr ei bod hi'n dy atgoffa di ohono fo, tydi.'

'Wel ... ydi,' cyfaddefodd.

'Tasat ti'n ei hailwampio hi, mi fysa hynny'n dy atgoffa di dy fod di wedi symud ymlaen, yn lle dal yn dynn yn y gorffennol.'

'Dach chi'n meddwl?' Bodiodd Gwen y freichled.

'Ydw. A galwa fi'n "chdi" wir – ti'n gneud i mi deimlo'n hen.'

'Sori.' Ceisiodd Gwen ddyfalu faint yn union oedd ei oed o.

'Chwe deg.'

Agorodd Gwen ei llygaid yn fawr.

'Fy oed i. Dyna oedd yn mynd drwy dy feddwl di 'de?'

'Naci wir!' Dechreuodd wadu ond newidiodd ei meddwl gan ei fod yn ymddangos fel petai'n gallu darllen ei meddwl beth bynnag. 'Wel ... ia.'

'A chditha – tua phedwar deg pump?'

Gwenodd Gwen. ''Swn i wrth fy modd os faswn i! Na – dwi'n hannar cant.'

'Ma gin ti *genes* da ma' raid.' Gwenodd, a chrychodd y rhychau o amgylch ei lygaid llwydlas. Roedd ganddo ddannedd perffaith, gwyn, fel hysbyseb past dannedd, ac mi oedd o yn ddyn golygus, meddyliodd, gan ddod yn ymwybodol o bwysau ei glun gadarn yn erbyn ei chlun hi. Cofiodd am y ddynes benfelen, siapus a welodd yn sièd yr ysgol hyfforddi.

'Y ddynas 'na welis i yn y sièd, eich gwraig – sori ... dy wraig di ydi hi?'

Ochneidiodd Joe cyn ateb yn dawel.

'Belinda? Ia, gwaetha'r modd.'

Dywedodd cydwybod Gwen wrthi am beidio busnesu, ond roedd y demtasiwn i ofyn yn rhy gryf.

'Gwaetha'r modd?'

'Dydi hi ddim yn hawdd, nac'di? Perthynas.'

'Nac'di. Dim o 'mhrofiad i beth bynnag, ond mae 'na rai i weld yn ei chael hi'n hawdd,' atebodd Gwen, gan feddwl am berthynas hapus, gyfforddus Sadie a Roj drws nesa.

'Mae lot o betha yn ymddangos yn hawdd i'r rhai sy'n edrach o'r tu allan, ond peth arall ydi bod ar y tu mewn,' meddai Joe, gan chwarae efo'i fwstásh. Sylwodd Gwen ar graith wen oedd yn llechu o dan y blew. Dyna pam roedd o wedi tyfu'r mwstásh gwirion 'na, meddyliodd. Rhoddodd Joe ei law i lawr ac edrychodd arni.

'Be 'di'r peth gora dŵad – trio cuddio petha, papuro dros y cracia, 'ta gadael i'r byd weld petha fel maen nhw?'

Oedd o wedi'i gweld hi'n syllu ar ei graith? Dyna oedd o'n ei olygu?

'Ym ... dwn i'm.' Edrychodd Gwen ar ei horiawr. Roedd yr

awr o hyfforddiant wedi troi yn awr a hanner. 'Rargian – ma' hi bron yn hannar awr wedi saith. Mi fysa'n well i ni 'i throi hi cyn i ti ddechra codi *extra time* arna i,' meddai, gan godi a styrbio Idwal oedd wedi setlo i gysgu ar ei thraed. Cododd Joe hefyd.

'Paid â phoeni. Faswn i'm yn gneud hynny. Ond ti'n iawn, mae'n well i ni fynd neu mi fydda i'n ca'l row gan Belinda am gyrraedd adra'n hwyr i swpar eto ... a dwi'm isio row gan Belinda.' Sylwodd Gwen ar yr arlliw o gysgod yn syrthio dros ei wyneb eto.

Caeodd Gwen ddrws bŵt y car ar Idwal ac estyn am ei phwrs. Rhoddodd Joe ei law ar ben ei llaw hi.

'Mae'n iawn – mi gei di hon yn bresant.'

Edrychodd Gwen yn ddiddeall arno.

'Am ddim,' esboniodd.

'Rargian, na! Rhaid i mi dalu, siŵr,' protestiodd Gwen yn ffwndrus gan ymbalfalu am ei phres.

'Na,' meddai Joe, ei lais yn orchymyn tawel. 'Dwi 'di mwynhau dy gwmni di.'

Cododd Gwen ei phen i edrych arno. Edrychodd Joe i fyw ei llygaid hithau, a phlygodd i lawr i'w chusanu'n ysgafn ar ei gwefusau. Dychrynodd Gwen o dderbyn y gusan annisgwyl, ac am eiliad doedd ganddi ddim syniad be i'w wneud. Roedd ei fwstásh wedi ei chosi, a'i greddf oedd chwerthin.

'Ym, hwda,' meddai'n swta a gwthio'r arian i'w law, gan droi oddi wrtho a rhuthro i mewn i'w char, ei bochau ar dân.

'Gwen ...' galwodd Joe ar ei hôl. 'Dach chi'ch dau'n barod i ddod i'r dosbarth dechreuwyr rŵan. Dwi'n cymryd brêc dros yr haf ac yn ailddechra'r gwersi ddiwedd Awst. Caria 'mlaen i bracteisio, a wela i di yno.'

Doedd gan Gwen ddim syniad beth i'w feddwl. Oedd hi wedi breuddwydio'r peth? Nac oedd siŵr. Pam nad oedd o eisiau iddi dalu? Ond wedyn, roedd o wedi ymddwyn fel petai'r gusan erioed wedi digwydd. Taniodd injan y car a gyrru i ffwrdd gan edrych yn y drych ar Joe yn neidio i mewn i'w 4 x 4 heb edrych yn ôl.

'Wel am *cheek* ganddo fo, yn meddwl y bysa ganddo fo jans efo dynas ifanc fatha chdi,' oedd ymateb Meinir ar y ffôn yn ddiweddarach.

'Ifanc?'

'Wel, ti'n fengach na fo, dwyt! Mae o'n hen, medda chdi.'

'Chwe deg.'

'Ma' hynny'n hen!'

Deng mlynedd yn hŷn na nhw, meddyliodd Gwen, gan gofio fod dynion Meinir i gyd, yn ddieithriad, wedi bod yn ieuengach na hi.

'Dwi'n meddwl bod ganddo fo fwy o *cheek* achos ei fod o'n briod!'

'Felly weli di rŵan – dynion yn meddwl dy fod ti'n *easy game* am dy fod ti'n ddynas sengl, a'u gwragedd nhw ofn gadael i ti fynd ar eu cyfyl nhw rhag ofn i ti eu hudo nhw i ffwrdd.'

'Does 'na'm rhaid i 'run wraig boeni amdana i – a' i ddim ar gyfyl 'run dyn eto,' mynnodd Gwen.

'Gawn ni weld! Wyt ti am fynd ag Idwal i'r dosbarthiada ddiwadd Awst 'ta?'

'Dwn i'm. 'Sa gin i ormod o gwilydd dwi'n meddwl.'

'Ti'n gwbod be ydi 'nghyngor i, dwyt?'

'Be?'

'Ca'l gwarad ar y ci gwirion 'na!'

'Nei di byth ddallt, na wnei!' ochneidiodd Gwen, gan wybod bod Meinir yn ffitio'n dwt i'r grŵp rheini o bobol sydd ddim yn hoffi cŵn.

Bibiodd y ffôn fel yr oedd hi'n ei gadw, gan ddynodi bod tecst wedi cyrraedd: 'Unrhyw jans o gael gweld Idwal?' Eifion. Petai'r neges wedi cyrraedd wythnos ynghynt, byddai Gwen wedi ateb yn gadarnhaol jest er mwyn cael cyfle i'w weld o. Atebodd y neges heb oedi: 'Nag oes'.

Pennod 9

Hedfanodd mis cynta gwyliau'r haf heibio i Gwen, yn un cawdel o llnau, golchi a chlirio – yn ei chartref ei hun a chartref ei mam – ynghyd â thendio'r ddwy ardd, mynd â'r ci am dro, siopa ar gyfer ymadawiad Heledd i'r coleg a lleddfu pryderon ei merch na fyddai'n cael y graddau angenrheidiol i fynd yno. Chafodd hi ddim cyfle i baratoi arddangosfa o'i gwaith ar gyfer Caffi'r Gloch. Er iddi drio'i gorau i fwrw iddi i greu'r gemwaith, roedd ei chreadigrwydd wedi gwrthod llifo yn ystod yr adegau prin hynny y cafodd gyfle i ddianc i'w stiwdio. Roedd y gemwaith roedd hi'n trio ei greu allan o sbwriel, yn ei barn hi, yn sbwriel; a doedd hi ddim yn fodlon cyflwyno rwbath rwbath i'w werthu. Roedd ganddi ormod o barch at ei gwaith i hynny. Bu Sadie'n gefnogol ac yn llawn cydymdeimlad, yn ôl ei harfer, ond esboniodd yn garedig na fedrai adael y cistiau arddangos yn wag ac felly llenwodd nhw efo gwaith rhywun arall. Roedd Gwen yn deall, ac yn derbyn hynny, ond roedd yn hynod siomedig efo hi'i hun. Addawodd i Sadie y byddai'n gafael ynddi o ddifri ar ôl i Heledd dderbyn ei chanlyniadau lefel A, a phan fyddai'r baich o ofalu am Eirlys yn ysgafnu.

'Mam! Ty'd!' gwaeddodd Heledd o'r car.

Oedodd Gwen yn nrws y tŷ, yn rhyfeddu.

'Rargian! Dwi'n meddwl mai dyma'r tro cynta erioed i *ti* fod yn disgwl amdana *i*!'

'Jest ty'd, plis Mam, dwi'm yn y mŵd i lolian.'

'Paid â phoeni, cariad. Dwi'n siŵr y bydd bob dim yn iawn.'

'Ond ma' Mirain wedi ca'l e-bost yn cynnig lle iddi yn ei choleg dewis cynta yn barod – a dwi'm 'di clywad dim!'

'Fyddi di'n iawn.' Gobeithiai Gwen i'r nefoedd y byddai canlyniadau Heledd yn rhai da, er ei mwyn hi yn ogystal â Heledd. Canodd ffôn Heledd, ac ymbalfalodd amdano.

'Naddo, dim eto, Dad! Rho jans i ni gyrraedd ... gwnaf siŵr. Mi ffonia i chdi'n syth.'

'Eith Dad yn nyts efo fi os na cha' i'r gradda,' meddai Heledd, yn anobeithio'n ddramatig, wrth gadw ei ffôn.

'Paid â mwydro,' atebodd Gwen, gan wybod yn iawn y byddai ei chyn-ŵr yn hynod siomedig petai ei ferch yn dilyn ôl traed ei brawd ac yn methu mynd i'r brifysgol – er mai dewis peidio mynd wnaeth Gethin yn hytrach na methu.

Roedd maes parcio'r ysgol yn frith o bobl ifanc gynhyrfus. Eisteddai'r rhieni – rheini oedd wedi cael caniatâd eu plant i aros – yn eu ceir, y rhan fwya wedi cael eu rhybuddio i beidio â meiddio mentro allan rhag ofn iddyn nhw godi cywilydd ar eu hepil. Gwenodd Gwen yn gefnogol ar fam welw oedd yn cnoi ei hewinedd tu ôl i lyw ei char. Oedd y ddynes yn poeni fod ei phlentyn am fethu yn ei lefel A, ynteu poeni ei fod yn mynd i basio, dyfalodd. Gallai pasio olygu tair blynedd gostus yn y brifysgol heb sicrwydd o swydd ar ddiwedd y cwrs – neu gymhwyster fyddai'n arwain at swydd a chyflog ychwanegol i'r cartre. Gallai methu olygu rhyddhad cudd na fyddai'n rhaid wynebu nyth gwag am sbel eto, neu orfod wynebu torcalon plentyn a'i freuddwydion yn deilchion. Teimlodd gnoi yn ei bol wrth wylio Heledd yn mynd drwy ddrws yr ysgol law yn llaw efo dwy o'i ffrindiau, ond torrwyd ar ei myfyrdod gan Carys Puw, oedd yn chwifio arni. Llyncodd ei phoer wrth gofio ei bod hi ar dir yr ysgol fel athrawes yn ogystal ag fel mam.

'Haia, Gwen! Diwrnod mawr yn tŷ chi heddiw,' meddai Carys yn glên.

'Ym, yndi ...' atebodd Gwen yn amheus, wrth ddod allan o'i char. Lle roedd y Carys surbwch arferol?

'Wel, os ydi Heledd wedi gneud cystal â'n disgyblion ni, mi fydd hi wedi gneud yn ardderchog!' broliodd Carys gan chwifio darn o bapur o dan ei thrwyn.

Doedd y canlyniadau ddim yn annisgwyl, wrth gwrs, gan fod athrawon yr adran gelf yn marcio gwaith pob disgybl, a chanran o'r gwaith hwnnw'n cael ei asesu gan safonwr allanol i wirio'r marciau. Y newyddion da oedd bod pawb yn gytûn, diolch byth, felly fyddai dim rhaid mynd drwy'r broses o esbonio ac ailedrych ar ddulliau marcio.

'Mi oedd y gwaith gemwaith wnest ti efo Gwawr Davies yn arbennig.' Gwenodd Carys arni eto.

'Oedd?' Methai Gwen â deall pam ei bod hi'n dweud hynny rŵan, yn hytrach na phan gyflwynwyd y gwaith.

''Swn i'n lecio tasat ti'n cynnig modiwl gemwaith ar y cwrs lefel A y tymor nesa, gan ganolbwyntio ar ailgylchu deunyddia. Dwi'n meddwl y medrwn ni ga'l gwaith cyffrous iawn gan y disgyblion.'

'Ia, iawn, grêt. Mi fyswn i wrth fy modd.'

'Gawn ni air pellach wsnos nesa – dos di rŵan i weld sut wnaeth Heledd. Dwi'n siŵr dy fod di ar binna.'

'Ydw, a deud y gwir.'

'Wela i di wsnos nesa felly,' meddai Carys, fel petai hi wirioneddol yn edrych ymlaen at hynny. Edrychodd Gwen yn syn arni'n cerdded i gyfeiriad yr ysgol, gan alw 'Pob lwc!' dros ei hysgwydd.

'Mam?'

Trodd i wynebu'r llais a chafodd ei llorio gan goflaid wyllt a'i byddaru gan sgrechian yn ei chlust.

'Dwi 'di neud o! Dwi 'di ca'l tair A!'

'Naddo!'

'Do!' sgrechiodd Heledd eto.

'*Tair* A?'

'Ia – tair A!'

'Ffantastig! Gwych! Ddeudis i, do?'

'Ddeudist ti fod gin i jans da o ga'l dwy!'

'Do? Wel, tair o'n i'n feddwl! O, llongyfarchiada enfawr, 'nghariad i!' Cofleidiodd ei merch yn dynn, ei balchder a'i rhyddhad yn ei thagu am yn ail.

Gwelodd Meinir yn y pellter.

'Hei, Meinir! Gesha be? Ma' Heledd 'di ca'l tair A!' gwaeddodd.

'Llongyfarchiada! Wedi ca'l brêns ei thad, ma' raid,' atebodd Meinir, gan wenu fel giât.

Tynnodd Gwen ei thafod arni.

'Dathlu heno felly, Heledd?' gofynnodd Meinir.

'Tŵ reit! Dwi'n haeddu uffar o sesh dwi'n meddwl!'

'Ella wir,' meddai Gwen, 'ond cyn hynny ma' raid i ti ffonio dy dad. Mi ffonia i dy nain.'

'Na! Dwi isio gneud. 'Na i ffonio pawb!'

Ystyriodd Gwen ffonio Eifion, ond gwthiodd y syniad o'i phen yn reit handi. Doedd llwyddiant ei merch yn ddim i'w wneud â fo, cofiodd, er iddo fod yn gefnogol iawn i Heledd a'i haddysg, a'i helpu efo'i gwaith cartre fwy nag y gwnaeth hi ei hun. Doedd hi ddim wedi clywed gair ganddo ar ôl y tecst hwnnw fis ynghynt. Ambell ddiwrnod, ysai iddo gysylltu â hi ond, ar y cyfan, roedd hi'n dechrau dygymod â bywyd hebddo.

Y noson honno eisteddai Gwen ar y fainc yn ei gardd yn gwylio'r blodau'n cau am y noson. Roedd yr awyr yn drwm o lafant a dawnsiai pelydrau haul diwedd y dydd yn oren ac aur yn y gwydr siampên oedd ar y bwrdd bach pren wrth ei hochr. Chwythodd awel ysgafn drwy ddail y goeden uwch ei phen gan yrru ias sydyn drwyddi a styrbio Idwal, oedd yn chwyrnu'n ysgafn wrth ei thraed. Cododd ei ben a'i ollwng yn ôl yn syth, yn fodlon fod popeth fel y dylai fod. Tynnodd Gwen ei throed o'i sandal a mwythodd ei gefn cynnes efo bodiau ei thraed.

'Wel, boi, dim ond chdi a fi a Gethin fydd yma rŵan,' meddai, gan fethu dychmygu ei haelwyd heb bresenoldeb Heledd, gyda'i thrafferthion, ei chwerthin, ei hanwyldeb a'i llanast. Gwenodd wrth gofio ei chyffro'r bore hwnnw. Roedd hi mor falch ohoni. Gwirionodd Gethin yntau ar lwyddiant ei chwaer, a phrynodd dusw anferth o flodau iddi, gan wneud i Gwen deimlo'n falch iawn ohono yntau. Llithrodd ei meddwl yn ôl i'r diwrnod y pasiodd hi ei lefel A, a'r holl gynnwrf a deimlodd, y gobaith, yr edrych ymlaen at yr antur fawr o'i blaen. Cododd ei gwydr at yr haul, a chynigiodd lwncdestun.

'I Heledd a'i dyfodol disglair! Gwyn dy fyd di, 'nghariad tlws i.'

Drachtiodd y gwin pefriog a thywallt mwy ohono i'r gwydr. Roedd hi'n dechrau teimlo llygedyn o obaith am ei dyfodol ei hun hefyd. Gwyddai erbyn hyn nad oedd ei bywyd hithau drosodd, o bell ffordd, a'i dewis hi oedd bod ar ei phen ei hun efo'i photel siampên y noson honno. Gallasai'n hawdd fod wedi mynd at ei mam neu at Sadie drws nesa, ond am unwaith roedd hi'n ddigon bodlon eistedd ar ei phen ei hun yn myfyrio.

Dychrynwyd hi gan y ffôn, oedd wedi dechrau crynu ar y bwrdd bach gan chwalu'r tawelwch. Collodd ei siampên dros Idwal wrth estyn amdano, nes oedd y ci'n rhedeg rownd yr ardd yn cyfarth mewn braw.

'Mae'n iawn, mae'n iawn. Shysh, Idwal.'

Llwyddodd i ateb y ffôn.

'Mam?'

'Be sy, Gethin?' Doedd o ddim yn un fyddai'n ffonio am sgwrs, yn enwedig ac yntau yn ei waith, felly gwyddai Gwen yn syth fod rhywbeth o'i le.

'Paid â panicio. Dim byd mawr. Heledd ...'

'Heledd? Be sy 'di digwydd?'

'Ma' hi'n rhacs.'

'Rhacs?'

'Ia. Wedi meddwi. Ma' hi allan ers pnawn 'ma tydi? Dwi'n meddwl 'sa'n well i chdi ddod i'w nôl hi.'

'O na! Ydi hi'n iawn?'

'Dwi'n gweld lot gwaeth bob penwsnos, ond mi fydd hi'n diodda fory.'

'Fedar hi gerddad?'

'Ddim mewn llinall syth!'

'Wel, fedra i ddim dod draw i'w nôl hi, dwi 'di bod yn yfad. Rho hi mewn tacsi.'

'Beryg iddi chwydu ynddo fo!'

'O iesgob!' Cofiodd Gwen am ei phrofiad hithau ddiwedd y tymor. 'Mi ffonia i dy dad, ac mi geith o ddod i'w nôl hi.'

Drwy lwc, roedd Tudur ar gychwyn o'r Dre ar ôl casglu têc-awê pan ffoniodd Gwen, felly roedd Heledd yn simsanu i fyny at y tŷ o fewn chwarter awr. Roedd ei braich dros ysgwydd ei thad gan ei bod fodfedd neu ddwy yn dalach na fo yn ei sodlau uchel.

'Haia Maaaaam! Dwi'n chwil ... sori!'

'Be wnawn ni efo chdi, dŵad?' ceryddodd Gwen hi'n ysgafn.

'Paid â bod yn flin, 'chos dwi ...' sythodd yn ddramatig, cyn datgan, '... wedi ... ca'l ... TAIR A!' Pwniodd yr awyr yn fuddugoliaethus gan droi ei throed yr un pryd a phwyso'n drymach ar wegil ei thad. 'Wps!'

'Wps yn wir!' meddai Tudur.

'Ac eniwe, dwi 'di ca'l darlith hiiiiiir gan Dad yn y car yn barod.'

'Gwely i chdi ar dy ben, madam,' gorchmynnodd ei thad.

'Ia. Gwely bach fi ... nos dawch, Mam. Caru chdi.'

Gollyngodd ei gafael yn Tudur a chofleidiodd Gwen yn dynn. 'A' i â hi fyny,' cynigiodd Gwen, gan arwain Heledd i'r tŷ.

'Diolch Dad, y dreifar tacsi gora'n y byd! Caru chdi hefyd.' Chwythodd Heledd swsus tuag ato dros ysgwydd ei mam, a gwenodd ei rhieni ar ei gilydd.

'Mi fydd rhywun yn sâl yn y bora,' galwodd Tudur ar eu holau.

Erbyn i Gwen ddod yn ôl i lawr y grisiau, wedi iddi sicrhau fod Heledd yn saff yn ei gwely efo powlen ar lawr a thyweli dros y carped, roedd Tudur yn y gegin, yn estyn dau blât o'r cwpwrdd llestri, ei fag têc-awê ar y bwrdd .

'Fasat ti'n meindio taswn i'n ei fyta fo yn fama?' gofynnodd. 'Mae o'n oeri.'

'Be am Glesni?'

'Dydi hi ddim adra. Wedi mynd at ei chwaer.'

'Ti byth wedi dysgu bwydo dy hun felly!'

'Be 'di'r pwynt, pan mae Mr Wong yn gneud bwyd cystal? Nei di rannu hwn efo fi?'

Edrychodd Gwen ar gynnwys y cartonau: *satay* cyw iâr,

sbring rôls, cyw iâr chwerw-felys a reis wedi'i ffrio, a sylweddolodd ei bod ar lwgu.

'Wel, dwi'n meddwl bod gen ti ormod i un yn fanna.'

'Ma' fy llygaid i wastad wedi bod yn fwy na 'mol i!' gwenodd Tudur arni wrth rannu'r bwyd rhwng y ddau blât.

'Ty'd allan i 'rar, 'ta. Ma' hi'n dal yn gynnas, ac ma' gin i botal o siampên ar ei hannar.'

'Mi ffeiria i hwn am lasiad o siampên, 'ta.' Cyflwynodd y plât iddi.

'Ond ti'n dreifio!'

'Ga' i un glasiad bach.' Trodd at y cwpwrdd uchel y tu ôl iddo ac estyn am wydr.

Suddodd yr haul yn belen fawr euraidd dros y gorwel wrth i'r ddau eistedd wrth y bwrdd bach pren yn yr ardd i fwyta'u pryd. Roedd y blodau yn y potiau pridd wrth eu traed i gyd wedi plygu eu pennau a'r awel ysgafn wedi llonyddu.

'Ma'r ardd 'ma'n edrach yn wych gen ti.' Edmygodd Tudur y lawnt daclus a'r border o flodau lliwgar rhwng cegeidiau o reis a chyw iâr.

'Diolch. Dwi'n ca'l lot o bleser ohoni, yn enwedig ar noson fel heno.'

'Perlysia sy gen ti'n fanna?' gofynnodd Tudur, gan gyfeirio at gafn pren yn drwch o amrywiol ddeiliach.

'Ia.'

'Parsli hefyd! Dwi'n *impressed*. Dydi parsli ddim yn hawdd i'w dyfu.'

'Sut gwyddost ti?'

'Dw inna 'di dechra garddio. Llysia a pherlysia yn benna, ond dwi 'di methu'n llwyr efo parsli.'

'Mae'r hada'n mynd i lawr at y diafol ac yn ôl naw gwaith cyn tyfu, meddan nhw.'

'Mae fy rhai i wedi colli'u ffordd yn ôl, ma' raid.'

'Mynadd sy isio efo fo.'

'Fu mynadd rioed yn un o 'nghryfdera i!'

'Naddo.' Gwenodd Gwen wrth gofio sut y byddai Tudur yn

gwylltio'n gacwn wrth drio gwneud jobsys rownd y tŷ. Gan na fyddai ganddo fyth amynedd i ddysgu gwneud y gwaith yn iawn, byddai ei silffoedd wastad yn syrthio i lawr a'i baent yn plicio. 'Ti'n cofio'r gadair siglo honno roist ti at ei gilydd yn colapsio, am nad oedd gin ti fynadd i ddarllen yr *instructions*?' gofynnodd iddo.

'Sut fedra i anghofio? Ro'n i'n ista arni ar y pryd!'

'Mi est ti'n glatsh ar dy din ar lawr, a thaflu dy win dros Gethin druan oedd yn sefyll tu ôl i ti!' Chwarddodd Gwen wrth gofio'r olwg o sioc ar wynebau'r ddau.

Ymunodd Tudur yn y chwerthin, gan syllu ar ei gyn-wraig. Roedd pelydrau ola'r haul yn creu eurdorch o'i gwallt. Synhwyrodd Gwen ei sylw a dechrau anesmwytho. Tywalltodd siampên i'r ddau wydr ar y bwrdd a gwthio un i gyfeiriad Tudur. Cododd Tudur y gwydr tuag ati.

'I Heledd!' meddai.

'Heledd,' cytunodd Gwen, gan dincian ei gwydr yn erbyn ei wydr o.

'Ac i chdi,' ychwanegodd Tudur, gan edrych i fyw ei llygaid.

'I mi?'

'Ia. I chdi. Ti 'di bod yn fam ffantastig i Heledd, ac i Gethin.'

Edrychodd Gwen yn syn arno. Doedd o erioed wedi dweud dim fel hyn wrthi o'r blaen.

'Dwi'n gwbod nad ydi hi wedi bod yn hawdd i ti ... rhwng bob dim,' ychwanegodd. Roedd o'n dal i syllu arni, ei lygaid tywyll yn dywyllach nag arfer.

Cymerodd Gwen ddracht mawr o'i diod cyn gosod ei gwydr yn ofalus ar y bwrdd. Wyddai hi ddim sut i ymateb i'r tynerwch hwn.

'Diolch,' meddai. 'Mae o wedi bod yn waith calad, ond yn werth bob eiliad ... heblaw am y meddwi, wrth reswm!'

'Duw, mae o'n rhan o dyfu fyny, tydi? Maen nhw wedi bod yn blant da, chwara teg.'

'Ydyn. Dwi'n hynod o falch ohonyn nhw.'

'A finna.'

'O Gethin hefyd?'

'Ydw, siŵr. Fedran ni ddim dewis eu llwybra nhw drostyn nhw, na fedran? Rhaid iddyn nhw ffendio'u ffordd eu hunain mewn bywyd. Fedran ni ddim ond trio gneud ein gora i ddysgu'r hanfodion iddyn nhw.'

'Ti 'di newid dy gân.'

'Ella wir. Dwi 'di bod yn hel meddylia yn ddiweddar.'

'Dyna be mae cyrraedd dy hannar cant yn neud i chdi, yli.'

'Ia, ma' siŵr. Dwi 'di sylweddoli lot o betha, petha y dyliwn i fod wedi eu sylweddoli ymhell cyn hyn.'

Dechreuodd Gwen anesmwytho. Be oedd yn mynd drwy feddwl Tudur? Penderfynodd newid y pwnc yn llwyr a throi ei sylw at y bwyd.

'Ma' hwn yn lyfli,' mwmialodd. 'Diolch.'

'Croeso. Tydi Mr Wong byth yn siomi.' Tywalltodd Tudur fwy o siampên i'w gwydr.

'Pryd wnaethon ni hyn ddwytha, dŵad?' gofynnodd.

Oedodd Gwen ennyd cyn ateb yn dawel.

'Saith mlynadd yn ôl. Cyn i ti fynd â'n gadael ni.'

'Mi ofynnis i am honna, do? Sori.' Estynnodd ei law a'i rhoi dros ei llaw hi cyn ailadrodd ei ymddiheuriad mewn llais bloesg.

'Sori.'

Edrychodd Gwen ar ei llaw heb symud, heb anadlu, heb ei thynnu i ffwrdd. Yna, yn araf, cododd ei phen ac edrych i lygaid cyfarwydd ei chyn-ŵr. Cododd yntau ei law rydd ac ymestyn dros y bwrdd i fwytho'i boch.

'Sori,' sibrydodd eto.

Pwysodd Gwen ei boch i gledr ei law. Caeodd ei llygaid yn dynn, yn ymateb yn reddfol i'r anwylo. Roedd hi'n hiraethu am gyffyrddiad dyn, y closio corfforol sy'n uno dau. Cododd Tudur a cherdded tuag ati, ac mewn un symudiad esmwyth cododd hi ar ei thraed. Daliodd ei hwyneb yn ei ddwylo a phwysodd ymlaen i gyffwrdd ei gwefusau mewn cusan dyner. Cadwodd Gwen ei llygaid ynghau, gan deimlo cryndod yn corddi yn ei chrombil. 'Be ti'n neud?' gofynnodd llais bach yn ei phen. 'Paid ag ymateb! Paid ag ymateb!' Pwysodd Tudur ei wefusau'n galetach yn erbyn ei rhai hi. Fedrai hi ddim peidio ildio. Aeth ei phengliniau'n wan wrth ymateb i'w gusanu taer. Gafaelodd amdani a'i gwasgu'n dynn yn erbyn ei gorff ei hun.

'Tudur ! Be ti'n neud?' Ceisiodd Gwen ei rhyddhau ei hun, ond daliai Tudur i blannu cusanau ysgafn a chaled am yn ail i lawr ei gwddw. 'Paid!' Ond doedd hi ddim yn ei feddwl o. Doedd hi ddim am iddo fo stopio.

'Plis,' meddai mewn llais bach, bach, ond roedd ei law wedi crwydro o'i hwyneb ac i fyny ei chefn. Agorodd ei bra yn ddeheuig gydag un llaw. Roedd hi wedi anghofio pa mor gelfydd oedd o am garu a dechreuodd hiraethu am yr hen deimladau, am deimlo'r hen wefr.

'Plis ...' meddai eto, 'ty'd i'r tŷ rhag ofn i rywun ein gweld ni.'

Llusgodd y ddau ei gilydd i'r tŷ gan gusanu a chofleidio wrth fynd. Rhuthrodd Idwal i'w croesawu gan ddechrau neidio o'u cwmpas.

'Dim rŵan Idwal,' dwrdiodd Gwen, gan geisio ei wthio i ffwrdd efo'i choes, ond roedd y ci yn mynnu ei sylw.

'Blydi ci!' meddai Tudur yn flin, a cheisiodd anelu cic tuag ato.

'Paid!' gwaeddodd Gwen, yn teimlo dros y ci druan. Tynnodd ei hun o freichiau Tudur a mynd i ben y ffrij lle cadwai ddanteithion arbennig Idwal, ymhell o'i gyrraedd. Estynnodd am asgwrn a'i roi iddo.

Rhuthrodd y ci i'w fasged â'i wobr yn ei geg.

'Mi gadwith hynna fo'n ddistaw am chydig.'

'Lle roeddan ni?' gofynnodd Tudur, gan ei thynnu tuag ato a chodi ei ffrog dros ei phen.

'Tudur – be 'dan ni'n neud?'

'Shhh ... shhh,' tawodd Tudur ei phrotest â chusan, ei ddwylo'n mwytho'i chorff.

'Ti mor secsi Gwen, ac mae 'na fwy ohonat ti i'w fwynhau rŵan nag oedd 'na ...'

Rhewodd Gwen.

'Be ddeudist ti?'

'Dim byd, jest deud pa mor ...'

'Nest ti ddeud bod 'na fwy ohona i!' Rhwygodd ei hun o'i freichiau.

'Do'n i'm yn 'i feddwl o'n ddrwg – ro'n i'n 'i feddwl o mewn ffordd dda! Ti'n fwy cydli ...' Ceisiodd afael amdani eto ond cipiodd Gwen ei ffrog oddi ar y llawr a'i thynnu'n ôl dros ei phen. Roedd y swyn wedi ei chwalu a'r slap eiriol wedi dod â hi at ei synhwyrau.

'Dos, Tudur. Dos adra at dy wraig.' Cerddodd oddi wrtho, i fyny'r grisiau i'r llofft.

'Gwen, sori! Do'n i'm yn meddwl dim byd ...' ymbilodd ar ei hôl. 'Gwen!'

Wnaeth Gwen ddim edrych yn ei hôl.

Pennod 10

Treuliodd Gwen wythnosau ola'r gwyliau'n osgoi pethau. Osgoi gweld Tudur, er iddo yrru sawl neges drwy Heledd yn gofyn am drafod trefniadau coleg eu merch, osgoi mynd i'r Ysgol Hyfforddi Cŵn, a oedd wedi ailddechrau, oherwydd embaras ei chyfarfyddiad diwetha â Joe Wightman ac osgoi wynebu'r ffaith fod Heledd yn gadael am y coleg mewn ychydig wythnosau. Roedd hefyd wedi osgoi mynd i'w stiwdio oherwydd bod dod oddi yno heb greu dim o werth yn lladd ei hyder yn ei chreadigrwydd ei hun.

Yr un peth na allai ei osgoi oedd ei mam. Roedd Eirlys yn dal i ddisgwyl apwyntiad i gael *angiogram*, ac yn gwneud y mwyaf o'r ordors i beidio â'i gor-wneud hi drwy fynd yn fwy a mwy dibynnol ar ei merch, yn aml yn ei galw draw yno ar unrhyw berwyl pitw. Y diweddaraf oedd galwad ffôn ben bore Iau ola'r gwyliau yn gorchymyn iddi fynd i Erw Wen i ladd pry cop oedd ar nenfwd yr ystafell molchi.

'Fedrwch chi ddim 'i sugno fo o'na efo hwfyr?' gofynnodd Gwen.

'Dwi'm i fod i ddefnyddio hwfyr.'

'Neith o'm drwg i chi bwyntio'r *extension hose* fyny at y pry cop, na neith?'

'A sut dwi i fod i fynd â fo i fyny'r grisia?'

Ochneidiodd Gwen.

'Ddo i draw cyn cinio.'

'Fedri di'm dod yn gynt?'

'Ma' gin i betha i'w gneud.'

'Be 'lly? Ti ar dy wylia o hyd.'

Byth ers ei harddegau, roedd Gwen yn casáu ei mam yn ei holi am ei bywyd, a doedd Eirlys erioed wedi deall hynny; y mwya'n y byd y byddai hi'n holi Gwen, y lleia'n y byd fyddai hi'n cael gwybod. Gallai Gwen, a hithau'n fam ei hun, ddeall diddordeb di-ben-draw unrhyw fam ym mywyd ei phlentyn, ond allai hi ddim dioddef y beirniadu oedd yn siŵr o ddilyn pob un o'i hatebion – a doedd hi ddim am gyfaddef i Eirlys ei bod yn dal yn ei choban a hithau'n naw o'r gloch y bore.

'Does 'na'm brys, nag oes Mam? Ella yr eith o o'na ar ei ben ei hun cyn hynny beth bynnag.'

'Ond dwi isio defnyddio'r bathrwm!'

'Dydi'r pry cop ddim yn 'ych nadu chi rhag gneud hynny, nac'di?'

'Ydi! Ti'n gwbod na tydw i ddim yn lecio'r sglyfath petha.'

'Peidiwch â sbio arno fo 'ta.'

'Ond mae o'n union uwchben y toilet – be tasa fo'n syrthio ar 'y mhen i?' Gwyddai Gwen o dôn llais ei mam ei bod yn dechrau cynhyrfu, a fyddai hynny'n gwneud dim lles i'w chalon.

'Iawn. Mi fydda i acw ymhen hannar awr. Croeswch eich coesa tan hynny,' meddai, gan roi'r ffôn i lawr a difaru'n syth iddi fod mor ddiamynedd. Ond wir, roedd angen gras efo hi ar adegau.

'Heledd!' gwaeddodd i fyny'r grisiau ar ei merch, oedd yn dal yn ei gwely ac yn debygol o fod yno tan amser cinio os oedd am ddilyn patrwm gweddill yr haf. Roedd hi'n gweithio'n galed yn y Llew Aur ac yn mynd allan efo'i ffrindiau pan fyddai'n rhydd, ond yn gwneud dim i helpu Gwen yn y tŷ heb i Gwen ofyn iddi.

'Heledd!'

'Be?' mwmialodd Heledd yn flin o grombil ei llofft.

'Dwi'n gorfod mynd i dŷ dy nain. Fedri di fynd ag Idwal am dro bora 'ma?'

'Oes raid i mi?'

'Plis, Heledd.'

'Ond dwi 'di blino. Ro'n i'n gweithio'n hwyr neithiwr.'

'Ty'd 'laen ! Mi fydd yn bractis i chdi godi'n gynnar at bora fory.'

Gwyddai Gwen fod Heledd yn edrych ymlaen yn arw at y diwrnod canlynol, fel hithau. Roedd y ddwy am fynd i Lerpwl am y diwrnod i brynu pethau i Heledd fynd efo hi i'r coleg, ac am ei bod wedi gwneud mor dda yn ei harholiadau, roedd Gwen wedi trefnu i'r ddwy aros mewn gwesty neis dros nos.

'Ocê 'ta!' gwaeddodd Heledd yn anfodlon. 'Ond well iddo fo fihafio.'

'Gwna'n siŵr dy fod di'n mynd â'i drîts o efo chdi, ac mi fydd o'n rêl boi – yn byddi, Idw?' meddai wrth y ci, oedd wedi rhedeg ati'n ddisgwylgar ar ôl clywed y geiriau 'am dro'.

Pan gyrhaeddodd Gwen Erw Wen roedd Eirlys yn y drws yn disgwyl amdani a golwg fel petai wedi styrbio'n lân arni.

'Mam bach, dim ond pry copyn ydi o – neith o ddim 'ych byta chi!' galwodd arni wrth ddod o'r car.

'Dwi 'di ca'l galwad ffôn!' meddai Eirlys yn gynhyrfus. 'O'r ysbyty!'

O'r diwedd, meddyliodd Gwen. Mi fyddai'n falch o weld yr *angiogram* drosodd a'i mam yn cael gwybod yn union pa driniaeth fyddai ei hangen arni. Roedd hi wedi gobeithio y byddai'r apwyntiad wedi dod yn ystod gwyliau'r haf, fel na fyddai'n rhaid iddi drio cael diwrnod i ffwrdd o'r ysgol i fynd â hi.

'Maen nhw 'di ca'l cansylêshon, a dwi'n gorfod mynd fory.'

'Fory?'

'Lwcus 'i bod hi'n dal yn wylia, 'de,' meddai, fel petai'n darllen meddwl ei merch.

'Ond dwi'n mynd â Heledd i Lerpwl fory!'

'Fydd 'na amser eto i neud hynny, bydd?'

'Na fydd. Mae'r ysgol yn dechra'n ôl ddydd Llun ac mae gan Heledd bartïon ffarwél y ddau benwsnos wedyn, ac ar ôl hynny mi fydd hi'n mynd.'

'Be sy o'i le ar siopa ym Mangor beth bynnag?'

'Dwi 'di bwcio stafall dros nos mewn gwesty ...'

'Mi fydd yn rhaid i mi fynd fy hun felly, bydd,' meddai Eirlys drwy ei cheg twll tin iâr. 'Dwi'n siŵr y medra i ga'l tacsi,' ychwanegodd. 'Er, dwi'm i fod i ddod adra i dŷ gwag. Dwi i fod i ga'l cwmni am bedair awr ar hugain. Mae o'n deud hynny yn y *leaflet*.'

Am eiliad, ystyriodd Gwen ofyn i Gethin ofalu am ei nain, ond anghofiodd y syniad hwnnw'n reit handi. Hyd yn oed petai Gethin yn medru cael amser i ffwrdd o'i waith ar fyr rybudd i fynd â hi mi fyddai, yn ei ffordd ddihafal ei hun, yn siŵr o gynhyrfu ei nain yn fwy na'i chysuro. Roedd yn ddigon o risg rhoi Idwal yn ei ofal.

'Peidiwch â siarad yn wirion. Mi a' i â chi, siŵr.'

'Be am yr hotel? Wnei di golli dy bres?

'Gwnaf, ma' siŵr, ond dim ots.'

'Faint oedd o? Dala i yn ôl i ti.'

'Ew, na wnewch! Ma' bob dim yn iawn. Ma'r petha 'ma'n digwydd, tydyn. Does 'na'm help. Rŵan, dewch i ni gael sortio'r anghenfil 'na sy yn y bathrwm!' Roedd ganddi lawer llai o ofn y pry cop nag oedd ganddi o orfod dweud wrth Heledd fod y trip wedi ei ganslo.

'Ond Mam! Ro'n i'n rîli edrach mlaen!' llefodd Heledd, bron yn ei dagrau.

'A finna, 'nghariad i, a finna.'

'Pryd gawn ni gyfla i fynd 'ta?'

'Wel, mae 'na ddau benwsnos arall cyn i ti fynd.'

'Ti'n gwbod bod 'na bartis bryd hynny!'

'Mi fydd ganddon ni amsar i bicio i Fangor dwi'n siŵr ...'

'Bangor? Dwi'm isio mynd i blydi Bangor. Dwi isio mynd i Lerpwl.'

'Ty'd rŵan, ti'n swnio fel plentyn bach. Does gin i ddim dewis, nag oes? Ma' raid i mi fynd â dy nain.'

'Fedar Gethin ddim mynd â hi?' gofynnodd Heledd yn bwdlyd, gan wneud i Gwen sylweddoli fod ganddi dipyn go lew o waith tyfu i fyny eto, er gwaetha'r ffaith ei bod hi'n swyddogol yn oedolyn.

'Na fedar. Pam na ofynni di i dy dad fynd â chdi?'

'Dad? Fysa gan Dad ddim mynadd dod i siopa efo fi.'

'Pam ddim? Mi fasa fo'n handi i gario'r bagia beth bynnag. Ac ma' ganddo fo fwy o bres na fi i'w wario.'

Diflannodd yr olwg bwdlyd oddi ar wyneb Heledd. Roedd gan ei mam bwynt. Gwyddai'n iawn sut i droi ei thad o gwmpas ei bys bach, a byddai'n sicr yn dod o Lerpwl yn cario mwy o fagiau efo'i thad nag efo'i mam.

'Mi ffonia i o,' meddai, gan anelu'n syth am ei ffôn. Bum munud yn ddiweddarach roedd hi'n llawn asbri am y trip unwaith eto a'i thad wedi cytuno, ar ôl ychydig o berswâd, nid yn unig i fynd â hi i Lerpwl ond i aros yn y gwesty hefyd gan fod ei mam wedi talu amdano eisoes.

'Paid â gwario'n wirion arni, cofia,' meddai Gwen wrth Tudur y bore canlynol pan gyrhaeddodd i nôl Heledd. 'Ma' hi wedi bod yn ennill pres bach del ei hun dros yr ha'.'

'Fydd hi angen pob ceiniog o hwnna i'w chynnal drwy'r coleg,' atebodd Tudur. 'Tydi Caerdydd ddim yn lle rhad.'

'Ac mae 'na ormod o demtasiyna yno i ferch ifanc fatha Heledd. Top Shop, Jack Wills, Hollister – mi fysa'n well tasa hi'n mynd i Aberystwyth. Does 'na fawr ddim yn fanno!' Roedd Gwen yn ymwybodol ei bod yn parablu bymtheg y dwsin rhag ofn i Tudur ddweud rhywbeth am y noson honno yn yr ardd. Doedd hi ddim eisiau trafod hynny. Doedd hi ddim eisiau meddwl am y peth. Mistêc gwirion ar ôl gormod o siampên oedd y cwbwl – roedd y llwybr hwnnw wedi hen gau a'r mieri wedi tyfu drosto, a dim ond crafiadau brwnt fyddai'n ei hwynebu yno.

'Mam! Glywis i hynna.' Ymddangosodd Heledd yn y drws. 'Dwi'n gyfrifol a chall efo fy mhres.'

'Gawn ni weld,' chwarddodd Gwen, gan roi coflaid a chusan i'w merch. 'Mwynha dy hun 'nghariad i. Dwi mor siomedig na fedra i ddod efo chi ... efo *chdi*, efo *chdi* dwi'n feddwl,' parablodd Gwen yn ffwndrus. Beth yn y byd wnaeth iddi ddweud 'chi' yn lle 'chdi'? Doedd hi ddim am i Tudur feddwl am eiliad y buasai wedi hoffi mynd efo fo. Mi fysa'n well ganddi fynd â'i mam i'r ysbyty na hynny. Ceisiodd osgoi edrych ar ei chyn-ŵr ond gwyddai ei fod yn gwenu.

Unwaith eto, roedd Eirlys yn y drws yn ei disgwyl pan gyrhaeddodd Erw Wen, yn smart yn ei ffrog capel las golau a siaced fach i fatsho. Roedd ei gwallt wedi ei osod yn daclus a'i hwyneb wedi ei goluro. Fyddai Eirlys byth yn mentro o'r tŷ heb ei lipstig. Edrychai fel petai'n mynd am drip yn hytrach nag i'r ysbyty. Roedd ganddi fag llaw ar ei hysgwydd ac roedd bag dros nos wrth ei thraed.

'Dach chi'n grand o'ch co', Mam. Be 'di'r bag 'na?'

'Coban a slipars a phetha molchi. Rhag ofn.'

'Rhag ofn be?'

'Wel, dyn a ŵyr be ffendian nhw! Ella bydd raid i mi fynd yn syth i'r sbyty calon i Manchester i gael bei-pas. Dyna ddigwyddodd i Colin gŵr Jane Ffridd Terrace.'

'Ond mi oedd Colin wedi bod yn diodda ers talwm, doedd? A dach chi wedi bod yn reit dda yn ddiweddar, yn do? Tydach chi ddim wedi cwyno 'ych bod chi'n ca'l poena nag yn colli'ch gwynt ers wsnosa.' Agorodd ddrws y car i'w mam a chario'r bag i'r bŵt.

'Dwi 'di bod yn cymryd y sbrê 'na roddodd y doctor i mi i roi dan fy nhafod cyn gynted â dwi'n teimlo unrhyw symptoma.'

Er iddi barablu bymtheg y dwsin am boenau hwn a'r llall am rai milltiroedd, distawodd Eirlys yn syth pan stopiodd y car ym maes parcio'r ysbyty. Pan agorodd Gwen y drws iddi ddod allan, ni symudodd ei mam.

'Dewch, Mam bach, neu mi fyddan ni'n hwyr.'

'Lle ma' fy sbrê i?' Dechreuodd ymbalfalu yn ei bag llaw a sylwodd Gwen ei bod wedi mynd yn reit welw o dan ei cholur.

'Dach chi'n iawn? Ylwch, ella bysa'n well i chi beidio cymryd hwnna rŵan. Disgwyliwch i weld be ddeudan nhw yn yr ysbyty. Fyddan ni yno mewn dau funud.' Gafaelodd Eirlys yn dynn yn ei sbrê.

'Ti'n meddwl?'

'Ydw. Dewch.' Daliodd ei llaw allan i'w mam a sylwodd fod llaw Eirlys yn crynu wrth iddi sefyll am eiliad i sadio'i hun.

'Gweneirys,' meddai, gan wasgu llaw ei merch yn dynn. 'Ma' gin i ofn.'

Doedd Eirlys erioed wedi bod yn un am ddangos ei theimladau, ac yn sicr doedd hi ddim wedi gafael yn llaw Gwen ers pan oedd yn blentyn. Doedd hi ond yn cofio cofleidio'i mam unwaith yn y chwarter canrif diwethaf, a hynny ar ddiwrnod marwolaeth ei thad. Hi gofleidiodd Eirlys y diwrnod hwnnw, nid fel arall. Wyddai Gwen ddim be i'w wneud na sut i ymateb, a llifodd ton o ofn drosti hithau hefyd.

''Sdim isio bod ofn, siŵr iawn,' meddai, ychydig yn rhy hwyliog. 'Maen nhw'n gneud *angiograms* drwy'r dydd, bob dydd yn fama.'

'Ond be taswn i'n gorfod ca'l bei-pas?'

'Peidiwch â hel gofidia. Ddaru chi ddarllan y pamffled, do? Mae 'na ganran uchel o bobol sy'n ca'l *angiogram* nad ydyn nhw'n gorfod gneud dim mwy na chymryd y sbrê 'na, fel dach chi wedi bod yn neud yn barod, rhai eraill yn ca'l *angioplasty* i roi stent bach i agor yr arteri – a dim ond canran fach sy'n gorfod ca'l triniaeth fawr.'

Yn yr uned Cardiac Catheter Laboratory, tynnodd nyrs y llenni o amgylch gwely Eirlys yn y ward fechan lle roedd cleifion yn aros eu tro. Roedd wedi cael ordors i dynnu ei cholur, ei gemwaith a'i dillad a rhoi coban amdani. Roedd y geiriau *Hospital Use Only* yn batrwm dros y goban i gyd – er gwaetha'r ffaith na fyddai neb, ym marn Gwen, yn ystyried gwisgo'r fath beth yn nunlle arall. Llwyddodd i wasgu heibio i ben ôl y nyrs er mwyn mynd yr ochr allan i'r llenni. Doedd ganddi ddim awydd gwylio'i mam yn dadwisgo. Camodd y nyrs allan ar ei hôl gan adael Eirlys ar ei phen ei hun. Gwyliodd Gwen y pen ôl helaeth yn siglo oddi wrthi, gan ystyried nad oedd y nyrs druan yn esiampl dda o gadw'n iach, yn enwedig yn uned y galon.

'Gweneirys!' Torrodd llais Eirlys o'r tu ôl i'r llenni ar ei myfyrdod.

'Be?'

'Ti yna?'

Cafodd Gwen ei themtio i ateb yn negyddol, ond penderfynodd nad dyma'r lle na'r amser i wamalu.

'Ydw!'

'Paid â mynd yn bell.'

'Peidiwch â phoeni – dwi'm yn mynd i nunlla. Dwi'n ca'l aros yn fama efo chi tan fyddwch chi'n barod i fynd i'r theatr.'

'Gweneirys!' gwaeddodd ei mam eto.

'Be?' sibrydodd Gwen yn ôl, yn ymwybodol fod y pum claf arall oedd ar y ward yn clywed pob gair. Gwenodd ar y cwpwl gyferbyn â nhw – dyn canol oed yn eistedd i fyny yn y gwely a'i wraig yn ffysian o'i amgylch. Gwenodd y dyn yn ôl arni.

Ymddangosodd pen Eirlys drwy'r llenni. 'Fedra i'm cau'r goban wirion 'ma. Ma' hi'n ffitio tu ôl ymlaen!'

'Dewch i mi'ch helpu chi.' Camodd Gwen drwy'r llenni i gau'r garrai oedd ar gefn y wisg dila. Roedd hi'n medru gweld cefn noeth ei mam, rhywbeth na welodd hi erioed o'r blaen. Dechreuodd deimlo'n annifyr, a thriodd ei gorau i beidio â chyffwrdd y croen gwyn, meddal.

'Dyna chi,' meddai, yn or-hwyliog eto.

Trodd Eirlys a chodi ar ei heistedd ar y gwely. Edrychai mor fychan a bregus heb ei dillad, heb ei cholur, heb ei hurddas, ac edrychai mor hen, meddyliodd Gwen. Pryd y bu i'w mam heneiddio cymaint – a sut na wnaeth hi sylwi? Addawodd iddi hi ei hun y byddai'n fwy amyneddgar efo Eirlys o hynny ymlaen.

'Dwi jest â thagu isio panad,' datganodd Eirlys.

'A finna,' cytunodd Gwen.

'Dos i nôl un 'ta. Ddaru ni basio peiriant ar y ffordd i mewn i'r ward.'

'Na, mi ddisgwylia i nes byddwch chi wedi mynd i'r theatr.' Doedd Gwen ddim eisiau yfed paned o flaen ei mam a hithau, yn ôl yr ordors, heb gael tamed i'w fwyta na thropyn i'w yfed ers iddi godi'r bore hwnnw. Tynnodd ei chardigan. 'Iesgob, pam fod raid i ysbytai fod mor boeth?'

'Ia wir. Dwi'n hen ddigon cynnas er mai 'mond hancas bapur sgin i amdanaf. Mi fysa troi'r gwres i lawr rhyw fymryn yn arbed miloedd i'r wlad,' cytunodd Eirlys, gan dynnu ei choban yn dynnach amdani efo un llaw a thwtio'i gwallt efo'r llall wrth i un o'r doctoriaid gamu drwy'r llenni.

'Good morning Mrs Jones. My name is Mr Fitzpatrick, and I'll be looking after you today. How are you feeling this morning?'

'Oh, not too bad, thank you. A bit nervous,' atebodd Eirlys gan ysgwyd y llaw a gynigiwyd iddi'n frwdfrydig. Trodd at Gwen. 'This is Gweneirys, my daughter.'

Trodd y meddyg ati a chynnig ei law iddi hithau hefyd.

'Nice to meet you,' meddai Gwen, ddim yn siŵr be arall i'w ddweud wrth y gŵr golygus a safai o'i blaen.

'She's divorced,' meddai Eirlys. Rhythodd Gwen arni. I be oedd eisiau dweud hynny?

'My mother's a bit deaf, so you'll have to speak up,' meddai'n frysiog, gan gochi mewn embaras.

'No I'm not! It's just that people mumble.'

Gwenodd y doctor ac eistedd ar erchwyn y gwely. Dechreuodd esbonio'r broses oedd o flaen Eirlys yn syml a chlir, gan ddangos amynedd ac anwyldeb wrth iddi ofyn iddo ailadrodd yn fynych – oherwydd ei diffyg clyw yn hytrach na'i diffyg dealltwriaeth. Roedd Gwen yn falch ei fod o'n ddyn smart achos gwyddai na allai ei mam faddau i ddoctoriaid golygus, wastad yn eu trin fel duwiau ac yn derbyn pob gair fel efengyl.

'W, dyn neis 'de? Bonheddig,' meddai, ar ôl iddo agor y llenni o amgylch y gwely a'u gadael. 'Ll'gada tlws ganddo fo. Rhywun fel'na wyt ti angen Gwen, dim rhyw linyn trôns fath â'r Eifion 'na.'

'I be oeddach chi'n deud wrtho fo 'mod i wedi ca'l difôrs?' sibrydodd Gwen, yn ymwybodol unwaith eto fod pawb yn y ward yn medru clywed eu sgwrs.

'Rhag ofn 'i fod o'n sengl.'

'Ond mae o tua deng mlynadd yn fengach na fi!'

'Twt lol – be ydi oed y dyddia yma? Gei di fod yn jagiwar, yli.'

'Jagiwar?'

'Ia – dyna maen nhw'n galw dynas hŷn sy efo hogyn ifanc ... fath â honna yn *Emmerdale*!'

'Dwi'n meddwl mai *cougar* dach chi'n feddwl – a na, dim diolch!' meddai Gwen, gan wir obeithio mai Saeson oedd gweddill y cleifion, er ei bod hi'n siŵr fod y dyn yn y gwely gyferbyn yn trio celu gwên.'

'Ia, chdi sy'n iawn ma' siŵr. Sdim isio potshan efo ryw hen ddynion. Maen nhw'n fwy o draffarth na'u gwerth.' Roedd y dyn dros y ffordd yn sicr yn gwenu erbyn hyn.

'Hwdwch!' Gwthiodd Gwen gylchgrawn i ddwylo'i mam. 'Dwi 'di dod â hwn i chi, tra dach chi'n disgwl.' Gobeithiai Gwen na fyddai'r disgwyl yn hir.

Er mawr ryddhad i'r ddwy roedd popeth ar y ward yn gweithio fel watsh, ac o fewn hanner awr roedd Gwen yn eistedd wrth ymyl gwely gwag yn trio, ac yn methu, peidio poeni. Beth petai'r newyddion yn ddrwg? Beth petai ei mam angen triniaeth gymhleth? Sut y bysa hi'n llwyddo i ofalu amdani, a'r tymor ysgol yn dechrau ymhen yr wythnos? Beth petai'r newyddion yn waeth byth, a bod rhywbeth difrifol iawn yn bod a dim allai neb ei wneud? Aeth ias drwyddi. Roedd ei mam yn ei gyrru'n wirion bost ar adegau, ond allai Gwen ddim dychmygu ei bywyd hebddi hi a'i llwy bren yn ei ganol o. Cododd y cylchgrawn a adawodd Eirlys ar y gwely a cheisio'i ddarllen. Roedd hi yng nghanol stori am ddynes oedd wedi rhedeg i ffwrdd efo ffrind gorau ei mab pan bowliwyd Eirlys yn ôl i'r ward. Neidiodd Gwen ar ei thraed. Gwenodd y nyrs arni.

'Mae popeth wedi mynd yn dda iawn,' meddai, 'ac mi ddaw Mr Fitzpatrick i ga'l gair efo chi cyn bo hir.' Gollyngodd Gwen anadl hir o ryddhad a gafaelodd yn llaw ei mam.

'Ga' i banad rŵan tybed?' gofynnodd Eirlys yn gysglyd. 'Ma' 'ngheg i fath â chesail camal!'

Rodd hi'n eistedd i fyny, yn yfed ei phaned ac yn bwyta brechdan ham, pan ddaeth Mr Fitzpatrick yn ôl i'r ward.

'Well, Mrs Jones, it's very good news. Couldn't be better, in fact,' meddai, yn wên o glust i glust. 'Your heart is in very good condition, considering your age.' Edrychodd Eirlys yn ffwndrus arno.

'You mean there's nothing wrong with her?' gofynnodd Gwen.

'No. Everything seems fine.'

'But what about the symptoms? The chest pain? The breathlessness?' gofynnodd Eirlys.

'The pains could easily have been indigestion, and the breathlessness – well, we all struggle a bit more with things as we get older.'

Edrychodd Eirlys arno yn ofidus.

'Oh dear, I seem to have wasted your time, I'm so sorry!'

'It's always better to be safe than sorry, and it's been a pleasure for me to be able to give someone good news for a change.'

'So I don't need to take that spray?'

'No. If you're worried about anything, don't hesitate to go to see your GP, but I'd say you have a good few years left in you yet, Mrs Jones. You look after yourself now,' meddai, gan gerdded i ffwrdd a gadael Gwen yn sefyll yno'n gegrwth.

'Da 'te!' meddai Eirlys o'r diwedd. Ond fedrai Gwen ddim ateb. Roedd hi'n meddwl am yr holl amser roedd hi wedi ei dreulio yn rhedeg i'w mam drwy'r haf. Daeth y nyrs atynt.

'Mi gewch chi fynd adra mewn rhyw awran, Eirlys,' meddai. ''Dan ni jest am eich cadw chi yma am chydig i neud yn siŵr fod popeth yn iawn ar ôl y driniaeth.'

'Mae 'nghalon i mewn cyflwr da iawn, yn ôl y doctor,' meddai Eirlys wrthi'n falch.

'O ystyried eich oed chi!' pwysleisiodd Gwen. Anwybyddodd Eirlys hi.

'A fydda i ddim angen cario'r sbrê 'na efo fi i bob man. Er, dwn i'm be dwi i fod i neud pan fydda i'n mynd allan o wynt.'

'Fyddwch chi'n gneud dipyn o ymarfer corff?' gofynnodd y nyrs iddi.

'Wel, mi fydda i'n cerddad i'r siop bron bob dydd, er ella

nad ydw i'n mynd mor aml ag y byddwn i. Mae hi mor hawdd picio yn y car, tydi.'

'Ella bod angen i chi ystyried gneud mwy, ymuno efo *gym*.'

Edrychodd Eirlys yn hurt arni.

'*Gym*? Dwi'n saith deg pedwar, wyddoch chi!'

'Dach chi byth yn rhy hen i fod yn perthyn i *gym*. Mae pawb yn gallu elwa o *gentle excercise*,' meddai'r nyrs, a cherddodd i ffwrdd. Edrychodd Eirlys arni'n mynd cyn troi at Gwen.

'Ma' honna'n un dda i siarad yn tydi! Welist ti seis arni? Mae ei thin hi fatha talcan tas!'

Clywodd Gwen sŵn rhyfedd a throdd i weld bod y dyn gyferbyn wedi poeri ei de dros ei wely.

Cyrhaeddodd Gwen adre ddiwedd y pnawn wedi llwyr ymlâdd. Roedd diwrnod cyfan yng nghwmni Eirlys a'i mwydro parhaol wedi dweud arni, ac edrychai ymlaen at gael sylw gan Idwal, bath poeth, a gan ei bod hi'n nos Wener, gwydraid mawr o Pinot Grigio. Agorodd ddrws y tŷ gan ddisgwyl clywed sgrialu traed y ci a'i gyfarthiad o groeso, ond roedd y tŷ'n llethol o dawel.

'Idwal? Idwal?'

Cyflymodd ei chalon. Oedd hi wedi gwneud peth call yn ei adael yng ngofal Gethin? Beth petai o wedi llwyddo i'w golli fo eto? Sylwodd ar nodyn wedi ei osod yn erbyn y tegell a rhuthrodd i'w ddarllen.

'Naddo, dwi ddim wedi colli Idwal! Ges i fy ngalw i'r gwaith ac mi o'n i'n gwbod na fysat ti'n hapus yn gadael Idwal yn y tŷ ei hun am yr holl oria, felly mi wnes i ffonio Eifion i'w nôl o yn ei amser cinio. Ddaw o â fo adra tua chwech. Dy hoff blentyn, Geth xxx.'

Edrychodd Gwen ar y cloc – deg munud i chwech. Ei greddf gynta oedd rhedeg i'r drych i wneud ei gwallt a thwtio'i cholur, ond newidiodd ei meddwl.

'Stwffio fo,' meddai'n uchel. 'Dwi angen panad!'

Edrychodd Gwen ar gloc y gegin. Hanner awr wedi chwech a

doedd dim sôn am Eifion. Roedd ei stumog wedi dechrau corddi. Be petai o wedi penderfynu cadw Idwal? Wedi'r cyfan roedd ganddo gymaint o hawl gyfreithiol ar y ci â hi. Teimlodd don o banig yn llepian o amgylch ei thraed. Fedrai hi ddim colli Idwal! Be wnâi hi hebddo fo? Roedd mynd â fo am dro'n rheolaidd yn rhoi patrwm i'w dyddiau a'i chadw'n heini. Gallai fwrw'i bol iddo heb ddisgwyl beirniadaeth, a châi gariad a ffyddlondeb diamod ganddo – mwy nag a gafodd hi gan Eifion a Tudur! Edrychodd drwy ffenestr y gegin a gweld fan Eifion yn parcio tu allan. Gollyngodd anadl fawr o ryddhad. Aeth i agor y drws a bu bron iddi gael ei llorio gan Idwal yn neidio arni'n gyffrous, yn ymestyn i geisio llyfu ei hwyneb. Allai hi ddim peidio â gwenu.

'A dw inna'n falch o dy weld di,' meddai wrtho. Edrychodd i fyny ar Eifion, oedd yn gwenu arni, ond doedd hi ddim yn siŵr y gallai ddweud yr un peth wrtho fo. Roedd golwg wedi blino arno, a thyfiant deuddydd o locsyn ar ei wyneb. Safodd Gwen i fyny.

'Golwg wedi blino arnat ti.'

'Prysur yn gwaith.'

Safodd y ddau mewn tawelwch annifyr am rai eiliadau. Roedd Gwen yn trio penderfynu oedd hi am bigo'r graith drwy ofyn am y ddynes bryd tywyll yn y Llew Aur. Treuliodd yr wythnosau diwethaf yn trio'i gorau i beidio meddwl am y peth, i beidio meddwl am Eifion – a darllenodd y llyfr gafodd hi gan Sadie hyd yn oed. Doedd Eifion ddim yn edrych fel petai o am symud, felly roedd yn rhaid iddi ddweud rhywbeth ... unrhyw beth.

'Ti 'di t'wchu rywfaint?'

Edrychodd Eifion lawr ei fol oedd yn dechrau hongian dros ei felt.

'Chydig, ella. Ti ddim! Ti 'di colli pwysa ... edrach yn dda.'

'Diolch.' Edrychodd Gwen arno a cheisio cofio oedd y blewiach a welai'n tyfu o'i drwyn yno pan oeddan nhw efo'i gilydd. Doedd hi erioed wedi sylwi o'r blaen.

'Ti'n iawn, 'ta?' gofynnodd Eifion.

'Ydw. Grêt. Fihafiodd Idwal?'

'Tshiampion. Ti 'di ca'l hwyl ar y treinio. Dwi'n gweld gwahaniaeth ynddo fo.'

'Mae o'n gwella, chwara teg. 'Dan ni wedi gweithio'n galad.'

'Fyddi di'n cystadlu mewn sioea cŵn nesa.'

'Go brin.'

Safodd Eifion yn ei unfan, yn edrych yn lletchwith. Doedd o'n amlwg ddim ar frys i fynd.

'Diolch am ei gymryd o,' ychwanegodd Gwen.

'Croeso. Unrhyw bryd. Ro'n i'n falch o'i weld o. Ffonia unrhyw bryd, ac mi ddo' i i'w nôl o.'

'Ydi dy ddynas newydd di'n lecio cŵn?'

'Pa ddynas newydd?'

'Sgin ti fwy nag un? Welis i chdi efo ryw ddynas gwallt tywyll yn y Llew Aur noson ola'r tymor.' Edrychodd Eifion ar ei draed.

'Welis i mohonat ti.'

'Naddo mwn. Rhy brysur yn syllu i'w llygaid hi.'

'Ydi, ma' hi'n lecio cŵn. Ma' ganddi gi bach, Shih Tzu.'

Penderfynodd Gwen fynd amdani.

'Oeddat ti'n ei gweld hi cyn 'y 'ngadael i, Eifion?'

Edrychodd Eifion i fyny'n syth.

'Nag o'n!' taerodd. 'Dwi'n gaddo i ti. Fyswn i byth wedi dy dwyllo di. Y noson honno oedd y noson gynta. Dim ond newydd ...'

Syllodd Gwen arno. Roedd hi'n ei gredu o. Torrodd ar ei draws:

'Dwi'm isio gwbod yr holl fanylion, diolch. Rhyngddat ti a dy betha.'

'Do'n i'm isio dy frifo di, sti.'

'Wel mi wnest ti.'

'Roedd o'n 'y mrifo fi hefyd.'

'Oedd o wir?' Edrychodd Gwen arno, ac am y tro cynta teimlodd drueni drosto. Wnâi o ddim newid, meddyliodd, dim ond mynd o un ddynes i'r llall yn methu ymrwymo i'r un ohonyn nhw. 'Dŵr dan bont rŵan,' ychwanegodd.

'Fyswn i byth wedi medru bod yn bob dim roeddat ti isio i mi fod, sti.'

Camodd Gwen yn ôl i'r tŷ gan adael Eifion yn sefyll yn yr ardd.

'Diolch am ddod ag Idwal adra.'

'Croeso. Cofia – unrhyw bryd ti isio i mi 'i gymryd o ...' gwaeddodd ar ei hôl.

'Fyddan ni'n iawn, diolch. Dos i chwara efo dy Shih Tzu!'

Aeth Gwen i'r ffenest a gwylio fan Eifion yn gyrru i ffwrdd, a sylweddolodd nad fo wnaeth ei thwyllo hi – mai hi fu'n twyllo'i hun. Daeth Idwal ati a gorwedd dros ei thraed, yn falch o gael bod adre. Gwenodd arno.

'W'st ti be, Idwal, taswn i wedi gorfod dewis rhwng dy ga'l di neu ga'l Eifion yn ôl, mi fysa'r dewis wedi bod yn un hawdd!'

Pennod 11

Dychrynodd Gwen pan ddefrôdd i sŵn anghyfarwydd y cloc larwm. Ymbalfalodd amdano a'i ddiffodd gydag ochenaid. Ysgol. Gorweddodd yn llonydd am funud. Roedd y pili pala arferol yn ei stumog – cawsai'r teimlad hwnnw ers ei dyddiau ysgol ei hun, pan arferai edrych ymlaen yn arw, gan fwynhau casglu ei phethau at ei gilydd. Bag ysgol a chas pensiliau newydd, beiros, *geometry set* ac yn bennaf oll, llyfr sgetsho newydd a phob dalen wen wag ynddo yn her gyffrous. Dyna be ydi heddiw hefyd, meddyliodd wrth luchio'r cwilt oddi arni. Her gyffrous. Tymor newydd, dechrau newydd – ac o leia doedd dim rhaid iddi swnian ar Heledd i godi.

'Gwen!' Clywodd waedd Carys Puw yr eiliad iddi gamu i'r ystafell athrawon. Rhuthrodd ei phennaeth adran tuag ati a'i gwasgu mewn coflaid, er mawr ddychryn i Gwen.

'Ti 'di mwynhau dy wylia?' gofynnodd yn glên.

Edrychodd Gwen yn syn arni. Edrychai'n wahanol rywsut, a cheisiodd Gwen weithio allan yn union pam. Yna sylweddolodd. Roedd hi'n edrych yn hapus.

'Ym, do diolch. A chditha?'

'Gwych, diolch. Wela i di yn yr Adran wedyn – dwi jest isio nôl parsal o'r swyddfa,' meddai gan frysio i'r cyfeiriad hwnnw. Safodd Gwen mewn syndod.

'O, wela i. Ti 'di ca'l BFF newydd, do? Fydda i ddim yn ddigon da i ti rŵan ma' siŵr.'

Trodd i wynebu Meinir, oedd yn gwenu fel giât arni.

'Meinir! Mae 'na *alien* wedi meddiannu Carys!'

Chwarddodd Meinir.

'Ma' hi'n edrach yn dda, tydi, chwara teg.'

'Be sy 'di digwydd iddi?'

'Ti'm 'di clywad? Ma' hi mewn cariad.'

'Rargian! Efo pwy?'

'Huw.'

'Huw?'

'Huw! Huw Dafydd!'

'Na!' ebychodd Gwen mewn syndod. 'Ers pryd?'

'Ers y noson honno ti'm yn lecio sôn amdani, ddiwedd y tymor – pan chwydist ti dros sgidia ...'

'Ia, ia. Sdim isio i ti ymhelaethu!' torrodd Gwen ar ei thraws. 'Wel wir, da iawn Carys – a da iawn Huw! Dwi'n falch drostyn nhw.'

'A sut wyt ti? 'Dan ni angen catsh-yp. Dwi'm 'di gweld llawar arnat ti drwy'r ha', naddo? Sori.'

'Dw inna 'di bod yn brysur,' meddai Gwen yn gelwyddog. 'Be ti 'di bod yn neud felly?'

'Awn ni am ginio i Gaffi'r Gloch ac mi ...' Stopiodd Meinir ar ganol ei brawddeg a dilynodd Gwen ei golygon i gyfeiriad y drws. Roedd Huw Dafydd newydd gerdded i mewn yng nghwmni dyn dieithr, golygus, pryd tywyll, efo'r llygaid gwyrddaf a welodd erioed. Gwyrdd tywyll fel gwymon y môr. Edrychai tua'r un oed â Huw, ond doedd o ddim mor dal â fo, prin yn cyrraedd ei ysgwydd.

'Hwn 'di'r athro Addysg Gorfforol newydd ma' raid!' meddai Meinir.

'Sut ti'n gwbod?' gofynnodd Gwen.

'Wel, mae'r dracsiwt yn un cliw, a fo ydi'r unig ddyn newydd 'dan ni'n ga'l y tymor yma. Ty'd i ddeud helô!' Gafaelodd Meinir ym mraich Gwen a'i thynnu tuag at y ddau ddyn.

'Haia, Huw! Ti 'di ca'l gwylia go lew?' holodd Meinir heb edrych arno. Roedd ei llygaid wedi eu hoelio ar y dyn wrth ei ochr. Cynigodd ei llaw iddo.

'Meinir. Meinir Haf, pennaeth yr adran Hanes.'

Gwenodd y dyn arni gan ddangos rhesaid o ddannedd gwynion.

'Aled dwi. Aled Parry.'

'Croeso i Bedlam, Aled!'

Ymledodd ei wên i'w lygaid. Roedd o'n edrych fel athro

ymarfer corff , meddyliodd Gwen; yn hynod ffit a chyhyrog, a'r amser a dreuliai allan ar y caeau chwarae wedi tywyllu ei groen gan ddyfnhau effaith drawiadol ei lygaid gwyrdd.

'A dyma Gwen Siôn, ein hathrawes Gelf hynod dalentog,' meddai Huw. Tynnodd Aled ei law o afael Meinir a'i chynnig i Gwen. Roedd ei gyffyrddiad yn gynnes a chadarn.

'O dwn i'm am y "talentog".' Gwridodd Gwen dan edrychiad y llygaid gwyrdd. 'Neis 'ych cyfarfod chi,' ychwanegodd.

'A chditha,' atebodd, 'dwi'n edrach mlaen at ddod i'ch nabod chi'ch dwy yn well.'

Fflachiodd ei wên eto.

'Dwi'n siŵr y cawn ni ddigon o gyfla,' gwenodd Meinir. ''Dan ni'n griw digon cyfeillgar yma, tydan, Huw?'

'Cyn belled â dy fod di'n cadw'n glir o seti pawb arall yn y stafell athrawon!' ychwanegodd Gwen, gan gofio ei diwrnod cynta hi ei hun yno.

''Drycha i ar ei ôl o,' meddai Huw. ''Dan ni'n hen ffrindia – roedd Aled a fi yn y coleg efo'n gilydd. Reit, ty'd i gyfarfod Mark Maths cyn iddo fo ffeindio esgus i ddianc.'

Gwibiodd y bore heibio, ac erbyn i Gwen a Meinir gyrraedd Caffi'r Gloch amser cinio roedd bol Gwen yn grwgnach. Daeth Sadie atynt cyn gynted ag yr eisteddodd y ddwy yng nghornel bella'r caffi prysur.

'Dydach chi rioed wedi ca'l llond bol ar yr ysgol yn barod!' pryfociodd Sadie.

'Gwell siawns o ga'l chydig o lonydd i siarad yn fama,' eglurodd Meinir.

'Ga' i ham, wy a chips, te a bara menyn plis,' gofynnodd Gwen, heb edrych ar y fwydlen.

'Cei tad. Falch o dy weld di'n byta'n harti!' meddai Sadie.

'Dwi ar lwgu! Ond mi fydd raid mi fod yn ofalus, neu mi fydda i wedi rhoi'r holl bwysa dwi wedi'u colli yn ôl ymlaen,' atebodd Gwen, oedd wedi cael ei hawch am fwyd yn ôl.

'Ga' i 'run fath, heb y bara menyn plis?' gofynnodd Meinir.

'Ddo i â'r paneidia i chi'n syth.'

'Wel, be oeddat ti'n feddwl o Aled 'ta?' gofynnodd Meinir wedi i Sadie fynd.

'Edrach yn foi iawn, doedd?'

'Edrach yn fwy na iawn ddeuda i! Hen bryd i ni gael chydig o destosteron go iawn yn y stafell athrawon 'na. Bywiogi rhywfaint ar y lle.'

'Mae o'n edrach yn foi 'tebol beth bynnag. Chymrith o ddim lol gan y plant dwi'n siŵr. Mae angen rhywun fel fo ar yr ysgol.'

'Ma' ganddo fo dipyn o enw am fod yn foi calad yn ôl y sôn. Aled Caled oeddan nhw'n ei alw fo yn ei ysgol ddwytha.'

'Sut ti'n gwbod?'

'Dwi 'di bod yn holi!'

'Rargian! Ti'm yn gwastraffu amsar nag wyt! Ydi o'n briod 'ta?'

'Ydi a nac'di. Wrthi'n ca'l ysgariad. 'Mi oedd ei wraig o'n dysgu yn yr un ysgol â fo, mae'n debyg, a dyna pam 'i fod o wedi symud i ysgol arall. Petha wedi bod yn annifyr. Does ganddyn nhw ddim plant.'

'Be 'di seis ei sgidia fo?'

Edrychodd Meinir yn ddiddeall arni.

'Ti 'di ca'l gwbod bob dim arall!'

'Ditectif ddylwn i fod!'

'Ro'n i'n meddwl dy fod ti'n hapus efo Ieu?'

Edrychodd Meinir yn syn arni unwaith yn rhagor. 'Ydw, mi ydw i. O! wela i ... *dwi*'m isio fo, siŵr. Meddwl amdanat *ti* ydw i!'

Daeth Sadie yn ôl efo'r paneidiau.

'Ella 'mod i 'di ffeindio dyn newydd i Gwen, Sadie!' broliodd Meinir.

'O na!' protestiodd Gwen, 'Dim diolch. Be haru pawb isio ffeindio dyn i mi? Dwi 'di deud – dwi 'di llosgi gormod ar 'y mysedd i fod yn ddigon gwirion i'w rhoi nhw yn y tân eto.'

'Paid â mwydro – mae pob dynas angen dyn yn ei bywyd. Sbia gwahaniaeth mae Huw wedi'i neud i Carys Puw.'

'Ella'i bod hi chydig yn rhy fuan i ddechra meddwl am ddyn newydd,' meddai Sadie, gan drio cadw'r ddysgl yn wastad. 'Mae'n cymryd amsar i ddod dros berthynas sy wedi chwalu. A dwyt ti'm isio gneud camgymeriad ar y *rebound*, nag oes?'

Nag oes, meddyliodd Gwen, dim eto!

'Dwi'n ddigon hapus efo Gethin ac Idwal diolch,' meddai gydag argyhoeddiad. Gwenodd Sadie arni a chychwyn i gyfeiriad y gegin.

'Ci ydi Idwal!' meddai Meinir.

'Mi wn i hynny, ond mae o'n well cwmni nag unrhyw ddyn. Mae o wastad yn falch o 'ngweld i, mae o'n gwrando arna i'n ddistaw bob amser, tydi o byth yn trio deud wrtha i be i neud ...'

'Ac mae o'n drewi ac yn dy bawennu di bob munud!' ychwanegodd Meinir. 'Erbyn meddwl, ella'i fod o'n debycach i ddyn nag o'n i'n feddwl ...'

Gwenodd Gwen.

'Tydi o ddim yn drewi, diolch yn fawr! Mae o'n ca'l bath yn rheolaidd!'

'O, tra 'dan ni'n sôn am y ci, wyt ti isio i mi fynd â fo am dro i ti ryw dro?'

Stopiodd Gwen ar ganol codi ei phaned i'w cheg, a syllu ar ei ffrind.

'Dwi'n clywad petha? Wyt ti newydd gynnig mynd ag Idwal am dro?'

'Do.'

Oedodd Gwen am eiliad.

'Na – sgin i ddim syniad! Fedra i yn 'y myw feddwl pam fysat ti'n cynnig gneud y ffasiwn beth. Ti'm hyd yn oed yn lecio cŵn!'

'Ydw tad!' Edrychodd Gwen yn amheus arni. 'Wel, ocê 'ta, dwi'm yn lecio cŵn gymaint â chdi ond dwi'n dechra dod rownd i'r syniad o ga'l un. Felly ... ro'n i'n meddwl ca'l practis efo d'un di.'

'*Chdi* yn ca'l *ci*? Pam?'

'Wel ... Ieu 'de. Mae o wedi gwirioni efo nhw tydi.'

'A!' Roedd pethau'n dechrau gwneud synnwyr iddi.

'Milfeddyg ydi o, siŵr – a ti'n meddwl y bysa ca'l ci yn ei blesio fo. Rargian, ma' raid dy fod di o ddifri am hwn.'

'Na, tydw i ddim yn ystyried ca'l ci ...'

'Dwi'm yn dy ddallt di rŵan. Be ti'n trio'i ddeud? Allan â fo!'

'Wel, ma' gan Ieu ddau gi, ac a deud y gwir, dwi ddim 'di cymryd llawar o sylw ohonyn nhw hyd yn hyn, ond, wel, mae o 'di gofyn i mi symud i mewn ato fo ...' Rhoddodd Meinir ei phaned i lawr.

'A ti 'di deud y gwnei di?' gofynnodd Gwen yn anghrediniol. Er bod Meinir wastad yn pregethu fod pob dynes angen dyn, ac er nad oedd hi wedi bod heb ryw ddyn neu'i gilydd yn ei bywyd ers iddi fod yn dair ar ddeg – ac wedi syrthio mewn cariad fwy nag unwaith – mi oedd 'na rywbeth wedi digwydd i suro pob perthynas, a wnaeth hi erioed ymrwymo i'r un ohonyn nhw. Roedd Gwen wedi dod i gredu erbyn hyn na ddeuai Meinir byth o hyd i'w thywysog.

'Dwi 'di deud 'mod i am feddwl am y peth,' atebodd, gan syllu i'w chwpan. 'Ond dwi'n meddwl 'mod i wedi penderfynu.

'Ac ...?'

'Wel, dim jest gofyn i mi symud i mewn efo fo wnaeth o.' Daliodd Meinir i syllu ar ei phlât.

''Dio'm 'di gofyn i ti ei briodi o?'

'Do.'

'O fy Nuw!' ebychodd Gwen, a gafael yn dynn yng ngarddyrnau Meinir. 'A ti am dderbyn?'

'Ydw, dwi'n meddwl 'mod i!' cadarnhaodd Meinir, gan godi ei phen i edrych ar ei ffrind.

'Waaaa!' gwaeddodd y ddwy, nes i lygaid pawb yn y caffi droi i'w cyfeiriad.

'Fedra i'm credu'r peth! Meinir Haf yn priodi! O'r diwadd!'

'Dwi'n gwbod – prin dwi'n medru credu'r peth fy hun, ond dwi wir yn meddwl 'mod i wedi ffeindio dyn call o'r diwedd. Ti'm yn meindio nag wyt? Dwi 'di bod ofn deud 'that ti,' meddai.

'Rargian – pam?'

'A chditha newydd wahanu, 'de.'

'Twt lol, ro'dd hynna fisoedd yn ôl! Dwi'n uffernol o falch drostat ti. Wel, wel, pwy fysa'n meddwl! Mae hi 'di cymryd fet i fedru dofi Meinir Haf!'

Cyrhaeddodd Sadie efo'u bwyd, yn ysu i ddarganfod tarddiad y miri.

'Be 'di'r holl sŵn 'ma?'

'Nei di byth gesho! Ma' Meinir yn priodi!'

'Na! Llongyfarchiada mawr!' meddai Sadie, yn wên o glust i glust.

'Peidiwch â deud wrth neb arall cofiwch,' sibrydodd Meinir, 'dwi'm 'di deud wrth Ieu 'mod i'n derbyn eto!'

Cyrhaeddodd Gwen adre i groeso cynnes arferol Idwal. Roedd y ci yn llawn egni, yn dyrnu rownd y gegin fel rhywbeth gwallgo. Ciciodd Gwen ei hesgidiau i'r cwpwrdd dan y grisiau ac estyn ei slipars blêr, cyffforddus. Aeth i'r gegin i roi'r tegell ymlaen.

'Heledd! Gethin!'

Dim ateb. Rhyfedd, meddyliodd, gan fod drws y tŷ heb ei gloi. Ailystyriodd – nac oedd, doedd hynny ddim yn beth rhyfedd chwaith. Byddai'r drws yn aml heb ei gloi pan fyddai Gethin yn mynd allan gan feddwl bod ei chwaer yn y tŷ neu fel arall rownd. Roedd y ddau yn gweithio, mae'n debyg. Bellach, roedd hi wedi colli trac ar eu horiau gwaith gan fod y ddau yn gweithio shifftiau, ac os nad oedden nhw'n gweithio, roedd Gethin yn aml efo Beca neu Heledd efo'i ffrindiau yn rhywle. Golygai hynny nad oedd fawr o drefn wedi bod ar brydau bwyd dros yr haf, gyda sawl pryd nos roedd hi wedi ei baratoi yn mynd i'r bin am nad oedd neb yno i'w fwyta, a sawl noson arall pan fyddai'r naill neu'r llall o'i phlant yn pwdu o gwmpas y tŷ am nad oedd swper iddyn nhw. Edrychodd o amgylch y gegin rhag ofn bod nodyn wedi ei adael iddi, ond welai hi ddim ond llanast – llestri budron lond y sinc, papurau ar hyd y bwrdd a'r llefrith wedi ei adael allan.

'Rargian, ma' isio mynadd!' ebychodd yn uchel.

'Siarad efo chdi dy hun eto, *Mother*? First sign of madness!'

meddai Gethin, oedd wedi dod i'r gegin yn ddistaw y tu ôl iddi.

'Gethin! Mi fyddi di wedi rhoi hartan i mi ryw ddiwrnod!'

Chwarddodd Gethin. Roedd o wrth ei fodd yn tynnu coes ei fam.

'Ga' i'r tŷ 'ma ar dy ôl di, caf?'

'Na chei wir. Dwi'n gadael bob dim i elusen cŵn. Fedri di na dy chwaer ddim edrach ar ei ôl o – sbia llanast sy 'ma!' ceryddodd Gwen.

'Heledd.'

'O ia! A does a wnelo chdi ddim â'r llestri budur 'ma?'

'Fedra i ddim golchi fy rhai i achos mae rhai Heledd ar ffordd.'

'Dydi hi ddim yn deg disgwl i mi ddod adra o'r ysgol a dechra clirio ar 'ych hola chi.'

'Fydd dim rhaid i chdi neud am lot hirach.'

'Pythefnos sy 'na nes bydd Heledd yn mynd, wedyn fedri di ddim ei defnyddio hi fel esgus!'

'Fydda i ddim angen.'

'Mi fydd raid i ni greu rhyw fath o rota,' parhaodd Gwen, 'pwy ohonan ni sy'n gyfrifol am be. Gei di ...'

Torrodd Gethin ar ei thraws.

''Sna'm pwynt. Fydda i ddim yma.'

'Be ti'n feddwl? Lle ti'n mynd?' Gwelwodd Gwen. Doedd o erioed am fynd i deithio eto? Treuliodd sawl noson ddi-gwsg pan oedd o ar ei deithiau o amgylch De America, a doedd hi ddim eisiau gwneud yr un peth eto.

'Dwi'n symud i fflat Beca.'

Syllodd Gwen ar ei mab yn syn.

'Ti be?' Eisteddodd ar gadair wrth fwrdd y gegin, a'i phen yn troi. Roedd hi wedi cael digon o newyddion syfrdanol am un diwrnod.

'Dwi'n treulio'r rhan fwya o fy amser yn ei fflat hi yn barod, felly waeth i mi symud yno ddim. Mae o'n gneud sens.'

'Ond dim ond ers pum munud ti'n nabod yr hogan!'

'Dim ond symud i mewn ati ydw i! Dwi'm 'di gofyn iddi 'mhriodi fi!' protestiodd Gethin. 'Ro'n i'n meddwl y bysat ti'n licio i mi fynd o dan dy draed di. Fydd 'na neb yma i neud llanast wedyn.'

Rhoddodd Gwen ei phen yn ei dwylo a newidiodd Gethin dôn ei lais.

''Mond yn Dre fydda i, ac mi weli di fi'n ddigon aml,' meddai'n addfwyn. Rhoddodd ei fraich am ysgwydd ei fam. 'Dwi'n gwbod be dwi'n neud, sti. 'Sna'm rhaid i ti boeni amdana i.'

Gafaelodd Gwen yn ei law.

'Wna i byth stopio poeni amdanat ti. Dwi'n fam i ti.'

'Fydda i'n iawn. Dwi 'di ca'l fy magu'n dda, tydw?'

Ceisiodd Gwen wenu.

'Dwi 'di trio 'ngora.'

'A ti 'di gneud job grêt! Sbia arna i!' Sgwariodd Gethin mewn ystum 'welwch chi fi', ei wyneb annwyl yn wên o glust i glust. Llyncodd Gwen ei phoer ac edrych arno â llygaid llawn dagrau.

'Pryd wyt ti'n symud?' gofynnodd yn floesg.

'Fory.'

'Fory!'

Plygodd Gethin a rhoi cusan ar dop ei phen.

'A rhaid mi fynd rŵan neu mi fydda i'n hwyr i 'ngwaith!' Cychwynnodd at y drws.

'Hei! Aros! Fedri di ddim jest landio honna arna i a rhedag o'ma!'

'Paid â bod mor ddramatig, Mam! 'Di o'm yn *big deal* nac'di?'

'Ond be am y llestri 'ma?'

'Neith rwbath i chdi neud!'

Gafaelodd Gwen yn y cadach llestri oedd ar y bwrdd a'i luchio ato.

'Diawl bach *cheeky*!' ceryddodd, gan wenu drwy ei dagrau. Roedd Gethin wastad yn medru gwneud iddi wenu. Byddai Tudur yn arfer cwyno ei bod hi'n gadael iddo fo gael get-awê efo pob math o bethau am ei fod o'n medru gwneud iddi chwerthin.

'Hei! Wyt ti 'di bod ag Idwal am dro?' gwaeddodd ar ei ôl.

'Ches i ddim cyfla, sori! Rhy brysur yn pacio.'

Neidiodd Idwal wrth glywed ei enw a'r gair 'tro', a chododd Gwen i nôl ei dennyn oddi ar ei fachyn wrth y drws.

'Ty'd 'ta, Idw bach. Awn ni am dro cyn i mi ddechra ar y llestri 'ma – ac mi fysa'n well i ni fynd i dorri'r newyddion i Nain!'

'Ti'm yn dod â'r ci 'na i'r tŷ!' oedd geiriau cyntaf Eirlys pan gyrhaeddodd y ddau Erw Wen. 'Tro dwytha fuodd o yma mi rwygodd 'y nheits i wrth neidio arna i, ac maen nhw wedi stopio gneud y shêd yma o deits yn Marks rŵan. Tydi'r lliw naturiol newydd ddim yn edrach yn naturiol o gwbwl.'

'Mae o 'di callio lot ers hynny, Mam. Sbiwch.'

Aeth Gwen ag Idwal drwy'i bethau.

'Ista! Gorwedd! Aros! Ty'd!'

Ufuddhaodd Idwal i bob gorchymyn, ei lygaid wedi eu hoelio ar ei feistres. Plygodd Gwen ato gyda balchder a rhoi mwythau mawr iddo fo am wneud mor dda.

'Da iawn chdi, Idw bach. Gw'boi!' Edrychodd ar ei mam gan ddisgwyl rhyw fath o glod.

'Hmm,' snwffiodd Eirlys. 'O'r diwadd! Gad o'n y gegin 'ta, 'cofn iddo fo neidio ar y soffa.' Sodrodd Eirlys ei hun yn ei chadair gyfforddus yn yr ystafell fyw. ''Nest ti sylwi ar rwbath wrth i ti ddod i'r tŷ?'

'Ym ... ydach chi 'di ca'l *hanging basket* newydd?'

'Naddo siŵr! Ma' honna wedi bod yma drwy'r ha'.'

''Nes i'm gweld dim.'

'Yn union! Does 'na ddim byd yno i'w weld.'

Rhythodd Gwen arni mewn penbleth. Am be oedd hi'n mwydro?

'Felly does 'na ddim byd yno i sylwi arno fo?' gofynnodd.

'Wel, mi oeddat ti i fod i sylwi nad ydi o yna!'

'Pwy?'

'Dim pwy – be! Y car 'de. Dydi o ddim yna.'

'Dwi'n gwbod hynny – mi ddeudoch chi 'i fod o'n mynd i'r garej am MOT. Dwi'n cymryd ei fod o wedi methu felly?'

'Do. Mae 'na werth tri chant o gosta arno fo medda John Garej, felly dwi 'di dod i benderfyniad.'

'Dach chi am ei werthu fo a phrynu un newydd. O'r diwadd! Dwi wedi bod yn deud wrthach chi 'i bod hi'n amsar ystyried ei ffeirio fo am un fengach.' Gwyddai Gwen fod digon o fodd gan Eirlys i brynu car newydd gan fod ei thad, fel cyn-werthwr insiwrans, wedi sicrhau na fyddai'n rhaid i Eirlys boeni am arian weddill ei hoes. Mi fyddai'n haws iddi hithau hefyd petai ei mam yn cael car newydd rhag ofn i'r car presennol ddechrau torri i lawr a gyrru Eirlys i byllau o banig y byddai'n rhaid i Gwen ei thynnu ohonynt.

'Wel dwi *am* ga'l ei drwsio fo, ond tydw i ddim am ei gadw fo – a dwi ddim am ga'l un newydd chwaith.'

'Call iawn. Does dim rhaid i chi ga'l un newydd sbon, nag oes. Mi fasach chi'n medru ca'l un bach del, tebyg i un Heledd, yn ddigon rhesymol.'

'Ti'm yn dallt. Tydw i ddim isio car arall.'

Doedd Gwen ddim wedi deall yn iawn o hyd. 'Be dach chi am ga'l 'ta?'

'Dim. Dwi'm yn mynd yn y car gymaint ag yr o'n i, ac mi weithiodd petha'n iawn tra o'n i'n sâl dros yr ha', do? Fedrist ti fynd â fi i bob man ro'n i isio mynd.'

Brathodd Gwen ei thafod rhag iddi ddweud wrth Eirlys nad oedd hi'n sâl go iawn, ac yn raddol, sylweddolodd beth fyddai goblygiadau'r sefyllfa iddi hi.

'Ew, ma' hwn yn benderfyniad mawr. Mam. Does 'na'm rhaid i chi ruthro. Be am 'ych tripia chi efo Megan i Landudno bob mis? Dwi'n gweithio'n llawn amsar, cofiwch, sgin i ddim amsar i fynd â chi yn ystod yr wsnos.'

'Mae 'na ddigon o fysys, does? A'r rheini am ddim i bensiwnîars. 'Dan ni 'di bod yn wirion yn gwario ar betrol.'

'Fydd o'n gollad i chi, methu picio i'r siop fel fynnoch chi ...'

'Twt – does 'na'm pleser i'w ga'l wrth fynd yn y car dyddia

yma,' torrodd Eirlys ar ei thraws. 'Mae 'na gymaint mwy o geir ar y lôn a phawb i'w weld yn mynd yn gyflymach ac yn fwy di-hid.'

Edrychodd Gwen ar ei mam yn ei chadair a synnodd nad y ddynes gadarn, hyderus y tyfodd i fyny yn ei chysgod a welai, ond hen wreigan fechan yn osgoi cyfaddef fod gyrru wedi mynd yn ormod iddi. Teimlodd binnau bach y dagrau'n pigo cefn ei llygaid a daeth awydd arni i'w chofleidio – ond allai hi ddim. Cwffiodd y dagrau a chododd ar ei thraed.

'Wel, os ydach chi'n siŵr.'

'Ydw.'

'Iawn. Wel, 'sa'n well i mi 'i throi hi am adra.'

'Ond newydd gyrraedd wyt ti!'

'Mae gin i waith i'w neud at fory. Sori.'

'Pryd ma' Heledd yn mynd am Gaerdydd?' gofynnodd Eirlys, wrth ddilyn Gwen at y drws.

'Pythefnos i ddydd Gwener.'

'Dydi hi ddim yn mynd â'r car i lawr, nac'di?' gofynnodd, ei llais yn boenus.

'Nac'di. Fydd hi ddim ei angen o yno, a does 'na'm lle i'w barcio fo beth bynnag.'

'Tudur sy'n mynd â hi?'

'Naci, fi.'

'Ti am ddreifio yno'r holl ffordd dy hun? Pam na fedar Tudur fynd â hi?' Roedd lefel y pryder yn ei llais yn codi.

'Fi sy isio mynd â hi. Efo fi ma' hi'n byw, nid Tudur.'

'Ond ti'm wedi ...'

'Peidiwch â dechra gneud ffys rŵan, Mam.'

'Ti isio i mi ddod efo chdi?'

'Nag oes wir!' brathodd Gwen. Dyna'r peth diwetha fyddai hi'n ei ddewis – ei mam yn mwydro'r holl ffordd ar hyd yr A470 ac yn ôl. 'Fyddan ni'n iawn.'

'Mi fydd hi'n rhyfadd i chdi heb Heledd, dim ond chdi a Gethin fydd ar ôl.'

'Bydd,' cytunodd Gwen, gan benderfynu y câi'r newyddion am Gethin aros tan y tro nesa.

Y noson honno, wrth iddi suddo'n ddiolchgar i'w gwely, myfyriodd Gwen ar ddiwrnod a fu'n llawn syndod. Petai'r diwrnod wedi dechrau fel tudalen wen, lân yn ei llyfr sgetsho, byddai'r ddalen erbyn hyn yn batrymau prysur – ond doedd hi ddim eto yn medru gweld llun. Yr unig beth a wyddai oedd y byddai'r llun hwnnw'n dra gwahanol i'r arfer.

Pennod 12

Camodd Gwen i'r ardd ar ddiwrnod ecsodus Heledd i gyfarch bore bendigedig o Fedi. Roedd yr awyr yn las a chlir ond roedd brathiad yn yr awel a gynhyrfai'r dail a'u taflu'n ysgafn i'r llawr, yn glytwaith o oren a brown a melyn. Cymerodd anadl ddofn i drio sadio'r pili pala oedd wedi dychwelyd i'w stumog, a llanwyd ei ffroenau ag arogl melys pydredd. Roedd yr haf yn prysur ildio i'r hydref, ei hoff dymor, yr adeg orau i fynd â'r ci am dro hyd llwybrau gwledig ei bro. Bellach, roedd y twristiaid wedi mynd adre gan adael llonyddwch ar eu hôl, a'r llwyni yn drwm o aeron a mwyar duon. Byddai'n amser casglu eirin tagu yn o fuan, a'u mwydo mewn jin a siwgr i'w troi o fod yn beli surion anfwytadwy i fod yn hylif melys i'w sipian o flaen y tân ar noson oer o aeaf. Byddai'n chwith iddi heb Heledd i gyrraedd y brigau uchel.

'Wel, dach chi'n barod?' Neidiodd Gwen pan glywodd lais Sadie yn dod tuag ati o'r drws nesa. Trodd i'w chyfarch.

'Ddychrynist ti fi rŵan ... fy meddwl i'n bell.'

'Sori!'

Saethodd Idwal o'r tŷ pan glywodd lais Sadie, a neidio i'w chyfarch.

'Lawr!' gorchmynnodd Gwen. Ufuddhaodd y ci yn syth er bod pob gewyn o'i gorff yn crynu gan yr ysfa i neidio. Plygodd Sadie ato a gadael iddo lyfu ei boch.

'Ci mwythlyd mawr ydi hwn, chi! Wyt ti am fod yn hogyn da i Anti Sadie heddiw?' meddai wrtho gan grafu ei ben cyrliog.

'Diolch i ti am gytuno i gadw llygaid arno fo, Sadie – fedrwn i ddim meddwl am ei adael o ar ben ei hun yn y tŷ am yr holl oria.'

'Mae'n blesar, siŵr. Mae plant Roj efo ni'r penwythnos yma – mi gân nhw fynd â fo am dro hir y pnawn 'ma i'w flino fo. Mi fedran nhw ei drin o, rŵan ei fod o wedi callio.'

'Dwi 'di cwcio sosejys a'u torri nhw'n ddarna mân i'w defnyddio fel breib. Mi fydd hynny'n sicrhau 'i fod o'n bihafio.'

'Wyt ti'n siŵr nad wyt ti isio i mi 'i gymryd o dros nos? Fysa hynny ddim traffarth.'

'Na, mae'n iawn 'sti. Dwi am ddod yn syth adra.'

'Mi fydd yn ddiwrnod hir i ti, gorfod dreifio am naw awr.'

'Well gin i felly. Fysa gin i fawr o fynadd aros mewn gwesty ar ben fy hun.'

''Swn i wedi dod efo chdi tasat ti wedi sôn! Mi fysan ni wedi medru gneud wîcendan ohoni.'

'Ti'n gneud y peth pwysica oll – edrych ar ôl fy mabi blewog i!'

Gwyddai Gwen na fuasai wedi medru byw yn ei chroen yn yr un ddinas â'i merch dros nos heb fedru mynd i chwilio amdani i weld a oedd hi'n iawn, felly'r peth gorau oedd iddi ddod adre. Yn ogystal, doedd hi ddim eisiau rhannu'r oriau olaf gwerthfawr rheini efo'i merch yn y car efo neb arall.

'Mam!' Daeth bloedd o'r tŷ. 'Lle ma' charjyr fy laptop i?'

'Well i mi fynd i sortio hon cyn iddi dynnu'r tŷ'n gria'! Ma' hi wedi ecseitio'n lân,' eglurodd Gwen.

'Fedra i helpu?'

'Dwi'n meddwl 'yn bod ni bron iawn yn barod, diolch Sadie. Mi bacion ni'r rhan fwya o'r petha yn y car neithiwr.'

'Ro'n i'n gweld,' meddai Sadie, gan edrych i gyfeiriad y car oedd yn orlawn o geriach Heledd.

'Dwn i'm o le ma'r holl betha wedi dod, achos ma'i stafell hi'n dal i fod yn llawn. Dwi'n siŵr nad oedd gen i hannar cymaint o betha pan es i i'r coleg, a finna'n gneud gradd mewn Celf ac yn gorfod mynd â geriach y cwrs efo fi,' rhyfeddodd Gwen.

Hanner awr yn ddiweddarach, pan gyhoeddodd Heledd, o'r diwedd, ei bod hi'n barod i gychwyn, sgrialodd car Tudur i'r dreif. Neidiodd allan a rhuthro tuag at ei ferch.

'Ro'n i ofn y bysat ti 'di mynd!' Gafaelodd yn dynn amdani.

'Ro'n i'n meddwl dy fod di wedi deud ta ta neithiwr,' meddai Gwen, wedi synnu o'i weld.

'Mi wnes i addo byswn i'n dod. Rargian – sgin ti ddigon o stwff, dŵad?' Taflodd gipolwg ar y car gorlawn. 'Fedar dy gar di fanejo?' gofynnodd i Gwen.

'Medar siŵr,' atebodd honno'n amddiffynnol.

'Mae'r cynnig i mi fynd â chi yn dal yna. Mwy o le yn yr Audi.'

''Dan ni'n iawn, diolch,' atebodd Gwen cyn i Heledd fedru dweud gair. Gwyddai Gwen y byddai ei merch wrth ei bodd petai ei mam a'i thad efo hi wrth iddi gychwyn ar antur fwya'i bywyd.

'Fel fynni di. Lle ma' Geth? Ro'n i'n meddwl y bysa fo wedi dod i ffarwelio efo'i chwaer.'

Ar y gair, clywsant sŵn bibian uchel o'r lôn wrth i gar Eirlys barcio y tu allan. Edrychodd Gwen yn syn ar y car, a throdd y syndod hwnnw'n sioc pan welodd Gethin yn neidio allan ohono.

'Hei, hyll! Ty'd i ga'l sws glec gan dy frawd mawr cyn i ti fentro am y ddinas fawr ddrwg!' meddai, gan roi cwtsh fawr i'w chwaer.

'Be ti'n da yng nghar dy nain?' gofynnodd Gwen.

'Nain sy wedi'i roi o i mi.'

'Wedi'i *roi* o i ti?'

'Ia. Ma' hi wedi mynd yn rhy hen i ddreifio, medda hi, a chan 'mod i ddim yn byw adra rŵan roedd hi'n meddwl y bysa fo'n handi i mi fedru dod i weld fy nain ... a fy mam. Chwara teg iddi 'de?'

'Chwara teg yn wir! Reit – well i ni gychwyn. Mae ganddon ni siwrne hir,' meddai Gwen, pan sylwodd fod gwefus isa Heledd yn dechrau crynu, a'r ysbryd o gyffro ac edrych ymlaen yn dechrau gwegian.

'Ma' raid i mi ddeud ta ta wrth Idwal!' meddai Heledd. 'Lle mae o? Idw?'

Rhuthrodd y ci o'r tu ôl i Sadie a neidio ar Heledd, wedi anghofio'n llwyr am y rheolau yn ei gyffro o weld pawb ar unwaith. Claddodd Heledd ei phen yn ei wegil gan gwffio yn erbyn ei dagrau.

'Bihafia di i Mam rŵan, cofia, ac edrycha di ar ei hôl hi,' meddai wrtho.

Dechreuodd Gwen hithau deimlo'n ddagreuol.

'O iesgob – dwi'n mynd os dach chi'n dechra'r *waterworks!*' meddai Gethin. Trodd at ei dad. 'Merched 'de! Dad? O – paid ti â dechra!'

Chwythodd Tudur ei drwyn yn swnllyd i'w hances boced.

'Dydw i ddim,' atebodd yn floesg gan gau drws y car ar ôl Heledd. 'Twtsh o annwyd. Cym'ra ofal, Heledd. Chwilia di am y balans iawn rhwng gweithio'n galed a mwynhau dy hun, ac mi gei di amser gwych.'

Tawedog oedd y fam a'r ferch ar y daith i lawr i Gaerdydd; eu meddyliau'n bell. Roedd Gwen yn trio peidio meddwl am yr holl bethau a allai fynd o'i le – Heledd ddim yn licio'r cwrs, methu setlo, hiraethu gormod am ei chartre, gwario'i phres i gyd yn ei hwythnosau cyntaf, meddwi bob nos yn lle gwneud ei gwaith, ac yn y blaen. Ceryddodd ei hun. Mi fyddai'r hogan yn iawn, yn enwedig gan fod Manon, un o'i ffrindiau gorau, yn mynd i Gaerdydd hefyd ac yn byw yn yr un neuadd. Bu Manon a Heledd yn ffrindiau ers yr ysgol feithrin, ac roeddent wedi cadw cefnau ei gilydd drwy ddŵr a thân.

Roedd Manon eisoes wedi cyrraedd, wedi dadbacio, wedi ffarwelio â'i rhieni ac yn disgwyl y tu allan amdanynt erbyn iddyn nhw gyrraedd y neuadd breswyl. Edrychodd Gwen ar yr adeilad mawr a'i gael yn adeilad diflas a digroeso, heb unrhyw rinweddau pensaernïol. Digalonnodd wrth feddwl am Heledd yn byw yn y fath le. Chwe chant o fyfyrwyr yn byw mewn bocsys ar ben ei gilydd. Roedd ceir blith draphlith hyd y maes parcio bach y tu allan, a rhieni a myfyrwyr yn llusgo, cario a rowlio bagiau, bocsys ac amrywiol drugareddau i mewn i'r adeilad. Gwichiodd Heledd a Manon mewn cyffro pan welsant ei gilydd, a chofleidio'n dynn.

''Nei di byth gesho pwy sy ar yr un llawr â ni,' byrlymodd Manon.

'Pwy?' gofynnodd Heledd yn eiddgar.

'Johnny Depp!'

'Naaaa! No weeee!' sgrechiodd Heledd, a dechreuodd y ddwy neidio i fyny ac i lawr unwaith eto.

'Johnny Depp?' gofynnodd Gwen yn ddryslyd.

'O, fysat ti ddim yn dallt, Mam!'

'Ty'd – mi ddangosa i'r fflat i chdi. 'Dan ni ar y chweched llawr ma' gin i ofn, ond mae 'na fiw grêt o'r ddinas,' eglurodd Manon, a rhuthrodd y ddwy drwy ddrws mawr yr adeilad.

'Hei! Be am i chi gario rwbath i mewn tra dach chi wrthi?' gwaeddodd Gwen ar eu holau, ond roedd yn rhy hwyr. Dechreuodd Gwen lusgo'r cês mawr o gefn y car gan ddechrau teimlo'n unig iawn yn sefyll yno yng nghanol bwrlwm y teuluoedd eraill. Am eiliad, roedd hi'n difaru na fuasai Tudur efo nhw.

Erbyn iddyn nhw orffen cario popeth i'r fflat roedd Gwen yn chwys domen ac ar lwgu.

'Mi wna i dy wely di, wedyn mi awn ni i chwilio am ginio, ia?' gofynnodd Gwen.

'Dwi'n iawn 'sti Mam. Rhy ecseited i fyta,' atebodd Heledd. 'Ac mae ganddon ni gyfarfod croeso ymhen rhyw awran – fedra i ddim colli hwnnw.'

'Wel, wyt ti isio i mi fynd â chdi am sbin sydyn rownd Caerdydd i ti gael gweld mwy ar y lle cyn i mi fynd?' gofynnodd.

'Na – ma' gin i ddigonedd o amser i fynd am sgowt, yn does?'

Daeth Manon i mewn i'r ystafell.

'Ty'd i gyfarfod Ceri a Gwenan sy'n rhannu'r fflat efo ni – maen nhw newydd gyrraedd. O'r de 'ma yn rwla maen nhw'n dod – dwi'm yn eu dallt nhw'n siarad yn iawn!'

Gwawriodd ar Gwen ei bod yn bryd iddi ffarwelio. Roedd hi wedi bwriadu rhoi araith fawr i Heledd am bwysigrwydd bwyta'n iach a gwneud ei gorau ac edrych ar ôl ei hun, ond doedd yr amgylchiadau ddim yn iawn, rywsut, a meddwl Heledd eisoes ar bethau eraill. Gafaelodd yn dynn am ei merch gan deimlo lwmp mawr yn codi yn ei gwddf.

'Reit 'ta, well i mi fynd a'ch gadael chi i setlo.' Paid â chrio, paid â chrio, meddai wrthi ei hun wrth deimlo'r llosgi yn ei llygaid. Rhoddodd gusan fawr ar foch Heledd.

''Drycha ar ôl dy hun, 'nghariad i.'

'A chditha, Mam. Fyddi di'n iawn hebdda i, byddi?'

'Byddaf siŵr.' Gorfododd Gwen ei hun i gamu'n ôl oddi wrthi.

'Tecstia fi i ddeud dy fod di wedi cyrraedd adra'n saff.'

'Gwnaf,' atebodd Gwen, gan amau y byddai Heledd wedi anghofio amdani erbyn hynny.

'Mi edrycha i ar ei hôl hi, Miss Siôn, peidiwch â phoeni,' cysurodd Manon hi.

'Diolch, Manon. Pob lwc – mae 'na waith edrych ar ei hôl hi!' meddai gyda gwên gam.

'*Cheek!*' gwenodd Heledd yn ôl.

'Wel ... mi a' i 'ta,' meddai Gwen, yn gyndyn o droi ei chefn.

'Ta ta, Mam, a diolch am bob dim.'

'Caru chdi.'

'A finna chditha! Rŵan dos, cyn i ti ddechra crio a chodi cwilydd arna i!'

Wrth lywio'r car allan o'r maes parcio a'i anelu i gyfeiriad yr A470 cofiodd Gwen am ddechrau ei hantur ei hun i'r brifysgol, yn llawn gobaith a brwdfrydedd a ffydd fod y byd yn lle da ac yn gyforiog o gyfleoedd ysblennydd. Agorodd y llifddorau a dechreuodd grio o waelod ei henaid. Dagrau o ofn dros ei merch, ofn iddi gael ei brifo gan y byd mawr, ofn iddi gael ei siomi a'i cham-drin a'i gadael i lawr.

Erbyn iddi gyrraedd adre roedd ei llygaid yn chwyddedig a'i bol yn wag. Doedd hi ddim wedi stopio am fwyd ar y ffordd oherwydd bod gormod o ôl dagrau arni, a'i thrwyn yn goch gan snwffian. Fu hi erioed mor falch o dderbyn croeso Idwal. Gafaelodd ynddo mor dynn nes iddo ddechrau iepian.

'Sori, Idw bach! Sori! Wyt ti 'di bod yn hogyn da i Anti Sadie?'

'Do tad! Dim traffarth yn y byd,' meddai Sadie o'r tu ôl iddi. 'Welis i chdi'n cyrraedd.' Sylwodd ar yr olwg ar wyneb Gwen a thynerodd ei llais.

'Ro'n i'n ama na fysa gin ti ddim mynadd gneud bwyd ar ôl dy siwrne, felly dwi 'di gneud *quiche* a salad i ti, a chacan afal i bwdin. Wyt ti'n barod amdano fo rŵan?'

'Sadie, ti'n angel – ac ydw plis, dwi ar lwgu.'

'Ty'd acw i'w nôl o 'ta. Mae 'na ias ynddi heno, does, felly dwi 'di cynnau tân. Gawn ni ista o'i flaen o efo glasiad bach o win wedyn.'

Dilynodd Gwen hi'n flinedig ac yn hynod ddiolchgar. Doedd hi ddim eisiau bod ar ei phen ei hun, ddim heno.

Pennod 13

Feddyliodd Gwen erioed y buasai'r profiad o weld y plant yn gadael y nyth yn un mor anodd a phoenus. Roedd hi wedi cymryd y peth mor ganiataol, rywsut. Dyna batrwm bywyd – magu plant i fod yn annibynnol a'u dysgu nhw sut i edrych ar eu holau eu hunain, eu harwain ar lwybr bywyd ac yna eu gwylio'n torri'n rhydd a hedfan, fel y gwnaethant yn blant bach yn reidio'u beics heb sadwyr am y tro cynta.

'Oeddach chi'n gweld fy ngholli i pan es i ffwrdd i'r coleg, Mam?' gofynnodd i Eirlys un dydd Sadwrn, dair wythnos ar ôl i Heledd adael. Roedd y ddwy yn eistedd yn ystafell fyw Erw Wen ac Eirlys wedi llwyddo i berswadio Gwen i aros am ginio, am unwaith, yn lle brysio oddi yno ar ôl gorffen pa bynnag dasg y daethai yno i'w gwneud, boed yn tendio'r ardd, mynd â'i mam i siopa neu osod cyrtens. Doedd Gwen erioed wedi arfer mynd yno i gadw cwmni i Eirlys, yn enwedig ers i'w thad farw. Arferai dreulio oriau gyda'i thad yn ei sièd yn rhoi'r byd yn ei le tra byddai o'n trwsio rhyw declyn neu'i gilydd. Byddai Gwen yn ei bryfocio nad oedd gwaith trwsio ar y taclau o gwbwl, ac mai dim ond esgus i gael denig i'w sièd i gael llonydd oddi wrth Eirlys oedd y trwsio.

'Dwi'n cofio na ches i ddim cinio ar y ffordd adra ar ôl mynd â chdi yno y tro cynta. Dy dad yn deud bod 'na ormod o hoel crio arna i i fynd â fi i nunlla,' atebodd Eirlys.

'Mi wnaethoch chi grio?' synnodd Gwen.

'Do.'

Wyddai Gwen ddim. Gallai gofio'u gweld nhw'n mynd – roedd hi'n llawn cyffro ac, a dweud y gwir, doedd hi ddim yn poeni llawer o weld eu cefnau, cymaint oedd ei chynnwrf. Doedd hi ddim yn cofio cael cusan na chwtsh gan yr un o'r ddau, dim ond codi llaw i ffarwelio. Ddychmygodd hi erioed y byddai ei mam wedi colli deigryn drosti.

'Fy hogan fach i oeddat ti, 'de? Wedi tyfu i fyny. Mi oedd fy ngwaith i wedi'i orffan. Bod yn fam i ti a gwraig i dy dad oedd 'y ngwaith i, cofia, ac mi o'n i ar goll yn lân am chydig heb dy ddillad di i'w golchi a'u smwddio a dy lofft di i'w llnau.'

'Fel'na'n union dwi'n teimlo rŵan,' cyfaddefodd Gwen. 'Mae'r tŷ'n rhy ddistaw ac yn rhy daclus. Dwi'n teimlo fel bod rwbath mawr ar goll.'

'Ond mi wyt ti ar dy ennill hefyd cofia – mi wyt ti wedi ennill dy annibyniaeth. Buan iawn y dois i i sylweddoli hynny, ac mi oedd hi'n reit braf ca'l dy dad i mi fy hun hefyd. Mi ges i rai o amseroedd hapusa fy mywyd efo dy dad ar ôl i ti fynd.'

Diolch yn fawr, meddyliodd Gwen. Roedd y cynhesrwydd roedd hi wedi dechrau ei deimlo tuag at ei mam yn oeri.

'Reit, well i mi fynd 'ta,' meddai gan gasglu ei phethau. 'Dwi isio mynd i siopa.'

'Wyt ti am ddod am ginio Sul fory?'

'Na, dim diolch. Ma' gin i lot i'w neud.' Doedd Gwen ddim am ddechrau patrwm o fynd am ginio Sul at ei mam, er y buasai wrth ei bodd petai Gethin yn dod adre ati hi am ginio. Roedd o wedi addo dod yr wythnos ganlynol.

'Be felly? Ti newydd ddeud nad oes gin ti waith tŷ,' gofynnodd Eirlys.

'Ond *mae* gin i waith ysgol. Ma' gin i job, cofiwch. Bywoliaeth i'w hennill a dim dyn i 'nghadw fi.'

'Fyddi di'n iawn dy hun?'

'Byddaf siŵr. Tydw i ddim fy hun beth bynnag. Ma' Idwal gin i.'

Gwnaeth Eirlys ei cheg twll tin iâr.

'Ro'n i wedi meddwl ella y byswn i'n gweld mwy ohonat ti rŵan.'

Oeddach ma' siŵr, meddyliodd Gwen, yn cael ei phigo eto gan euogrwydd am nad oedd yn rhoi digon o sylw i'w mam.

Roedd Idwal yn y drws yn disgwyl amdani.

'Gad i mi ddod i mewn, Idw bach.' Gwthiodd Gwen heibio

i'r ci, ei hafflau'n llawn o fagiau neges. Gollyngodd nhw ar fwrdd y gegin a phlygu i fwytho'r ci, oedd yn dawnsio o'i chwmpas, cyn dechrau eu dadbacio.

Agorodd y ffrij a syllu ar ei chynnwys. Roedd dau beint o lefrith heb eu hagor yn y drws a'r dyddiad arnynt wedi hen basio, tomatos yn y gwaelod yn tyfu côt ffyr a phecyn o gyw iâr a stecen, rheini hefyd wedi pasio'u dyddiad. Casglodd nhw gydag ochenaid a'u taflu i'r bin heb hyd yn oed fentro rhoi'r cig i'r ci. Roedd hi wedi bwriadu bwyta'r stecen ers deuddydd ond fu ganddi ddim amynedd i'w choginio, felly bwytaodd baced o greision yn ei lle. Wedi iddi lanhau'r silffoedd dechreuodd eu hail-lenwi efo cynnwys y bagiau. Sylweddolodd ei bod hi wedi gwneud union yr un peth yr wythnos cynt – prynu llawer gormod o fwyd i un fach oedd yn byw ar ei phen ei hun. Byddai'n rhaid iddi newid ei ffyrdd. Wrth afael mewn pot o hufen dwbl daeth awydd mawr arni i wneud cacen. Cacen siocled yn llawn hufen a jam ceirios duon – un o hoff gacennau Heledd. Amser pobi fyddai pnawn Sadwrn yn wastad, er mwyn cael cacen yn barod at y Sul. Roedd Heledd wedi arfer helpu ers pan oedd hi'n ddim o beth – byddai'n cymysgu ac yn addurno pan oedd hi'n fach, ond helpu i'w bwyta fyddai hi, yn fwy na dim, erbyn y diwedd. Rhoddodd y popty ymlaen a chasglodd y cynhwysion at ei gilydd.

Roedd Gwen yn mwynhau pobi. Câi deimlad braf o fod wedi cyflawni rhywbeth o werth bob tro y gwnâi gacen, ac roedd y broses wastad yn gwneud iddi ymlacio. Câi bleser anghyffredin wrth ddewis ac ystyried pa rysáit i'w ddefnyddio, pwyso a mesur y cynhwysion a'u cymysgu'n ofalus, ac yna gwylio gwyrth y pobi drwy ddrysau gwydr y popty. Disgwyl yn eiddgar wedyn i'r gacen oeri cyn gwneud y darn gorau, sef rhoi popeth at ei gilydd yn un cyfanwaith blasus oedd yn apelio i'r llygaid yn ogystal â'r bol.

Ddwyawr yn ddiweddarach camodd yn ôl i edmygu ei gwaith. Roedd hi wedi peipio'r hufen yn gadwyn o rosod ar dop y gacen ac wedi rhoi ceiriosen *glacé* sgleiniog yng nghanol bob un. Roedd y gegin yn gynnes ar ôl gwres y popty ac arogl hyfryd pobi yn llenwi'r lle. Gwenodd. Teimlai'n hapusach, yn fodlon, fel petai ryw awydd ynddi wedi ei ddiwallu. Rhoddodd y tegell ymlaen i wneud paned. Dyma fyddai ei swper heno – y gacen siocled. Wrth eistedd i fwyta darn ohoni, dechreuodd y teimlad bodlon, hapus, ddiflannu fesul cegaid, a sylweddolodd Gwen nad y coginio a'r addurno oedd yn ei phlesio fwyaf, ond y rhannu. Gweld rhywun arall yn cael pleser wrth fwynhau ffrwyth ei llafur. Byddai Heledd yn gwirioni petai'n cael darn o hon, meddyliodd, a Gethin hefyd. Dychmygodd y ddau wrth y bwrdd – Gethin yn pryfocio Heledd drwy ddwyn y gacen oddi arni a honno'n uchel ei phrotest. Daeth pwl enfawr o hiraeth drosti a disgynnodd deigryn i un o'r rhosod hufennog ar ei phlât. Dechreuodd Idwal, oedd wedi bod yn ei gwylio'n eiddgar gan obeithio cael briwsionyn, gyfarth, a chlywodd Gwen sŵn car yn troi i mewn i'r dreif. Sychodd ei dagrau â chefn ei llaw. Gethin, meddyliodd, jest mewn pryd i gael paned a chacen efo'i fam. Llonnodd wrth gerdded at y drws cefn, ac agorodd ef gyda gwên o groeso a drodd yn syndod pan welodd Tudur yn sefyll o'i blaen.

'Tudur! Be ti'n da 'ma?'

'Helô i titha hefyd!'

'Sori! Synnu dy weld di wnes i. Helô. Ydi bob dim yn iawn?' Trodd ei syndod yn bryder wrth feddwl bod rhywbeth wedi digwydd i Heledd neu Gethin.

'Ydi tad. Digwydd pasio a meddwl y byswn i'n galw i weld oeddat ti'n iawn.'

'O! Ydw, tshiampion diolch,' meddai, yn dal yn amheus ynglŷn â'r rheswm dros ei ymweliad.

'Wir?' Edrychodd Tudur i fyw ei llygaid a theimlodd Gwen ei hwyneb dewr yn gwegian.

'Wel, mi gymrith amsar i mi arfar ...'

'Wyt ti am neud i mi aros ar stepan y drws? 'Ta dwi'n ca'l dod i mewn?'

'O ... ia, cei, sori. Ty'd i mewn.'

Camodd Gwen o'r neilltu a cherddodd Tudur i'r gegin – y

gegin roedd o wedi ei dylunio'n ofalus wyth mlynedd ynghynt gan ystyried mai'r stafell hon fyddai calon y tŷ. Sylwodd ar y gacen ar ganol y bwrdd.

'O, sori! Dwi'n dy styrbio di. Ti'n disgwl rhywun draw?'

'Ydw, ond dim ots,' dechreuodd Gwen ddweud celwydd, ond penderfynodd nad oedd diben gan y byddai Tudur yn gweld drwyddi, fel y gwnâi bob amser.

'Nac'dw. Dwi'm yn disgwl neb. Jest awydd gneud cacan o'n i,' cyfaddefodd.

'Ia, ma' hi'n bnawn Sadwrn, tydi. Cacan siocled efo ceirios coch. Hoff gacan Heledd.'

'Ia,' cytunodd Gwen, ac er mawr gywilydd iddi dechreuodd igian crio eto.

Camodd Tudur tuag ati a gafael amdani, a rhoddodd hithau ei phen ar ei ysgwydd gan snwffian yn swnllyd.

'Ti'm yn sychu dy drwyn ar fy jympyr i, gobeithio!' gofynnodd Tudur yn ysgafn.

'Ydw. Mi fydd yn rhaid i ti esbonio honna i dy wraig!' atebodd Gwen, yn methu anwybyddu'r cyfle i daflu sweip. Anwybyddodd Tudur ei sylw.

'Dw inna'n gweld ei cholli hi hefyd. Pryd siaradist ti efo hi ddwytha?'

Tynnodd Gwen ei hun oddi wrtho.

'Ddoe.'

'A finna echdoe. Ma' hi'n ocê, tydi.'

'Ydi. Mi gafodd hi woblar bach y penwysnos dwytha, ond dwi'n meddwl, ar y cyfan, ei bod hi wrth ei bodd. Ges i sgwrs efo hi dros Sgeip ddoe, ond fedra i'm deud 'mod i'n ei lecio fo. Dwi'm yn lecio'i gweld hi heb fedru ei chyffwrdd hi, a dwi'n meddwl i mi bechu braidd wrth ddeud bod ei llofft hi'n flêr yn barod.'

'Wneith hi'm dy Sgeipio di eto felly!'

'Na wneith, ma' siŵr.'

'Y gacan 'na yn edrach yn dda.'

'Ydi, mae hi.' Oedodd Gwen ennyd, gan adael i Tudur ddioddef. Gwyddai'n iawn ei fod yn ysu i gael darn.

'Gymri di ...'

'Cymraf, plis!'

Estynnodd Tudur gadair at y bwrdd ac eistedd arni. Tynnodd y gacen tuag ato.

''Stynna blât i mi 'ta! A panad fysa'n dda.'

Rarglwydd, roedd ganddo wyneb, meddyliodd Gwen, ond fedrai hi ddim bod yn flin efo fo chwaith. Roedd hi'n reit falch o gael rhywun i rannu ei hiraeth. Gwenodd wrth ei weld yn bwyta'r gacen yn awchus a llithrodd ychydig o'i bodlonrwydd yn ei ôl.

Estynnodd Tudur am ail ddarn heb ofyn.

'Ma' hi'n dda, ma' raid!'

'Lyfli! Ti heb golli dy *touch*. Dwi ddim wedi ca'l un o dy gacenna di ers talwm.'

Bu bron i Gwen ei ateb trwy ddweud 'A bai pwy ydi hynny?' ond llwyddodd i gadw'n dawel. Doedd hi ddim am ei yrru o'r tŷ achos mi oedd hi, er ei gwaethaf, yn graddol ymlacio i fwynhau ei gwmni. Allai neb wadu ei fod yn ddyn difyr ei sgwrs, a'r gallu ganddo i ddangos diddordeb go iawn ym mhwy bynnag y byddai'n sgwrsio â nhw. Roedd y ddau'n chwerthin wrth rannu atgof am ymgais drychinebus gyntaf Heledd i wneud cacen ar ei phen ei hun un Sul y Mamau pan ganodd ffôn bach Tudur wrth dderbyn tecst. Cymylodd ei wên wrth ei ddarllen.

'Problem?' gofynnodd Gwen.

'Na, na. Glesni yn fy atgoffa fi am rwbath. Wel, mi fysa'n well i mi 'i throi hi.' Cododd Tudur oddi wrth y bwrdd. 'Dwi'n falch o weld dy fod di'n ymdopi heb y plant.'

'Mi ddo' i i arfar.'

''Drycha ar ôl dy hun, Gwen, a gwna'r mwya o dy annibyniaeth.' Y gair hwnnw am yr eildro heddiw, meddyliodd Gwen. Cerddodd Tudur tua'r drws, ond cymerodd gam yn ôl fel petai wedi anghofio dweud rhywbeth.

'O gyda, llaw, dwi'n siŵr dy fod ti wedi dallt, ond jest i d'atgoffa di – mi fydd yr arian cynhaliaeth dwi wedi bod yn 'i dalu i ti yn stopio, rŵan fod y plant wedi mynd.'

Edrychodd Gwen arno gan geisio dirnad yr hyn roedd o'n ddweud. Doedd hi ddim wedi ystyried hynny o gwbwl; wedi cymryd yn ganiataol y byddai Tudur yn edrych ar ei hôl hi.

'Ond,' dechreuodd Gwen, 'tydi Heledd ddim wedi gadael cartre'n llwyr eto. Mi fydd hi adra bob gwylia, ac mae hynna'n rhan helaeth o'r flwyddyn.'

'Wel, fel ti'n gwbod, dwi'n talu am neuadd Heledd – sy'n dipyn mwy nag o'n i'n 'i dalu i ti, felly tydi hi ond yn deg i ti ei chadw hi yn ystod y gwylia ... ti'm yn meddwl?' meddai Tudur yn rhesymol.

''Sat ti wedi gallu rhoi mwy o rybudd i mi,' cwynodd Gwen.

'Ro'n i'n meddwl bysat ti wedi dallt. Dyna oedd y cytundeb adag yr ysgariad 'de – y byswn i'n talu am y plant tan roeddan nhw'n ddeunaw.'

'Wel ia, ma' siŵr,' cytunodd Gwen, gan gicio'i hun nad oedd hi wedi sylweddoli hyn yn gynt. Tudur fyddai wastad yn edrych ar ôl y pres yn y cartre, ac ar ôl iddo fynd bu'n rhaid iddi ddysgu cymryd cyfrifoldeb am ei sefyllfa ariannol ei hun. Roedd hi wedi parhau i wneud hynny tra oedd hi'n byw efo Eifion, ond rywsut doedd hi ddim wedi ystyried nad oedd cyfrifoldeb ar Tudur i edrych ar ei hôl hi'n ariannol am byth.

'A dwi wedi bod yn talu'r un faint er bod Gethin wedi hen basio'i ddeunaw,' parhaodd Tudur. Do, meddyliodd Gwen, ond ar y llaw arall, gallai fforddio gwneud hynny.

'Ac ma' gin ti swydd dda rŵan, does, felly mi fyddi di'n medru dygymod yn iawn.'

'Byddaf,' cytunodd Gwen, gan gofio'r hyn ddywedodd hi'n falch wrth ei mam y bore hwnnw; fod ganddi job a 'run dyn i'w chadw. Y gwir amdani oedd bod Tudur wedi bod yn cyfrannu'n hael at ei chadw, a'i bres o oedd wedi bod yn talu rhan helaeth o'i morgais. Hwnnw hefyd a'i galluogodd i fynd yn ôl i'r coleg i wneud ymarfer dysgu, ac ers iddi ddechrau ennill cyflog parhaol, ei helpu i fyw'n gyffordus. Roedd hi newydd archebu carped newydd i lofft Heledd fel syrpréis iddi, heb feddwl na fuasai ganddi bres i dalu amdano.

'Ym ... ti'n meddwl bysat ti ... ym ... fedri di dalu rhyw un mis bach arall?' gofynnodd.

Edrychodd Tudur arni'n anghyfforddus.

'Wel, y peth ydi, ma' Glesni ... hynny ydi ... 'dan *ni'*n chwilio am dŷ newydd a ...'

Siŵr Dduw, sylweddolodd Gwen yn sydyn. Glesni oedd y tu ôl i'r cyfan!

'Un crandiach ma' siŵr,' meddai, ei llais yn llawn chwerwder. 'Dim ots, paid â phoeni am y peth.'

'Na ... yli, mi wna i ddal i dalu tan Dolig.'

'Paid â mynd i draffarth – does arnat ti ddim ffafra i mi. A dwi'm isio i ti fod mewn trwbwl efo Glesni!' meddai, gan obeithio'r gwrthwyneb.

'O, stwffio Glesni!' Swniai Tudur hefyd yn chwerw. 'Dala i i ti tan Dolig. 'Y mhres i ydi o.'

Synnodd Gwen ei glywed yn siarad fel'na am ei wraig. O diar, meddyliodd, mae'n rhaid bod rhyw ddrwg yn y caws. Penderfynodd beidio â holi.

Ar ôl i Tudur adael eisteddodd Gwen yn ôl wrth fwrdd y gegin, ond gwthiodd y gacen cyn belled ag y medrai oddi wrthi. Oedd, roedd ganddi waith dod i arfer. Clywodd gnoc ysgafn, ac agorodd y drws cefn. Daeth Sadie i mewn â llyfr yn ei llaw.

'Haia!' galwodd. 'Helô Idw bach.' Crafodd ben y ci oedd wedi codi o'i fasged i'w chyfarch.

'Dwi 'di dod â hwn i chdi.' Rhoddodd y llyfr ar y bwrdd o flaen Gwen. 'Meddwl bysa fo'n help i chdi ddygymod.'

'Diolch.' Edrychodd Gwen ar y teitl, *How To Deal with an Empty Nest*, a chododd lwmp i'w gwddw.

'Paid â meddwl 'mod i'n busnesu, ond fedrwn i ddim peidio sylwi fod Tudur wedi galw ... ydi bob dim yn iawn, ydi?'

Roedd y consýrn yn llais Sadie yn ddigon i wneud i Gwen ddechrau crio eto, a gafaelodd Sadie amdani.

'Be sy, Gwen bach? Be sy 'di digwydd?'

'Dim byd,' atebodd Gwen drwy'r dagrau, 'paid â chymryd sylw ohona i. Dwi jest yn bod yn wirion.'

"Di o'm 'di bod yn gas efo chdi, naddo?"

'Naddo! Dod i f'atgoffa i ei fod o'n stopio talu *maintenance* rŵan bod Heledd wedi mynd i'r coleg oedd o.'

'Ond roeddat ti'n disgwl hynny, doeddat?'

'O'n, a nag o'n. O, dwn i'm – wnes i ddim ystyried y peth. Sori am grio eto. Dwi'n ffed yp o grio!'

"Dan ni'n crio am reswm, sti. Mae o'n llesol i chdi.'

'Dwi'm yn crio am y pres ... dwi jest ...' Ymdrechodd Gwen i fynegi ei theimladau. 'Wnes i erioed feddwl y bysa hyn mor anodd. Dwi'm yn siŵr o ddim y dyddia yma. Tydi'r plant ddim f'angen i ...'

'Wrth gwrs eu bod nhw! Wneith hynny ddim newid, 'mond am nad ydyn nhw'n byw dan yr un to â chdi.'

'Wnes i rioed feddwl y byswn i'n hiraethu cymaint am weld dillad budron wedi'u taflu ar lawr!'

'Ddoi di i arfar, sti. Cyfnod o newid ydi hwn. Mae dy fywyd di wedi ca'l sgytwad – eto! Mi ddoi di i ffeindio dy ffordd.'

'Ti 'di darllen y llyfr 'ma?'

'Ges i gip arno fo,' cyfaddefodd Sadie gyda gwên. 'Rhaid i chdi feddwl amdanat ti dy hun rŵan – be am i ti afael ynddi efo'r casgliad gemwaith 'na ti wedi 'i addo i mi? Mi fysa hynna'n ennill pres bach del i ti, ac yn llenwi'r oriau gweigion.' Ystyriodd Gwen ei geiriau wrth chwythu ei thrwyn i'w hances yn swnllyd.

'Rŵan,' gorchmynnodd Sadie, 'ydw i am gael darn o'r gacen lyfli 'na 'ta be?'

Pennod 14

Wedi aros blynyddoedd i ddod o hyd i'r dyn iawn, wnaeth Meinir Haf ddim gwastraffu amser yn pennu dyddiad i'w briodi. Trefnwyd y briodas ar gyfer y gwyliau hanner tymor, a dewis y ddau oedd priodi'n ddistaw yn Swyddfa Gofrestru'r Dre gyda Gwen a Gwilym, brawd Ieuan, yn dystion.

'Ti'n edrach yn hollol gorjys,' meddai Gwen wrth Meinir tra oedd y ddwy'n sefyll y tu allan i'r Swyddfa Gofrestru, ac ar fin camu i mewn. Roedd hi'n ganol y pnawn ar ddiwrnod hyfryd o hydref, yr awyr yn las a chlir a dail amryliw yn gymysg â'r conffeti hyd y palmant. Gwisgai Meinir ffrog laes o *crêpe de chine* pinc tywyll – y ffrog a wisgodd ei nain i briodi yn 1934. Lapiwyd hi mewn papur sidan a'i chadw'n ofalus mewn bocs bryd hynny, i ddisgwyl am achlysur arall yr un mor arbennig.

'Ti'm yn ddrwg dy hun!' meddai Meinir yn ôl wrthi.

Mwythodd Gwen sgert ei ffrog sidan. Gwyddai y gweddai'r lliw gwyrdd tywyll iddi i'r dim, yn gyferbyniad i'w gwallt cringoch a syrthiai dros ei hysgwyddau mewn cyrls llac – yn daclus, am unwaith, diolch i Leah yn y siop trin gwallt. Sythodd Gwen y crib addurnedig a ddaliai wallt Meinir yn ei le mewn *chignon* a gwenodd yn falch.

'Ma' hwn wedi troi allan yn reit dda o ystyried 'mod i erioed wedi gneud crib gwallt o'r blaen,' synnodd.

'Mae o'n hollol biwtiffyl, ac yn edrych yn union fel yr un oedd gan Nain. Ti mor glyfar, Gwen!'

'Dwi jest yn falch 'mod i wedi'i orffan o mewn pryd!'

Rhoddodd Gwen ei braich ym mraich Meinir.

'Wel – wyt ti'n barod am hyn?' gofynnodd, gan astudio wyneb ei ffrind am unrhyw arwydd o ansicrwydd.

'Ydw, mi ydw i,' atebodd honno, gyda'r mymryn lleia o syndod yn ei llais, fel petai ei theimladau ei hun wedi llwyddo i'w synnu.

'Siŵr?'

'Hollol berffaith siŵr.'

'I mewn â ni 'ta!'

Er mai dim ond llond llaw oedd yn bresennol, neu efallai oherwydd mai dim ond llond llaw oedd yn bresennol, roedd awyrgylch deimladwy a rhamantus i'r gwasanaeth priodas. Safodd y cariadon law yn llaw i wneud eu haddewidion, ac roedd eu serch a'u hapusrwydd yn amlwg a digwestiwn. Llosgai llygaid Gwen wrth weld y ddau'n cofleidio a chusanu ar ddiwedd y gwasanaeth, a bu'n rhaid iddi atal ei hun rhag bloeddio hwrê – nid yn unig am ei bod hi'n hapus, ond am fod cariad amlwg y pâr priod yn lladd y sinigiaeth roedd hi wedi dod i'w deimlo tuag at ramant.

'Dwi mor, mor falch drostach chi,' meddai wrth daflu reis dros y ddau y tu allan i'r Swyddfa Gofrestru.

'A finna!' ategodd Gwilym, y gwas priodas a brawd bach Ieuan, oedd hefyd yn filfeddyg ac yn rhannu'r practis efo Ieuan. 'Ro'n i'n meddwl mai fi fysa'n gorfod edrach ar ei ôl o yn ei henaint. Diolch am gymryd y baich oddi arna i, Meinir!'

'Ma' gin ti waith talu'n ôl i mi am yr holl droeon dwi wedi edrach ar d'ôl di, was!' mynnodd Ieuan gyda gwên.

'Mi ddechreua i drwy brynu peint i ti! Dewch, 'dan ni angen dathlu!'

'Peint?' gofynnodd Ieuan gan edrych ar ei wraig, ei wyneb yn pefrio. 'Siampên, a dim arall!'

Er bod y cwpwl wedi dewis priodi'n ddistaw, roedd y dathlu'n swnllyd. Doedd Meinir ddim yn un i fethu cyfle am barti, a chafodd Gwen hithau ei chyfle i floeddio pan gyrhaeddodd y pedwar ohonyn nhw stafell gefn y Llew Aur i ganol wyth deg o ffrindiau a theulu – i gyd yn gweiddi 'hwrê!' Edrychodd Gwen o'i chwmpas ar yr addurniadau chwaethus, y llenni *voile* a'r blodau pinc golau ar y byrddau, a gwenodd yn falch. Gethin oedd yng ngofal y neithior yn ei rôl newydd fel is-reolwr y Llew Aur, ac roedd o'n sefyll yn hyderus wrth y drws yn cyfarch y gwesteion yn ei ffordd hawddgar, ddymunol ei hun. Rêl ei dad, meddyliodd Gwen.

'Dwi'n gorfod dod i fama i dy weld di!' meddai wrtho, gan roi cusan ar ei foch.

'Mam! Ddim yn fama!' dwrdiodd ei mab.

'Pam lai? Dwi'n benderfynol o gael rhoi sws i'r hogyn mwya golygus yn y stafell, nac'dw.'

'Bihafia! Ro'n i'n meddwl fod Heledd yn dŵad? Dwi'm 'di gweld hanes ohoni.'

'Mi gafodd hi wahoddiad, ond mi ddaeth un gwell, ma' raid, achos ma' hi wedi dewis aros lawr yng Nghaerdydd ar gyfer rhyw barti Calan Gaea. Ma' ganddi rwbath ar y gweill bron bob penwsnos, ond ma' hi am ddod adra wsnos i ddydd Sadwrn am gwpwl o nosweithia.'

'Ella gwela i hi 'radag honno 'ta. Hei, fedra i'm aros yn fama yn mwynhau fy hun ac yn siarad efo chdi, a finna i fod yn gweithio. Well i mi fynd.'

Wrth ei wylio'n gwau drwy'r dorf gwelodd Gwen fod Gethin yn sicr yn mwynhau ei hun, ac yn gwneud yn hynod o dda o ystyried mai dim ond dwy ar hugain oed oedd o. Llanwyd hi â balchder a rhyddhad. Mi fyddai Gethin yn iawn, meddyliodd, gan fod y byd yn garedig â phobol hawddgar fel fo. Roedd hi'n siomedig nad oedd Heledd yno, nid yn unig am ei bod yn ysu i'w gweld, ond byddai wedi bod yn falch o'i chwmni. Roedd Gwen wedi dechrau dod i arfer â deinamig newydd eu perthynas ac yn edrych ymlaen at eu sgyrsiau ffôn rheolaidd. Yn rhyfedd, roedd y ddwy'n sgwrsio mwy nag yr oedden nhw pan oedd Heledd yn byw gartre, pan oedd gwaith tŷ neu waith cartre wedi mynnu eu sylw. Edrychodd ar yr wynebau o'i chwmpas. Roedd hi'n adnabod y rhan fwya ohonynt ond doedd neb yno a berthynai iddi hi. Doedd ganddi ddim *plus one*. Teimlodd wayw o genfigen sydyn tuag at Meinir, a edrychai mor hapus a bodlon, yn amlwg dros ei phen a'i chlustiau mewn cariad. Tybed a gâi hi'r cyfle i deimlo hynny eto? Gwthiodd y syniad o'i phen. Roedd yr agwedd honno o'i bywyd drosodd. Gyda gwydraid o siampên yn ei llaw a gwên ar ei hwyneb, cerddodd yn hyderus tuag at fwrdd yr athrawon.

'Gwen!' galwodd Huw Dafydd arni. 'Ti'n edrach yn hyfryd.'

'Wyt wir, styning,' ategodd Aled Parry, gan edrych arni heb guddio'i edmygedd. Roedd o'n edrych yn eitha styning ei hun, meddyliodd Gwen. Dyma'r tro cynta iddi weld yr athro ymarfer corff allan o'i dracwisg, ac roedd ei siwt las tywyll yn gweddu'n arbennig iddo, a'i grys gwyn yn dyfnhau lliw ei groen a gwneud i'w lygaid gwyrddion edrych yn fwy gwyrdd nag arfer hyd yn oed. Cochodd Gwen heb wybod yn iawn sut i ymateb.

'Diolch,' meddai'n frysiog gan droi at Carys Puw, oedd yn eistedd yr ochr arall i Huw. 'Chi'ch dau fydd nesa!' heriodd. Cochodd Carys.

'O dwn i'm,' meddai, ond roedd ei chwerthiniad bach, a'r wên annwyl a rannodd Huw a hithau, yn datgelu y byddai wrth ei bodd.

'Sgiwsiwch fi,' meddai Gwen, 'dwi jest yn picio allan i ga'l awyr iach.' Dim ond hyn a hyn o ramant allai hi ei stumogi, sylweddolodd. Trodd yn siarp i gyfeiriad y drws gan daro'n erbyn dyn oedd yn sefyll y tu ôl iddi, a thywallt rhywfaint o'i beint drosto.

'O sori, sori!' ymddiheurodd yn wyllt. Plygodd i geisio sychu'r cwrw oddi ar goes trywsus y dyn efo'i llaw, gan deimlo ton o gywilydd sydyn. 'Mi a' i i nôl cadach i'w sychu fo i chi.'

'Sdim angen, dim ond tropyn ydi o,' meddai'r dyn, gyda thinc o ddifyrrwch yn ei lais. Llais cyfarwydd, meddyliodd Gwen. Edrychodd i fyny a gweld Joe Wightman yn edrych lawr arni gyda'i hanner gwên gyfarwydd a'i lygaid pefriog.

'Joe! Be dach chi'n da yma?' Roedd ei syndod yn trechu ei chwrteisi.

'Llai o'r chi, plis! 'Run peth â chdi, debyg. Dathlu priodas Ieuan a Meinir,' atebodd, gan fwynhau syndod Gwen. Roedd o'n ymwybodol hefyd ei bod hi'n syllu ar ei wefus ucha.

'Ydi, ma'r mwstásh wedi mynd! Mi benderfynais i stopio papuro dros y cracia.'

'Ti'n edrach yn wahanol.' Fel yr oedd Gwen wedi tybio, roedd ganddo graith fechan o dan ei drwyn, ond roedd hi'n ei siwtio, meddyliodd, gan edrych arno efo'i llygad artist. Roedd hi'n rhoi cymeriad i'w wyneb.

'Gwell 'ta gwaeth?'

'O, lot gwell!' meddai Gwen, ychydig yn rhy frwdfrydig.

'Wel, diolch!' Gwenodd Joe gan ddangos ei ddannedd gwyn. Teimlodd Gwen y gwrid yn codi yn ei bochau eto. Be oedd yn bod arni, yn cochi fel rhyw hogan ysgol bob tro roedd 'na ddyn yn sbio arni? Efallai mai hyn oedd dechrau'r pyliau poeth bondigrybwyll, dyfalodd, gan wylltio â brad ei chorff ei hun.

'Sut ma' Idwal?' gofynnodd Joe.

'O, grêt, diolch. Bihafio'n lot gwell.'

'Falch o glywed. Ro'n i'n meddwl y bysat ti wedi dod yn ôl i'r dosbarth ddiwadd Awst.'

'Rhy brysur ... lot ar 'y mhlât, y ferch yn mynd i'r coleg a ballu,' eglurodd Gwen yn frysiog i guddio'i hembaras ynglŷn â'r rheswm go iawn.

'Gobeithio nad oherwydd ...' ymdrechodd Joe i ddod o hyd i eiriau addas. '... w'sti ... ym ... y tro dwytha ddaru ni gyfarfod ...'

'O na, dim o gwbwl!' meddai Gwen, gan gochi mwy byth.

'Ddyliwn i ddim fod wedi ...'

'Paid â phoeni am y peth,' torrodd Gwen ar ei draws, gan roi ei llaw ar ei fraich. Edrychodd Joe i lawr a sylwodd ar ei breichled.

'Ti wedi 'i newid hi?'

'Sori?' gofynnodd Gwen, heb ddeall.

'Hon ydi'r freichled gest ti gan dy *ex*?'

'O! Ia, a do.' Roedd gwifrau o gopr wedi'u gwau o amgylch y freichled arian erbyn hyn, a phum carreg opal wedi eu plethu iddi.

Cyffyrddodd Joe y freichled. 'Mae hi'n wirioneddol dlws,' meddai. 'Mae gin ti ddawn go iawn.'

Dyma fo eto, meddyliodd, yn gwneud iddi deimlo fel ci'n ysgwyd ei gynffon.

'Diolch. Newydd ei gneud hi ydw i. Wedi ailafael yn fy ngwaith ers i Heledd fynd i'r coleg.'

'Mi fasa'n biti mawr i ti wastraffu'r fath dalent.'

Sylwodd Gwen ar Meinir yn chwifio arni o ochr arall yr ystafell.

'Ma' Meinir yn trio ca'l fy sylw i, dwi'n meddwl,' meddai. 'Dwi'n esgeuluso fy nyletswydda fel morwyn. Well i mi fynd.'

'Cofia bod 'na groeso i ti yn trêining unrhyw bryd. Fyswn i'm yn synnu tasach chi'ch dau'n symud i fyny i'r dosbarth canol yn reit handi. Mi fedrwn i'ch dysgu chi i neud tricia ymhen dim.'

'Gawn ni weld.'

'Neis dy weld di eto.'

'A chditha. Hwyl.'

Trodd oddi wrtho a cherdded tuag at Meinir, heb sylweddoli bod llygaid Joe yn ei dilyn.

'Gwen! Lle ti 'di bod?'

'Sori – siarad o'n i. Deud wrtha i – be ma' Joe Wightman yn neud yma?'

'Joe? Hwnna oeddat ti'n siarad efo rŵan ti'n feddwl? Wyddwn i ddim mai dyna oedd ei gyfenw o. Mae o'n un o ffrindia gora Ieu. Hyfforddi cŵn. O na! Dim fo roddodd sws i ti? Y boi oedd yn treinio Idwal?'

'Ia.'

'"Nes i'm gneud y cysylltiad. Wel wel! Ond ddeudist ti mai hen ddyn oedd o!'

'Naddo – chdi ddeudodd hynny am 'i fod o'n chwe deg.'

'Wel, tydi o'm yn edrach mor hen â hynny. Boi ffit iawn ... smart 'fyd.'

'Ydi ei wraig o yma efo fo?'

'Nac'di. Maen nhw newydd wahanu. Ma' hi'n alcoholic ers blynyddoedd yn ôl Ieu, a fynta wedi trio'i ora efo hi – gan gynnwys madda iddi am roi'r graith 'na sy ganddo dan ei drwyn iddo fo.'

'Y hi nath hynna?'

'Ia. Ei daro fo yn ei wynab efo potal pan driodd o gymryd y botal oddi wrthi, mae'n debyg, a mynnu wedyn 'i fod o'n tyfu mwstásh i guddio'r graith.'

'Joe druan. Mae'n swnio fel tasa fo wedi bod drwy uffern,' cydymdeimlodd Gwen, gan gofio'r cysgod a syrthiodd drosto pan oedden nhw ar eu tro efo Idwal. Taflodd olwg llawn consýrn i'w gyfeiriad. Sylwodd Meinir ar yr edrychiad.

'Hei! Fysa *fo* yn gneud i chdi!'

'Paid â dechra! Dwi 'di deud dro ar ôl tro – dwi'm yn mynd ar gyfyl yr un dyn eto!'

'Be sy o'i le mewn ca'l chydig o hwyl?'

'Dwi'n ca'l digon o hwyl efo chdi, diolch.'

'Cysur 'ta, a ... wel, ti'n gwbod be arall, dwyt! Fedri di'm rhoi fyny ar dy secs leiff siŵr, a chditha ddim ond yn hannar cant!'

'Yn ôl be o'n i'n ddarllan am y menopôs y diwrnod o'r blaen, fydda i byth isio secs eto pan ddaw hwnnw.'

'Twt lol. Tydi hynny ddim yn wir. Sgin i ddim bwriad o roi'r gora iddi beth bynnag. Be gei di well i dy gadw di'n heini? Ond o ddifri, Gwen, paid â chau dy hun yn y tŷ 'na ar dy ben dy hun. Ti'm yn mynd i adael i ryw rwdlyn o fabi mam fatha'r Eifion 'na dy stopio di rhag ffeindio hapusrwydd eto, nag wyt? Os gei di gyfla, bacha fo. Ma' bywyd rhy fyr i fod ofn.'

Gwenodd Gwen.

'*Carpe diem!*'

'Yn union – *tempus fugit*, cofia! Ac mi fyswn i'n deud fod gen ti ddau ar blât heno – Joe Wightman ac Aled Caled.'

'Aled? Dwi'm yn meddwl!'

'Mae o'n methu tynnu ei lygaid oddi arnat ti. Ella gei di gyfla i weld pa mor galad ydi o go iawn!'

'Meinir!' ceryddodd Gwen, gan fethu peidio â chwerthin.

'Ond cyn hynny, ty'd efo fi! Dwi angen dy help di i reoli Anti Mary – ma' hi 'di dechra lystio ar ôl dy fab di, yn ei hatgoffa o'i gŵr cynta medda hi ... 'ta'r trydydd ddeudodd hi, dŵad?'

Ar ôl ei sgwrs efo Meinir ymdaflodd Gwen i'r dathlu ac erbyn diwedd y noson roedd ei hochrau'n brifo gan ei bod wedi chwerthin cymaint – ar antics Anti Mary, ac ar straeon Huw Dafydd ac Aled Parry am eu cyfnod yn chwarae i dîm pêl-droed y Dre, straeon oedd yn swnio fel petaen nhw wedi eu codi'n syth o *C'mon Midffild*. Roedd Gwen wedi dechrau amau bod Meinir yn iawn am Aled. Roedd o yn sicr wedi rhoi cryn dipyn o sylw iddi drwy gydol y dydd, a phrin wedi gadael ei hochr; ac roedd hi wedi mwynhau cael sylw dyn unwaith eto. Wrth i'r noson fynd yn ei blaen gadawodd gweddill eu cyd-athrawon y bwrdd, yn fwriadol efallai, dyfalodd Gwen, gan adael y ddau ohonynt ar ôl.

'Wyt ti'n sylweddoli ein bod ni wedi bod yn siarad yn fama am awr solet?' gofynnodd Gwen.

'Do?' Roedd Aled erbyn hyn wedi tynnu siaced ei siwt a llacio'i dei, ac yn edrych yn hynod o secsi ym marn Gwen. 'Dwi wedi dy hawlio di i mi fy hun, sori!' ychwanegodd Aled.

'Dim ots,' meddai Gwen, gan glosio ato. 'Dwi'n joio fy hun.' Rhoddodd ei llaw ar ei glun. Roedd yr holl wydrau o siampên a yfodd yn ystod y dydd wedi tanio'i hyder a llacio'i thafod, ac yn yr awyrgylch hapus, rhamantus, roedd hi wedi anghofio'n llwyr am yr addewid a wnaeth iddi hi ei hun i beidio mynd ar gyfyl yr un dyn eto.

'Ti'n ddynas rîli difyr, sti,' meddai Aled, gan ddod â'i wyneb yn nes at ei hwyneb hi.

'Ydw i?'

'Wyt, a ti'n uffernol o secsi.' Gyrrodd ei eiriau wefr drwy gorff Gwen.

'Mi o'n i'n meddwl hynny y tro cynta welis i chdi yn yr ysgol,' ychwanegodd Aled.

'Cer o'na!'

'Wir!'

'Ond dwi ddeng mlynedd yn hŷn na chdi.'

'So? Be 'di'r ots am oed?'

'Wel, mi 'nes i feddwl yn union yr un peth, sti, pan welis i chdi. Ma' gin ti ll'gada amêsing.'

'A ma' gin titha wallt amêsing,' meddai Aled, gan ddal cudyn o'i wallt yn dyner rhwng ei fysedd. Closiodd ati eto, ac yn ara deg symudodd ei wefusau yn nes at ei gwefusau hi, gan eu cyffwrdd yn ysgafn. Caeodd Gwen ei llygaid ac agor ei gwefusau i dderbyn ei gusan. Roedd ei phen yn troi a'i chalon yn ddrwm yn ei chlustiau. Roedd o'n deimlad braf, cyffrous. Gorffennodd y gusan ac agorodd Gwen ei llygaid a syllu i rai gwyrdd tywyll, tywyll, Aled. Sylwodd hi ddim ar bâr arall o lygaid yn eu gwylio – Gethin. Cyn iddyn nhw gael cyfle am gusan arall roedd ei mab wrth ei hochr.

'Mam. Dwi 'di ffonio tacsi i fynd â chdi adra, ac mi fydd o yma mewn dau funud.'

Sobrodd Gwen drwyddi.

'Geth! Doedd dim rhaid i ti.'

'Meddwl bysa'n well i mi neud rŵan achos mi fydd hi'n anodd ca'l un yn nes ymlaen. Dwi'm yn licio meddwl amdanat ti yn gorfod hongian o gwmpas y lle 'ma'n hwyr yn y nos. Mae 'na bob math o rafins o gwmpas,' meddai, gan edrych ar Aled. Syllodd hwnnw'n ôl arno.

'Fy mab, Gethin, ydi hwn,' meddai wrth Aled. 'Fo ydi is-reolwr y lle 'ma. Gethin – dyma Aled, athro ymarfer corff newydd yr ysgol.'

Edrychodd Gethin arno â dirmyg amlwg. Cofiodd Gwen fod yn gas gan Gethin athrawon ymarfer corff ers i Trev Bach, ei sarjant mêjor o athro, ei roi drwy ei bethau un tro. Penderfynodd Gwen, a'r swyn wedi ei dorri, mai mynd adre fyddai orau rhag ofn iddi wneud rhywbeth y byddai'n ei ddifaru. Cododd ac estyn am ei bag llaw.

'Ti'n iawn. Mi fysa'n well i mi fynd rŵan. Ma' Idwal wedi bod ei hun ers oria.'

'Idwal?' gofynnodd Aled.

'Y ci. Dwi'n mynd i ddeud ta ta wrth Meinir a Ieu. Diolch am dy gwmni, Aled. Wela i *di* y penwsnos 'ma, Gethin.' Taflodd edrychiad at ei mab oedd yn awgrymu nad oedd hi'n rhy hapus efo fo, er nad oedd hi'n siŵr pwy gòdodd gywilydd ar bwy. Roedd ei phen yn troi ac roedd hi eisiau mynd adre at Idwal.

Wrth gamu i'r tacsi ddeng munud yn ddiweddarach, clywodd Gwen lais Aled yn galw arni.

'Gwen!' Trodd tuag ato. 'Sgin ti le i un arall yn y tacsi 'na?'

Cyn i Gwen fedru ateb daeth llais y gyrrwr o'r tu mewn i'r tacsi.

'Nag oes, sori mêt.' Gwenodd Gwen ei hymddiheuriad, gan ddechrau teimlo trueni nad oedd o'n ei dilyn i'r car. Eisteddodd yn y sedd gefn a chodi ei llaw ar Aled drwy'r ffenest ôl wrth i'r car yrru i ffwrdd. Cododd yntau ei law arni hithau.

'Sori am hynna, del,' meddai'r gyrrwr o'r tu blaen. 'Ordors gan Gethin.'

Y cenna bach, meddyliodd Gwen. Caeodd ei llygaid a mwynhau'r daith adre. Roedd o wedi bod yn ddiwrnod difyr, difyr iawn.

Pennod 15

Deffrôdd Gwen i sŵn ei ffôn yn canu. Gwthiodd ei braich allan o glydwch y cwilt ac ymbalfalu amdano heb agor ei llygaid.

'Helô?' mwmialodd, gan drio'i gorau i ddeffro.

'Gwen! Dwyt ti rioed dal yn dy wely?'

Eirlys! Neidiodd Gwen ar ei heistedd.

'Mam! Dach chi'n iawn? Be sy?'

'Dim byd, paid â dechra panicio!'

'Pam ydach chi'n ffonio mor gynnar 'ta?'

'Tydi hi ddim yn gynnar. Ma' hi'n chwartar i naw. Dwi 'di codi, ca'l brecwast a hwfro'r llofft yn barod. Ro'n i'n meddwl y bysat titha wedi hen godi.'

'Mi oedd priodas Meinir ddoe, doedd, ac mi aeth hi'n noson hwyr.'

'O – pen mawr sgin ti felly?'

''Nes i'm deud hynny, naddo!'

'Sut aeth hi 'ta?'

'Da iawn. Lyfli.'

'Fydd raid i ti ddod i ddangos y llunia i mi.'

'Mi wna i.'

'Ma' gin inna rwbath i'w ddangos i titha hefyd,' ychwanegodd Eirys, ei llais yn llawn balchder.

'O? Be?'

'Dwi 'di ca'l presant gan Gethin.'

'Ydach chi? Be ydi o?'

'*Table.*'

'Be?' gofynnodd Gwen yn ddryslyd.

'*Table!*' gwaeddodd Eirlys.

'Does dim isio i chi weiddi – mi glywis i chi'n iawn! Ddim yn dallt be dach chi'n feddwl ydw i.'

'Wel, un o'r *tables* bach 'ma sgin bobol y dyddia yma, 'de. Un bach del ydi o hefyd. Lliw arian.'

Dechreuodd Gwen amau, ac nid am y tro cynta, fod ei mam yn dechrau colli'i phwyll.

'Dach chi 'di ca'l bwrdd bach arian gan Gethin yn bresant?' gofynnodd yn bwyllog.

'Dim bwrdd siŵr, y jolpan! *Table*! I fynd ar yr intyrnet a thynnu llunia a ballu.'

Mygodd Gwen chwerthiniad.

'Tablet, Mam. Tablet dach chi'n 'u galw nhw.'

'Tablet 'ta! Ac mae o wedi trefnu i gael intyrnet i mi hefyd, ond tydi hwnnw ddim wedi cyrraedd eto. Mae o'n gorfod dod drwy'r ffôn, medda Gethin.'

'Rargian!' synnodd Gwen. 'A pwy sy'n mynd i dalu am hwnnw? Gethin?'

'Naci siŵr – fi sy'n talu hwnnw, ond mi brynodd Gethin y tabl ... y *tablet* i mi i ddiolch am y car. 'Ngwashi – chwara teg iddo fo 'de?'

Chwarae teg yn wir, meddyliodd Gwen, ond be ar y ddaear oedd Eirlys am ei wneud efo tablet?

Fel petai wedi clywed y cwestiwn, parhaodd Eirlys:

'Mae o am ddangos i mi sut i fynd ar y ffêspad 'na. Wyt ti ar hwnnw?'

'*Facebook*, Mam! A nac'dw, dwi'm yn meddwl 'i fod o'n beth call i athrawes fod arno fo.'

'Wel, ma' Beti drws nesa arno fo, ac ma' hi'n hŷn na fi! Ma' hi'n medru gweld llunia'i hwyrion arno fo, ac mae hi 'di gweld llwyth o hen lunia o Dre, ac wedi cysylltu efo aeloda o'r teulu nad oedd hi byth yn clywad ganddyn nhw.'

'Wel iawn 'de, os ydach chi'n meddwl y gwnewch chi 'i ddallt o. Tydach chi byth yn iwsio'ch ffôn bach ...'

Anwybyddodd Eirlys hi.

'Ac mi fedra i siarad efo Heledd *a*'i gweld hi ar y sgrin, medda Gethin, er 'i bod hi ym mhen arall y wlad.'

'Sgeip.'

''Na chdi – hwnnw!'

A phob lwc efo hynny hefyd, meddyliodd Gwen.

'Wel, dwi'n edrach mlaen at ei weld o ganddoch chi. Reit, mae'n well i mi godi. Mi fydd Idwal druan yn croesi'i goesa lawr y grisia 'na.'

'Tria alw heddiw os fedri di. Dwi isio i ti bicio â fi i'r Dre i chwilio am gês bach i lapio rownd y tablet i'w gadw fo'n saff.'

'Mi ddo' i gyntad ag y medra i, ond dwi'm yn gaddo y bydda i'n dod heddiw.'

''Na chdi 'ta. Wela i di yn y munud. Ta ta!'

Rhoddodd Gwen y ffôn i lawr gydag ochenaid a rhwbio'r cwsg o'i llygaid. Roedd ei cheg yn grimp ac roedd ganddi glamp o gur yn ei phen. Wrth iddi lusgo'i hun o'r gwely a chychwyn i gyfeiriad yr ystafell molchi canodd y ffôn eto.

'Be dach chi 'di anghofio, 'ta?'

Taflwyd hi'n llwyr gan lais dyn ar yr ochr arall.

'Wel, lot o betha ma' siŵr, ond fedra i'm meddwl am ddim byd penodol rŵan hyn!'

'Aled!' Tynnodd Gwen ei phyjamas yn dynnach amdani a rhedeg ei llaw drwy ei gwallt.

'Bora da!' meddai'r llais. 'Ti'm yn meindio 'mod i'n dŷ ffonio di gobeithio?'

'Nac'dw siŵr,' meddai, gan ddyfalu sut cafodd o ei rhif.

'Ges i dy rif di gan Carys.'

'O.' Doedd ganddi ddim syniad be i'w ddweud nesa.

'Sut wyt ti'n teimlo'r bora 'ma?'

Sut oedd hi fod i ateb hynna? meddyliodd Gwen, gan deimlo mymryn o banig. Oedd o'n sôn am sut roedd hi'n teimlo'n gorfforol, ynteu sut roedd hi'n teimlo am yr hyn ddigwyddodd rhyngddyn nhw'r noson cynt? A sut *oedd* hi'n teimlo am hynny? Wyddai hi ddim yn iawn. Doedd hi ddim wedi cael cyfle i feddwl.

'Chydig yn ddelicet,' atebodd yn onest.

'Noson dda, doedd.'

'Oedd wir.'

''Nes i rîli fwynhau dy gwmni di.'

Teimlodd Gwen ei chalon yn llamu, yn union fel y byddai ers talwm yn yr ysgol pan fyddai hogyn del yn siarad efo hi.

'A finna dy gwmni ditha.'

'Da iawn. Meddwl o'n i ... be ti'n neud heddiw?'

Pendronodd Gwen eto. Be oedd ystyr ei gwestiwn?

'Wrthi yn fy stiwdio fydda i drwy'r dydd ma' siŵr. Dwi'n gweithio ar gasgliad o emwaith i'w roi mewn arddangosfa yng Nghaffi'r Gloch. Mae 'na noson i lansio'r casgliad yn y caffi ymhen pythefnos, felly ma' raid i mi fwrw iddi.'

'Roedd Huw yn deud dy fod di'n artist talentog.'

'O, dwn i'm.' Cipiodd Gwen olwg arni ei hun yn nrych y wardrob a gwelodd fod gwên wirion ar ei hwyneb.

'Gei di amsar i ddenig am chydig? 'Swn i'n lecio dy weld di, Gwen. Dwi 'di methu cysgu neithiwr, yn meddwl amdanat ti.'

Cafodd Gwen sioc. Roedd hi ei hun wedi cysgu cyn gynted ag yr hitiodd ei phen y gobennydd. Unwaith yn rhagor, wyddai hi ddim be i'w ddweud.

'Wel ... mi fydd raid i mi fynd â'r ci am dro ryw ben. Dwn i'm wyt ti awydd dod efo fi?

''Sa hynna'n grêt. Awyr iach ydi'r peth gora i glirio'r pen.'

'Iawn. Grêt. Ti'n gwbod lle mae Coed y Brain yn Dre?'

'Ydw.'

'Mi wna i dy gyfarfod di wrth y giât mochyn yn y maes parcio am dri. Ydi hynna'n iawn?'

'Gwych. Edrych ymlaen.'

'A finna.'

'Wela i di 'ta.'

'Ia.'

'Hwyl.'

'Hwyl.'

'Ta ta.'

Wel wir! meddyliodd Gwen wrth ollwng y ffôn ar y gwely. Ei greddf oedd cysylltu â Meinir i ailadrodd y sgwrs, air am air, ond roedd hynny'n amhosib a honno ar ei mis mêl ym Monaco. Oedd hi'n gwneud peth call yn mynd i gyfarfod Aled? Ond doedd ganddi ddim i'w golli jest wrth fynd am dro, rhesymodd. Doedd dim rhaid iddi wneud dim nad oedd hi isio'i wneud ...

ac mi *oedd* o'n goblyn o bishyn, ac roedd y gusan neithiwr yn, wel, lyyyyfli! Roedd hi'n ddynes yn ei hoed a'i hamser, doedd? Yn dal awenau ei bywyd ei hun yn gadarn. Os felly, pam roedd hi'n teimlo fel merch ysgol wedi cael cynnig ei dêt cynta?

Ychydig iawn o waith a wnaeth Gwen am weddill y diwrnod. Diflannodd y bore yn sortio cês i dablet Eirlys a dechrau'r prynhawn yn trio penderfynu beth i'w wisgo i fynd am dro. Fel arfer byddai'n lluchio hen gôt fawr flêr dros beth bynnag oedd ganddi amdani. Doedd dim pwynt gwisgo'n rhy daclus gan fod siawns reit dda y byddai Idwal yn neidio arni a gadael ôl ei bawennau mwdlyd drosti. Ond roedd heddiw yn wahanol. Edrychodd ar y dillad a daflwyd blith draphlith dros ei gwely.

'Ty'd rŵan – callia,' meddai wrthi ei hun, 'dim ond mynd â'r ci am dro wyt ti!'

Setlodd yn y diwedd ar siwmper hir o wlân tenau lliw coffi a phâr o jîns tyn wedi eu stwffio i mewn i'w bŵts lledr newydd, brown, sgleiniog. Edrychodd arni ei hun yn y drych a thynnodd ystumiau o anfodlonrwydd. Oedd hi'n edrych yn hanner cant? Neu'n ieuengach? Hŷn? Dyna fyddai waethaf. Doedd hi ddim am i neb feddwl ei bod hi'n *cougar*. Cofiodd fod Aled wedi canmol ei gwallt felly datglymodd ei mwng, oedd wedi ei glymu ar dop ei phen, a syrthiodd ei chyrls yn donnau gwyllt o amgylch ei hysgwyddau. Mi fyddai'n rhaid i hynny wneud y tro.

Cyrhaeddodd Goed y Brain chwarter awr yn fuan er mwyn rhoi cyfle i Idwal redeg o gwmpas am ychydig i ollwng stêm. Doedd hi ddim am i Aled ei gyfarfod am y tro cynta ac yntau wedi cyffroi'n wirion, fel y byddai'n aml wrth gychwyn am dro. Rhyddhaodd y ci o fŵt y car.

'Bihafia rŵan, cofia Idwal. Dim lol heddiw.'

Edrychodd y ci arni'n ddeallus, fel petai'n gwrando ar bob gair, ond cyn iddi fedru clipio'i dennyn yn sownd saethodd allan o'r car fel bwled o wn.

'Idwal!' gwaeddodd ar ei ôl 'Idwal!'

Anwybyddodd Idwal hi a rhedodd o gwmpas y maes parcio a'i drwyn yn sownd ar y ddaear. Roedd y lle yn llawn arogleuon cyffrous, a wyddai o ddim lle i ddechrau. Arhosodd wrth olwyn Volvo mawr du, sgleiniog, oedd yn amlwg yn cael cryn ofal gan ei berchennog, a chododd ei goes.

'Idwal!' gwaeddodd Gwen, ond parhaodd Idwal â'i waith pwysig o farcio'i diriogaeth, a chwistrellodd eilwaith dros y car. Ar union yr un pryd agorodd drws y car a chamodd Aled ohono. Cymerodd Idwal un olwg arno a rhedeg yn ôl at Gwen, a fachodd ar ei chyfle i gysylltu ei dennyn i'w goler. Edrychodd ar Aled mewn cywilydd.

'Dwi *mor* sori!' meddai.

'Paid â phoeni, greddf ci ydi o 'de?' meddai Aled gyda gwên. Plygodd i lawr at y ci. 'Helô Idwal!' cyfarchodd y ci mewn llais uchel, brwdfrydig. Symudodd ei law i roi mwythau iddo ar dop ei ben ond cipiodd hi yn ôl mewn dychryn pan roddodd Idwal chwyrniad isel o rybudd.

'Ci da! Ci da!' meddai, â thinc o nerfusrwydd yn ei lais.

'Idwal!' meddai Gwen yn syn. 'Be haru chdi?' Roedd ei ymddygiad yn rhyfedd iawn gan mai gwneud ffrindiau fyddai ei reddf fel arfer.

'Paid â chymryd sylw ohono fo,' meddai wrth Aled. 'Ysu am gael mynd am dro mae o dwi'n siŵr. Tydi o ddim wedi bod allan drwy'r dydd.'

'Mi fysa'n well i ni gychwyn 'ta!' meddai Aled, gan gerdded yn frysiog at y giât mochyn. Gadawodd i Gwen ac Idwal fynd drwyddi gynta. Sylwodd Gwen arno'n edrych i fyny ar y cymylau llwyd oedd yn crynhoi yn yr awyr a sylwodd nad oedd ganddo gôt law. Roedd hi, fodd bynnag, wedi arfer mynd am dro ym mhob tywydd ac yn gwisgo siaced law ysgafn.

'Gobeithio na wneith hi ddechra bwrw,' meddai Aled yn boenus.

'Dwi'n meddwl y byddan ni'n iawn,' cysurodd Gwen. 'Ma' hi'n reit gysgodol yma yn y coed beth bynnag.'

Daeth chwa sydyn o wynt gan godi twr o ddail crin nes yr oedden nhw'n dawnsio o gwmpas eu fferau, a llanwyd yr awyr ag arogl chwerwfelys dail pydredig. Pranciai Idwal yn wyllt gan gyfarth ar y dail a thrio'u dal yn ei geg, a thynnodd Gwen ei dennyn a'i alw i gerdded ar yr ochr chwith iddi, yn ddigon pell oddi wrth Aled, gan dynnu darn o sosej o'i phoced fel abwyd. Llowciodd Idwal y sosej cyn stwffio'i hun yn ôl i'r ochr arall gan fynnu cerdded yn dalog rhwng y ddau. Camodd Aled ychydig yn bellach oddi wrth y ci, ac ystyriodd Gwen nad oedd hynny'n ddechrau da iawn. Daethai i arfer efo pobol yn gwneud ffys o Idwal ac yn gwirioni efo'r tedi bêr o gi, ond roedd hi'n amlwg oddi wrth ei osgo, o'r eiliad y daeth allan o'i gar, nad oedd gan Aled ddim i'w ddweud wrth gŵn, er ei fod yn trio'i orau i guddio hynny. Penderfynodd Gwen mai'r peth gorau fyddai iddi dynnu sylw oddi wrth y ci, felly dechreuodd sgwrsio am y briodas y diwrnod cynt, pa mor lwcus oedden nhw wedi bod o'r tywydd, pa mor dda oedd y bwyd, ac yn y blaen. Er ei bod yn ymwybodol ei bod yn prepian pymtheg y dwsin i guddio'i nerfusrwydd, llaciodd y tensiwn a dechreuodd eu sgwrs lifo'n rhwydd ... nes i Idwal ddechrau tynnu i gyfeiriad coeden a snwffian o'i hamgylch. Gwyddai Gwen beth fyddai'n digwydd nesa ac estynnodd fag bach plastig du o'i phoced yn barod. Wedi i Idwal orffen ei fusnes cododd Gwen y baw yn ddeheuig i'r bag, ei glymu mewn dolen grog a rhoi ei llaw drwy'r ddolen. Trodd Aled ei drwyn.

'Oes 'na fin sbwriel yn rwla yma i chdi, dŵad?' gofynnodd.

'Dim tan gyrhaeddwn ni'n ôl yn y maes parcio,' atebodd Gwen, gan sylwi ar yr olwg o ffieidd-dod yn gwibio dros wyneb Aled.

Canodd ei ffôn yn ei boced. Tynnodd o allan ac edrych yn sydyn arno, cyn ei wthio'n ôl i'w boced. Gwenodd ar Gwen a cherddodd y ddau yn eu blaenau ar hyd y llwybr drwy'r coed; Gwen yn trio'i gorau i beidio cael mwd ar ei bŵts newydd oedd yn sgleinio fel cnau castan rhwng y dail.

Hanner awr yn ddiweddarach, a hwythau bron â chyrraedd yn ôl yn y maes parcio, canodd ffôn Aled am y trydydd tro. Unwaith yn rhagor, edrychodd yn sydyn ar y sgrin cyn ei wthio'n ôl i'w boced.

'Mi wyt ti'n boblogaidd iawn pnawn 'ma,' meddai Gwen, oedd yn ysu i gael gwybod beth oedd y negeseuon. Edrychodd Aled arni yn ddiddeall. 'Yr holl decsts 'ma ti'n ga'l!'

'O, na, nid tecsts ydyn nhw! *Alerts* ffwtbol. Sky Sports.'

'O!' meddai Gwen, oedd yn deall cymaint am bêl-droed ag yr oedd Aled yn ei wybod am gŵn. 'Oes 'na gêm bwysig ymlaen? Dwi'n dy gadw di rhagddi?'

'Na, na, dim o gwbwl. Rhyw stori newyddion, un o'n chwaraewyr gora ni 'di brifo'n ddrwg neithiwr.'

'Ni?'

'Man U.'

'O! Ydyn nhw'n gneud yn dda ar y funud 'ta?' meddai, heb sylwi ei bod hi'n gofyn cwestiwn oedd angen chwarter awr o ateb.

Erbyn cyrraedd y car roedd hi wedi gwneud lot fawr o nodio ffug-ddeallus ond doedd hi fawr callach, ac roedd holl enwau estron y chwaraewyr a'r rheolwyr wedi mwydro ei phen yn lân. Rhoddodd Idwal yn ôl yn y bŵt a gallai weld Aled yn ymlacio drwyddo wrth iddi wneud hynny. Closiodd ati.

'Diolch.'

'Am be?'

'Am adael i mi ddod am dro efo chi.'

'Croeso siŵr. Mi o'n i'n falch o'r cwmni, er na 'sgin i'm clem be oedd yn bod ar Idwal heddiw. Mae o'n gyfeillgar iawn efo pawb fel arfar.'

'Oes raid i ti ruthro'n ôl at dy waith?' gofynnodd Aled, gan afael mewn cudyn o'i gwallt a'i droelli rownd ei fys. Syllodd Gwen i'w lygaid a dechreuodd ei chalon gyflymu.

'Wel, mi fedra i sbario chydig o amsar, dwi'n siŵr,' atebodd.

'Da iawn. Ti isio dod draw am banad? Dim ond rhyw bedwar munud yn y car gymrith hi i gyrraedd fy nhŷ i.' Gollyngodd y cudyn a rhedeg ei fys yn ysgafn lawr ochr ei boch. Teimlodd Gwen ias i lawr ei chefn.

'Ia, iawn. Mi fysa panad yn lyfli,' meddai'n floesg.

'Dilyn fi 'ta.' Trodd ar ei sawdl a cherdded at ei gar o dan lygaid barcud Gwen. Roedd o'n ysgafn iawn ar ei draed o ystyried ei fod yn ddyn mor gyhyrog. Siglai ei ysgwyddau llydan o ochr i ochr wrth iddo gerdded gan roi'r awgrym o ddyn hyderus, hynod wrywaidd. Llamodd mewn un symudiad ystwyth i'r Volvo a thaniodd yr injan â rhu isel, pwerus. Teimlodd Gwen yr ias yn ei chefn yn cyrraedd ei phengliniau.

Wrth ddilyn car Aled drwy'r dre ystyriodd Gwen beth yn y byd roedd hi'n ei wneud. Mynd am baned efo ffrind, rhesymodd, a doedd dim byd o'i le efo hynny, hyd yn oed os oedd y ffrind yn ddyn hynod secsi oedd ddeng mlynedd yn iau na hi, ond yn siŵr o fod yn llawer mwy bydol-ddoeth na hi. Beth petai'n cael cynnig llawer mwy na phaned? Llyncodd Gwen ei phoer. Doedd ganddi ddim syniad sut i ddelio efo'r sefyllfa heb yr hyder a roddodd yr alcohol iddi'r noson cynt.

Sylweddolodd yn sydyn ei bod hi'n gyrru ar hyd ffordd oedd yn gyfarwydd iddi – Stryd y Bryn. Stryd Eifion. Gyrrodd heibio ei fan, oedd wedi ei pharcio y tu allan i'w dŷ. Newydd gyrraedd adre o'i waith, mae'n siŵr, meddyliodd Gwen. Ni lamodd ei chalon, ni throchwyd hi gan don o hiraeth, sylweddolodd, a daeth i'r casgliad sydyn y gallai cariad fod yn beth chwit chwat iawn. Wedi dweud hynny doedd hi ddim ar unrhyw frys i losgi ei bysedd eto, felly penderfynodd, wrth barcio y tu ôl i gar Aled yn nreif ei fyngalo bychan, mai paned yn unig fyddai hi'n ei derbyn gan Aled.

Wrth i'r ddau eistedd ar y soffa yn yr ystafell fyw daclus chwarter awr yn ddiweddarach, gydag Idwal yn eistedd fel brenin yn y canol rhyngddyn nhw, synhwyrodd Gwen fod Aled wedi dod i'r un canlyniad.

Pennod 16

Aeth y gwyliau hanner tymor heibio'n llawer rhy sydyn, ac ymhen dim roedd hi'n fore Llun eto a'r ysgol yn galw, ond doedd hynny ddim yn boen i Gwen. Ac a dweud y gwir, roedd hi'n edrych ymlaen yn arw. Yn un peth, roedd dysgu yn graddol ddod yn haws wrth iddi ymlacio i'w rôl fel athrawes – yn enwedig wedi iddi hi a Carys Puw ddod yn dipyn o ffrindiau. Roedd y plant hefyd wedi ymateb i'r cynnydd yn ei hyder ac yn fwy parod i dderbyn ei hawdurdod heb ei herio'n dragwyddol. Roedd hyd yn oed Jason Dooley yn bihafio, ac er iddi ddigalonni pan ddeallodd ei fod am astudio Celf i lefel TGAU cafodd ei synnu pan welodd ei fod wedi penderfynu cymryd y pwnc o ddifri, a bod ganddo dalent.

Edrychai ymlaen hefyd i weld Meinir ac i gael hanes y mis mêl ... ac wrth gwrs, byddai'n siŵr o weld Aled. Roedd y ddau wedi bod yn cyfnewid negeseuon testun yn ddyddiol ac wedi cael ambell sgwrs ffôn, ac wedi trefnu i fynd allan am bryd o fwyd y nos Wener honno. Cytunodd y ddau mai'r peth doethaf fyddai iddyn nhw guddio'u cyfeillgarwch oddi wrth eu cyd-weithwyr, er y gwyddai Gwen y byddai'n anodd iawn iddi beidio sôn wrth Meinir a hwythau wedi arfer rhannu pob manylyn o'u bywydau ers degawdau. Ond ar y llaw arall, doedd hi ddim yn awyddus i roi ei hegin-berthynas dan chwyddwydr llond ystafell athrawon o drwynau busneslyd.

Edrychodd Gwen ar ei watsh a dychrynodd pan sylwodd ei bod yn hanner awr wedi wyth, a'i bod wedi treulio hanner awr yn eistedd wrth y bwrdd brecwast yn breuddwydio. Cydiodd yn ei bag a galw ar Idwal, oedd allan yn yr ardd. Edrychodd ar y llestri oedd yn y sinc – rhai brecwast a rhai'r noson cynt. Wnâi ddim drwg iddyn nhw aros tan heno, meddyliodd. Roedd rhyddid i'w gael drwy beidio gorfod gosod esiampl, ac roedd clirio ar ei hôl ei hun yn wahanol i glirio ar ôl rhywun arall. Er ei bod hi'n edrych ymlaen yn ofnadwy i weld Heledd y penwythnos hwnnw, y gwir amdani oedd ei bod wedi dechrau dod i arfer bod yn gyfrifol am neb, ac yn atebol i neb heblaw hi ei hun. Roedd rhywbeth yn reit braf am hynny.

Rhuthrodd Gwen i'r ystafell athrawon a'i gwynt yn ei dwrn.

'Dim rhedeg yn y coridor, Miss Siôn!' ceryddodd llais y tu ôl iddi. Trodd i wynebu Aled, oedd yn gwenu arni.

'Hwyr!' eglurodd, gan deimlo'i bochau'n gwrido, 'a finna wedi gobeithio gweld Meinir cyn dechra'r gwersi.'

'Newydd ei gweld hi yn y stafell athrawon – ma' hi'n dal ar ben ei digon 'swn i'n deud!'

'Well i mi fynd i ddeud helô yn sydyn,' meddai, a throi am yr ystafell athrawon.

Camodd Aled y tu ôl iddi a phwyso ymlaen at ei chlust.

'Dwi'n edrach mlaen yn arw at nos Wener,' sibrydodd. Teimlodd Gwen ei anadl yn boeth i lawr ei gwar ac aeth cryndod nerthol drwyddi. Cerddodd Aled i ffwrdd a chymerodd Gwen eiliad i'w llonyddu ei hun cyn mynd i mewn i'r ystafell, gan drio peidio bradychu ei chyfrinach felys, gyffrous, gyda'i gwên.

Erbyn hanner awr wedi tri ar y dydd Gwener roedd cyffro Gwen wedi cynyddu fwyfwy wrth feddwl am y penwythnos oedd o'i blaen – ei dêt efo Aled y noson honno a Heledd yn dod adre y diwrnod wedyn. Penderfynodd y byddai'n mynd ag Idwal am dro sydyn ar ôl cyrraedd adre ac yna'n mynd yn syth i'r bath. Roedd hi eisoes wedi penderfynu beth i'w wisgo, ac wedi tretio'i hun i ffrog newydd gan fod dillad y gaeaf cynt yn hongian amdani bellach. Roedd yn braf meddwl nad oedd yn rhaid iddi ruthro, neu orfod gwneud swper i bawb arall er ei bod hi ei hun yn mynd allan am fwyd. Gallai gymryd ei hamser i roi ei cholur, gosod ei gwallt a dewis pa emwaith i'w wisgo.

Erbyn chwarter i saith roedd hi bron yn barod, er bod tri chwarter awr arall nes y byddai'r tacsi'n dod i'w chasglu. Safodd o flaen y drych yn ei hystafell wely ac edrych arni ei hun yn ei ffrog ddu newydd. Ffitiai fel maneg, a'r deunydd yn mwytho'i chorff a dangos ei siâp i'w eithaf. Ond roedd angen dipyn o liw, meddyliodd, gan dynnu'r gadwen ysgafn a wisgai am ei gwddw. Estynnodd ei bocs gemwaith a dechreuodd chwilota am rywbeth trymach, mwy lliwgar. Canodd ei ffôn bach i ddynodi ei bod wedi derbyn tecst. Gwenodd. Gwyddai'n syth mai Aled a'i hanfonodd. Darllenodd y neges: 'Methu disgwyl i dy weld di! xx.' Lledodd ei gwên, ond cyn iddi fedru ateb tarfwyd arni gan sŵn cyfarth Idwal i lawr y grisiau. Edrychodd ar ei watsh – roedd hi'n rhy fuan i'r tacsi. Peidiodd y cyfarth yn sgil sŵn clepian y drws cefn. Pwy yn y byd oedd yno, dyfalodd, gan ddechrau camu i lawr y grisiau. Rhywun roedd Idwal yn ei nabod, mae'n amlwg. Sadie, efallai? Dechreuodd feddwl am esgus i'w roi i'w ffrind i egluro'i chrandrwydd gan nad oedd hi wedi dweud wrth Sadie, hyd yn oed, am ei dêt.

'Helô?' galwodd. Rhuthrodd Idwal yn wyllt ati ac yna yn ei ôl i'r gegin. Dilynodd Gwen y ci, a safodd yn stond pan welodd Heledd yn sefyll o'i blaen yn wên o glust i glust, ei breichiau ar led.

'Syrpréis!' gwaeddodd.

Rhuthrodd Gwen ati a'i gwasgu'n dynn. 'Heledd!'

Doedd hi ddim wedi disgwyl gweld Heledd tan amser te'r diwrnod canlynol.

'Ges i gynnig lifft, felly ro'n i'n meddwl y byswn i'n rhoi syrpréis i ti.'

Mwythodd Gwen wyneb ei merch yn annwyl.

'Ac mi wnest ti! Dwi mor falch o dy weld di, 'nghariad i.' Camodd yn ôl ac edrych arni. 'Ti 'di colli pwysa?'

'Naddo, Mam! Dwi 'di rhoi tri phwys mlaen – ond mi wyt ti wedi colli, ac yn edrach yn grand o dy go'. Ti'm yn mynd i nunlla, nag wyt?' gofynnodd, a thinc o siom yn ei llais.

'Nac'dw, nac'dw. Wedi ca'l ffrog newydd at y lansiad yng Nghaffi'r Gloch nos Sadwrn nesa dwi, ac wrthi'n 'i thrio hi o'n i rŵan.' O wel, meddyliodd, mi fyddai'n rhaid i Aled aros am ei ddêt. Ysgubwyd ei siom i'r naill ochr gan ei chyffro a'i hapusrwydd o weld ei merch.

'Dwi'n *gutted* 'mod i'm methu dod i fyny ar gyfer hwnnw,' meddai Heledd, gan wneud ceg gam. 'Ti 'di gorffan y casgliad?'

'Dim cweit. Gei di weld y cwbwl fory. Dwi 'di bod yn gweithio efo weiran gopr allan o hen gebla trydan a darna o gania alwminiwm, ac wedi bod yn ecsperimentio efo toddi plastig. Fedra i'm aros i weld ymateb pobol iddyn nhw.'

'W, ecseiting!' meddai Heledd.

Gwyddai Gwen fod ei merch wrth ei bodd yn gwisgo'r gemwaith, gan ymfalchïo yn y ffaith ei fod yn unigryw – ac mai ei mam ei hun oedd wedi ei greu. Mi fyddai'n siŵr o'i pherswadio cyn diwedd y penwythnos i roi un o'r creadigaethau newydd iddi.

Daliwyd llygaid Gwen gan y bag du, mawr y tu ôl i Heledd.

'Be sgen ti'n fanna?' gofynnodd.

'Dillad budur.'

'Dillad budur? Ti rioed wedi'u cario nhw efo chdi'r holl ffordd o Gaerdydd? Does 'na'm *launderettes* yna?'

'Oes siŵr! Mae 'na un yn y neuadd, ond mae'r dillad yma'n deud *hand wash*, a does 'na'm seicl *hand wash* felly do'n i'm yn gwbod be i neud efo nhw, heblaw dod â nhw adra – achos mae'n peiriant ni yn gneud *hand wash* dydi?'

''Nest ti'm trio gneud fel oedd y label yn deud?'

'Be ti'n feddwl?'

'Wel, 'u golchi nhw efo llaw!'

'Yn lle?'

'Yn y sinc 'de.'

'Ych!' meddai Heledd, gan droi ei thrwyn.

Ysgydwodd Gwen ei phen yn anghrediniol, ond allai hi ddim peidio â chwerthin.

'Dos i ferwi'r teciall i neud panad!' meddai. 'Mi a' i i dynnu'r ffrog 'ma.' Ac i ganslo'r tacsi ac Aled, meddyliodd.

Yn ôl yn ei llofft, estynnodd am ei ffôn a thecstio. Daeth ei ateb yn ôl yn syth. 'Am siom! Rhyw dro eto ia ... yn fuan? xx.'

Gwibiodd wythnos arall heibio fel y gwynt a chafodd Gwen deimlad o *déjà vu* wrth sefyll o flaen y drych unwaith eto yn ei ffrog ddu newydd. Roedd wedi bod yn wythnos hynod brysur. Hawliodd Heledd ei holl sylw dros y penwythnos felly chafodd hi ddim cyfle i orffen ei chasgliad o emwaith bryd hynny, a gorfu iddi dreulio bob gyda'r nos weddill yr wythnos yn gorffen y gwaith a gosod popeth yn y cistiau gwydr yn y caffi yn barod at y lansiad. Clywodd sŵn Idwal yn cyfarth a chlywodd decst yn cyrraedd ei ffôn ar yr un pryd. Aled yn dymuno pob lwc iddi at y noson honno. Chwarae teg iddo, meddyliodd Gwen. Roedd hi wedi gwahodd rhai o athrawon yr ysgol ac roedd o am ddod efo Huw Dafydd a Carys Puw, ond gwyddai na châi gyfle i siarad yn iawn efo fo. Fe gâi'r wefr o'i weld o leia. Felly roedd hi wedi bod drwy'r wythnos yn yr ysgol – trio ymddwyn yn naturiol yn yr ystafell athrawon ond yn tecstio'i gilydd yn ystod pob eiliad rydd. Roedd yn rhaid iddi gyfaddef ei bod wrth ei bodd efo'r sylw. Clywodd floedd o waelod y grisiau.

'Iw hŵ! Tacsi!' Gethin oedd wedi cyrraedd i'w nôl hi. 'Wyt ti'n mynd yn fyddar yn dy henaint?' gwaeddodd i fyny'r grisiau. 'Dwi 'di bod yn bibian fel dwn i'm be – wnest ti'm clywad Idwal yn cyfarth?'

'Dwi'n dŵad, dwi'n dŵad,' galwodd Gwen yn ôl, gan ddringo mor gyflym ag y gallai i lawr y grisiau yn ei sodlau uchel, anghyfarwydd. 'Ti wedi bod yn nôl dy nain?'

'Do. Ma' hi bron â 'ngyrru fi'n wirion yn barod drwy drio 'nysgu fi sut i ddreifio – a gwthio pedal brêc dychmygol bob tro ro'n i'n mynd dros bum deg!'

Roedd Gwen yn falch fod Gethin wedi medru llwyddo i gael noson brin i ffwrdd o'i waith i ddod i'r lansiad.

'Gad i mi ollwng Idwal allan i'r cefn am funud, ac mi gawn ni gychwyn.'

Roedd pili pala yn dawnsio yn stumog Gwen wrth iddi gerdded drwy ddrws mawr pren y caffi, a gafaelodd yn dynn ym mraich ei mab.

'Be s'arnat ti? Ti'm yn nerfus?' gofynnodd Gethin iddi.

'Chydig,' cyfaddefodd. 'Be tasa pobol yn meddwl bod 'y ngwaith i'n rybish?'

'Mae o, dydi.'

'Be?' gofynnodd Gwen mewn dychryn.

'Wel, allan o rybish ti 'di 'u gneud nhw, 'de?'

Rhoddodd Gwen bwniad i Gethin yn ei ochr am dynnu arni.

'Dowch, chi'ch dau!' mynnodd Eirlys. 'Ma' hi wedi troi saith!'

'Dyma chdi!' meddai Sadie, gan ruthro at Gwen. 'Ro'n i'n dechra poeni lle oeddat ti!'

'Idwal oedd yn cymryd 'i amsar i neud 'i fusnas,' eglurodd Gwen. 'Dwi'n meddwl 'i fod o'n ama bod 'na rwbath yn mynd ymlaen, ac yn styfnigo am nad oedd o'n ca'l dod efo ni!'

Edrychodd Gwen o'i chwmpas. Roedd yr ystafell yn fwrlwm o bobl – yn ffrindiau, cymdogion a chyd-weithwyr – ac ni allai weld y ddwy gist lawn gan fod torfeydd yn tyrru o'u hamgylch. Roedd y byrddau a arferai fod yng nghanol yr ystafell wedi eu gosod yn rhes ar hyd un wal ac yn llwythog o ddanteithion bach ar blatiau mawr. Ar ben un bwrdd safai rhesi o wydrau gwin fel soldiwrs. Deuai sŵn cerddoriaeth jazz o'r seinyddion ar y wal, yn gefndir i'r dwndwr sgwrsio. Teimlodd Gwen binnau mân dagrau yn pigo cefn ei llygaid.

'O, Sadie,' meddai, 'fedra i ddim credu dy fod di wedi gneud hyn i gyd i mi. Dwi'm yn gwbod sut i ddechra diolch i ti.'

'Twt lol, mae o er ein mwyn ni hefyd – rydan ni ar gomisiwn, cofia!' meddai Sadie, gan sgubo ei diolch o'r neilltu. 'Mae 'na rai wedi gofyn am gael prynu darna yn barod, ond dwi wedi deud nad ydan ni am roi 'run dotyn coch ar y rhestr nes bydd yr arddangosfa wedi agor yn swyddogol. Ac mi gawn ni neud hynny rŵan gan dy fod di wedi cyrraedd.' Gafaelodd mewn gwydr gwin gwag a'i daro efo llwy.

'Ga' i'ch sylw chi, plis!' Tawelodd y dwndwr a throdd pawb i edrych arnynt.

'Roj! Tro'r miwsig 'na i ffwrdd, wnei di?' gwaeddodd Sadie ar ei gŵr. Gwingodd Gwen wrth ei hochr, yn gymysg o falchder, nerfusrwydd, ofn a chyffro.

'Diolch yn fawr i chi am ddod yma heno,' cyhoeddodd

Sadie. 'Fel mae amryw ohonoch chi'n gwbod, rydan ni'n falch iawn yma yng Nghaffi'r Gloch o roi cyfle i artistiaid lleol arddangos eu gwaith, a dros y blynyddoedd rydan ni wedi gweld gwaith arbennig yma. Ond dwi'n deud, a'm llaw ar fy nghalon, ein bod ni heno yn cyflwyno i chi'r gwaith mwya unigryw a chyffrous 'dan ni wedi'i ga'l erioed. Mae pob darn yn hollol wahanol, ac yn dangos nid yn unig allu artistig ond dyfeisgarwch a chywreinrwydd arbennig. Felly mae'n bleser o'r mwya gen i gyflwyno i chi – Gwen Siôn!'

Dechreuodd pawb gymeradwyo a sylweddolodd Gwen mewn braw bod disgwyl iddi hi ddweud rhywbeth, ond o ganlyniad i'r lwmp enfawr yn ei gwddw allai hi ddim yngan yr un gair.

'Sbîtsh!' gwaeddodd Gethin.

'Ym, ym ...' dechreuodd Gwen, gan wasgu ei dwylo'n dynn at ei gilydd a thrio'i gorau glas i reoli ei hemosiynau. 'O diar, do'n i'm yn disgwl gorfod deud dim byd ... a dwi'm 'di gneud fy ngwaith cartra mae arna i ofn. Sgin i'm sbîtsh,' cyfaddefodd.

'Ditenshion i ti fory, felly!' gwaeddodd Meinir o'r dorf, a dechreuodd pawb chwerthin. Gwenodd Gwen ac ymlacio rhywfaint.

'Swn i jest yn lecio diolch o galon i Sadie a Roj, nid yn unig am heno ond am fod yn ffrindia ac yn gymdogion mor driw i mi bob amser; ac i'r gweddill ohonoch chi hefyd ... Ym ...' Siarsiodd ei hun i beidio â chrio, a daliodd lygaid Aled yn edrych arni. 'Dwi'n falch iawn eich bod chi i gyd wedi trafferthu dod yma heno. Yr unig biti ydi na fysa Heledd, fy merch, yn medru bod yma efo ni.'

Daeth bloedd o'r gynulleidfa.

'Ond mae hi! Drycha!' Daeth Eirlys yn ei blaen gan ddal ei thabled i fyny. 'Deud helô, Heledd,' meddai wrtho, a chlywodd Gwen lais ei merch yn siarad o'r ddyfais.

'Haia Mam! Dwi mor falch ohonat ti!' Gwelodd Gwen wyneb Heledd yn gwenu arni ac roedd hynny'n ddigon i agor y llifddorau. Dechreuodd peli mawr o ddagrau rowlio i lawr ei bochau.

'Ei Sweipio hi nes i, yli! Ges i nymbyr intyrnet y lle 'ma gan Roj. Da 'de!' broliodd Eirlys.

'Sgeipio, Mam, sgeipio,' chwarddodd Gwen drwy ei dagrau.

Wnaeth hi ddim stopio chwerthin am weddill y noson. Chwerthin a gwenu'n wirion. Roedd ei phen yn troi fel petai wedi yfed potel gyfan o siampên, er mai dim ond un gwydraid o win a yfodd drwy'r nos, a chafodd hi ddim cyfle i fwyta briwsionyn. Cyn gynted ag y byddai'n anelu at y bwrdd bwyd deuai rhywun ati i siarad i holi am y gwaith, yr union gynnwys, sut yr aeth o gwmpas eu creu – ac i ganmol. Doedd Gwen erioed wedi cael y fath ganmoliaeth, a doedd hi ddim yn siŵr iawn sut i ddelio efo hynny, heblaw am wenu'n wirion. Roedd hi wedi synnu bod cymaint wedi trafferthu dod yno, yn enwedig ambell wyneb annisgwyl. Y mwyaf annisgwyl ohonynt oedd Tudur, a ddaeth ati i siarad ar ôl ei haraith fer.

'Llongyfarchiada, Gwen. Mae'r gwaith 'ma'n arbennig.'

'Diolch,' meddai, heb guddio'i syndod o'i weld.

'Gobeithio nad wyt ti'n meindio 'mod i yma. Heledd ofynnodd i mi ddod, i'w chynrychioli hi mewn ffordd. Ddyliwn i fod wedi gwneud yn siŵr fod hynny'n iawn efo chdi ...'

'Paid â rwdlan, wrth gwrs bod croeso i ti,' meddai Gwen, a fuasai wedi croesawu unrhyw un y noson honno. Ond allai hi ddim peidio ag ychwanegu, 'Dwi'n synnu bod Glesni wedi gadael i ti ddod. Gei di ddeud wrthi nad ydw i angen ceiniog arall o dy bres di, yli. Dwi'n medru ennill digon fy hun. Rŵan, wnei di fy esgusodi fi? Rhaid i mi fynd i ddeud helô wrth Carys yn fan'cw.' Cerddodd oddi wrtho a'i phen yn uchel.

Tua naw o'r gloch daeth Gethin ati.

'Ti'n meindio os ydw i a Nain yn mynd rŵan? Ma' Nain 'di blino.'

'Be ti'n ddeud?' gofynnodd Eirlys y tu ôl iddo.

'Deud 'ych bod chi wedi blino, Nain, a 'mod i am fynd â chi adra.'

'Ond sut eith dy fam adra?'

'Peidiwch â phoeni, Mam, ga' i lifft efo Sadie a Roj.'

'Wel, os ti'n siŵr. Mae'r holl bobol 'ma wedi 'mlino fi'n lân.'

'Ydw tad, ewch chi.'

'Da iawn chdi, Gweneirys,' meddai Eirlys. 'Pwy fysa'n meddwl y bysat ti'n medru gneud petha mor dlws allan o hen jync 'te. Da iawn wir ... er na fyswn i byth yn 'u gwisgo nhw fy hun.'

'Dowch 'ta, Nain!' mynnodd Gethin.

'Iawn, ond ty'd efo fi i chwilio am ddarn o gling ffilm neu ffoil gynta. Mae Sadie 'di deud y ca' i fynd â rhywfaint o fwyd adra. Ga' i sbario gneud cinio fory wedyn. Peth fach glên ydi hi. Ma' hi am drefnu i mi ddod yma i ddosbarth dysgu hen bobol sut i iwsio compiwtars, medda hi, nid 'mod i'n hen chwaith!'

Gwyliodd Gwen ei mab yn arwain ei nain tua'r gegin, yn gwrando'n amyneddgar ar ei phrepian yr holl ffordd. Neidiodd wrth deimlo llaw gadarn yn llithro am ei chanol a throdd i wynebu Aled, oedd wedi bod yn sefyll gerllaw.

'Glywis i dy fod di'n chwilio am lifft adra.'

'Wel, mae fy *chauffeur* i newydd adael.'

'A' i â chdi.'

'Ti'n saff i ddreifio?'

'Ydw. Dim ond un gwydraid dwi wedi'i ga'l.'

'Wel, os nad ydi o'n drafferth i ti ...'

'Dim o gwbwl. Mi fysa'n bleser. Rho'r nod pan ti'n barod,' meddai, gan syllu i fyw ei llygaid.

'Iawn.' Sylwodd Gwen ddim ar Tudur yn ei gwylio hi fel barcud o ben arall yr ystafell wrth iddi dderbyn cynnig Aled yn awchus.

Dringodd Gwen i mewn i Volvo mawr, du Aled a'i phen yn dal i droi.

'Am noson,' meddai.

'Ti 'di mwynhau?'

'Ffantastig. Erioed wedi ca'l profiad tebyg.'

'Ti'n *edrach* yn ffantastig hefyd,' canmolodd Aled.

'Ydw i?' Trodd ei phen i wenu arno. 'Mi fydda i'n deffro bora fory fatha Sinderela, wedi ca'l cip ar fywyd diarth, hudol.'

'Na fyddi, siŵr. Dy fywyd di ydi o. Chdi sy wedi'i greu o.'

Ar ôl parcio y tu allan, trodd Aled injan y car i ffwrdd a sylweddolodd Gwen ei fod yn disgwyl cael gwahoddiad i'r tŷ. Y gwir amdani oedd ei bod wedi blino'n lân, a'r unig beth oedd ar ei meddwl oedd newid i'w phyjamas, mynd i'w gwely ac ail-fyw digwyddiadau'r noson yn ei phen, a mwynhau bob eiliad unwaith yn rhagor.

'Wel, diolch i ti am y lifft, ac am ddod heno. Dwi'n gwerthfawrogi,' meddai, gan estyn am handlen y drws.

'Ti am 'y ngwadd i i mewn am *nightcap* bach?'

'A deud y gwir, dwi 'di blino ...' meddai, ond roedd yn ymddangos fel petai Aled wedi cymryd y gwahoddiad yn ganiataol. Llamodd allan o'r car.

'Ty'd 'laen, dim ond un bach sydyn – dwi'm 'di ca'l cyfla i siarad yn iawn efo chdi drwy'r nos.'

'Iawn 'ta, un bach sydyn,' cytunodd Gwen.

Pan agorodd y drws roedd Idwal yn prancio'n groesawgar fel arfer, ond stopiodd yn stond pan welodd Aled, a dechrau cyfarth.

'Idwal! Paid â dechra dy lol,' ceryddodd Gwen, gan afael yn ei goler i'w dynnu'n ôl o'r drws er mwyn i Aled fedru dod i mewn. Safodd y ddau yn y gegin, ac er bod Aled yn sefyll cyn belled ag y gallai oddi wrth Idwal, dal i gyfarth wnâi'r ci.

'Shysh, Idw! Sori am hyn, Aled. Dos di drwadd i'r stafell fyw ffor'na. Ddo i ar d'ôl di rŵan, wedi i mi ollwng Idwal allan i'r ardd. Gym'ri di banad?'

'Sgin ti'm byd cryfach?'

'Wel ... ma' gin i win.'

'Tshiampion.'

Pan gerddodd Gwen i'r ystafell fyw efo gwydraid o win bob un iddynt, gwelodd fod Aled eisoes wedi gwneud ei hun yn gyfforddus ar y soffa, ac wedi troi'r teledu ymlaen i sianel radio oedd yn chwarae cerddoriaeth ysgafn.

'Dim ond un bach dwi wedi'i dywallt i chdi, gan dy fod di'n dreifio,' eglurodd Gwen wrth roi'r gwydr yn ei law.

'Diolch,' meddai gan gymryd y gwydr a'i roi yn syth ar y bwrdd coffi bach oedd o'i flaen. Symudodd i gornel y soffa ac amneidio at y lle gwag wrth ei ochr.

'Ty'd i fama ata i.'

Ufuddhaodd Gwen, a dal ei gwydr ar ei glin.

'Ma' gin ti dŷ lyfli,' meddai Aled.

'Diolch. Mae o wedi bod yn dŷ gwych i fagu teulu, er 'i fod o braidd yn fawr i mi rŵan a finna ar fy mhen fy hun.'

Rhoddodd Aled ei fraich am ei hysgwydd a'i thynnu'n nes ato.

'Mae o rêl chdi. Steilish a gwahanol.'

'Ti'n meddwl? Dwi'm 'di dilyn unrhyw steil benodol, jest lluchio petha at ei gilydd rwsut rwsut rîli. Does na'm lot o feddwl 'di mynd iddo fo. Y steil, 'lly,' meddai Gwen, yn ymwybodol ei bod yn malu awyr i drio cuddio'r ffaith ei bod hi wedi dechrau teimlo'n reit nerfus.

Cymerodd Aled y gwydr o'i llaw a'i osod ar y bwrdd coffi. 'Ti'n ddynas hynod o secsi, sti,' meddai, gan redeg ei fys lawr ei boch yn araf a syllu i fyw ei llygaid. Syllodd Gwen yn ôl arno, fel petai wedi ei dal mewn swyn. Yn sicr, roedd o yn hynod o secsi. Cyffyrddodd ei gwefus ac yn araf, araf, unodd ei wefusau â'i rhai hi a'i chusanu'n ysgafn.

'Dwi 'di bod isio gneud hynna drwy'r nos,' meddai wrthi.

Cusanodd hi eto, yn galetach y tro hwn, ac allai Gwen ddim atal ei hun rhag ymateb. Pwysodd Aled yn ei herbyn a'i gorfodi i ledorwedd ar y soffa. Tynnodd Gwen ei hun i ffwrdd o'r gusan a chodi yn ôl ar ei heistedd.

'Arafa, Aled bach,' meddai, gan eistedd ar flaen y soffa ac estyn am ei gwin.

Dechreuodd Aled gusanu cefn ei gwddw gan roi ei freichiau o'i chwmpas o'r tu ôl iddi a'i thynnu'n ôl tuag ato. Teimlodd Gwen rywbeth caled yn erbyn gwaelod ei chefn a daeth ton o chwys oer drosti. Doedd hi ddim yn barod am hyn. Ddim eto. Tynnodd Aled ysgwydd ei ffrog i lawr efo'i law dde a dechrau cusanu ei hysgwydd noeth tra oedd ei law chwith yn teithio i fyny tuag at ei bron. Gwingodd Gwen.

'Aled. Aros, dwi'm yn barod am hyn ...' dechreuodd, ond cyn iddi gael amser i orffen ei brawddeg roedd Aled wedi ei throi yn siarp tuag ato ac yn ei chusanu'n galed. Rhoddodd Gwen ei dwy law ar ei ysgwyddau a'i wthio i ffwrdd.

'Aled, dwi'm isio!' meddai.

'O ty'd 'laen, wrth gwrs dy fod ti. Ti'n gagio amdano fo, fedra i ddeud,' meddai, ac ailddechrau ei chusanu.

Gagio amdano fo? Ych-a-fi, am ymadrodd hyll, meddyliodd, ei phanig yn dechrau troi'n gynddaredd.

'Dwi blydi ddim!'

'O – nag wyt?' heriodd Aled, a dechreuodd godi ei ffrog i fyny dros ei choesau.

'Paid!' gwingodd eto, gan drio halio'i ffrog yn ôl i lawr.

'Ty'd 'laen, Gwen, paid â chwara'n wirion ...' Brathodd Aled ar ei chlust a thynnu ar ei ffrog eto.

'Paid!' meddai, yn uwch y tro yma. Anwybyddodd Aled hi a gwasgodd ei chlun.

'PAID, DDEUDIS I!' bloeddiodd, gan hyrddio ei phenelin â'i holl egni yn syth i gyfeiriad ei geilliau. Plygodd Aled ymlaen gan riddfan mewn poen, a chododd Gwen ar ei thraed.

'Ti'n gall, ddynas?' griddfannodd Aled. 'I be oedd isio i ti neud hynna?'

'Dwi'n meddwl y bysa'n well i ti fynd,' gorchmynnodd Gwen, gan gerdded at y drws, 'cyn i mi adael i Idwal ddod yma i orffan y job i mi.'

'Ocê, ocê, dwi 'di dallt y neges.' Cododd Aled ar ei draed, yn ei ddyblau â phoen.

Agorodd Gwen y drws iddo, a chael sioc o weld Tudur yn cerdded drwy'r gegin tuag ati.

'Tudur? Be ddiawl ti'n neud yma?'

'Nest ti adael hwn yn y caffi,' meddai, a rhoi sgarff iddi.

'Dim fi bia hwnna!' meddai Gwen, gan edrych yn hurt arno, ond roedd Tudur yn dal i siarad.

'Ma' Idwal yn 'rar.'

'Dwi'n gwbod!' meddai, Gwen gan sylweddoli y byddai

Tudur yn bownd o fod wedi gweld y car dieithr y tu allan hefyd. Daeth Aled allan o'r ystafell fyw y tu ôl iddi, ei gerddediad yn dipyn llai jarfflyd nag arfer. Anwybyddodd Tudur, gan gerdded yn syth heibio iddo.

'Ma' Aled yn gadael,' cyhoeddodd Gwen.

'Dos i ddal y blydi nytar ci 'na,' meddai Aled. Gwyliodd Tudur o'n mynd, yn amlwg wedi deall yn union beth oedd wedi digwydd.

Wedi cau'r drws cefn ar Aled pwysodd Gwen yn ei erbyn â rhyddhad. Daeth Tudur ati.

'Ti'n iawn?'

'Ydw. Dos i nôl 'y ngwin i o'r stafell fyw, 'nei di?' gofynnodd, gan droi a gollwng ei hun yn swp yn y gadair agosaf. Ufuddhaodd Tudur, a derbyniodd Gwen y gwydr gyda llaw grynedig.

'Ti'n siŵr dy fod di'n iawn?' gofynnodd Tudur.

'Ydw, jest blin dwi.'

'Gafodd o flas o'r tempar gwallt coch?'

Nodiodd Gwen.

'Ro'n i'n ama o'r ffordd yr aeth o o'ma efo'i gynffon rhwng ei goesa.'

'Be sy'n gneud i rai dynion feddwl bod y gair "na" yn golygu "oes plis"?' gofynnodd Gwen.

'Dwn i'm, ond dwi'n siŵr na wnaiff Aled yr un camgymeriad eto!'

Dechreuodd Gwen biffian chwerthin.

'Roedd o'n edrach yn reit pathetig, doedd? Dwi'n siŵr bod y gic i'w *ego* fo wedi brifo mwy na'r hergwd gorfforol. Prat, fel y bysa Heledd yn deud. Eniwe – be wyt ti'n da 'ma Tudur?'

'Welis i sut roedd o'n edrach arnat ti heno, ac mi o'n i isio dy rybuddio di amdano fo. Dipyn o ben bach ydi o.'

'Dwi newydd weld hynna! Paid â phoeni – fydda i ddim yn mynd ar ei gyfyl o eto.' Rhoddodd ei phen yn ei dwylo. 'Ond dwn i'm sut dwi'n mynd i'w wynebu fo yn yr ysgol chwaith,' ychwanegodd.

Estynnodd Tudur am ei llaw a gafael ynddi. Llaw saff, cofiodd Gwen, gan gydio'n ôl ynddi.

'Paid titha â phoeni am hynny,' meddai Tudur. 'Mae 'na newidiada ar droed yn adran Chwaraeon Ysgol Glan Dŵr.'

Eisteddodd y ddau yn ddistaw am funud, eu dwylo'n dal ynghlwm.

'Ro'n i mor falch ohonat ti heno, Gwen,' torrodd Tudur ar y distawrwydd. Edrychodd Gwen arno.

'Ga' i ofyn cwestiwn i ti?'

'*Fire away!*'

'Pam ddoist ti heno, go iawn, Tudur?'

'I fama rŵan ti'n feddwl? 'Ta i'r arddangosfa?'

'Y ddau.'

Edrychodd Tudur ar ei gyn-wraig.

'Dwi'n meddwl dy fod ti'n gwbod, dwyt?'

Oedodd Gwen ennyd cyn ateb.

'Ydw, dwi'n meddwl 'mod i. A titha'n gwbod na fedrwn ni byth ddod yn ôl at ein gilydd?' meddai.

Edrychodd Tudur i lawr, ac roedd ei lais yn drwm o emosiwn.

'Wna i byth fadda i mi fy hun am dy frifo di fel y gwnes i, Gwen.'

'Wel, waeth i ti neud ddim, achos dwi wedi.'

Cododd Tudur ei ben i edrych arni.

'Wyt ti?'

'Ydw.'

'Ti'n un o fil, Gwen, a dwi 'di bod yn *idiot* llwyr.'

'Wyt.'

'A does 'na'm gobaith ...?'

'Mi fyddi di wastad yn 'y nghalon i, Tudur – ti'n dad i 'mhlant i – ond dyna i gyd erbyn hyn. Mae'r gorffennol wedi mynd.'

Rowliodd deigryn yn araf i lawr boch Tudur a syrthio ar ei law, oedd yn dal yn dynn yn ei llaw hi.

'Dwi isio i ti wbod 'mod i yma i ti, pryd bynnag ti f'angen i.'

'Mi wn i.' Cododd Gwen ei law at ei gwefus a chusanu'r deigryn oddi arni.

'A pan ti'n barod i symud ymlaen a cha'l dyn arall yn dy fywyd – dwi isio ei fetio fo gynta. Iawn?' ychwanegodd Tudur yn ysgafnach.

'Iawn,' cytunodd Gwen gyda gŵen. 'Mi fysa hynny'n syniad da, dwi'n meddwl!'

Tynnodd ei llaw allan o'i afael.

'Rŵan, mae'n well i ti fynd adra at dy wraig,' meddai'n gadarn, ond heb arlliw o falais.

Wrth orwedd yn ei gwely'r noson honno meddyliodd Gwen am ddigwyddiadau'r dydd fel petai'n gwylio ffilm. Câi hi'n anodd credu mai hi oedd y prif gymeriad yn y stori absẃrd, a bod pawb wedi rhannu yn ei llwyddiant. Sylweddolodd hefyd ei bod hi'n falch ohoni ei hun.

Pennod 17

Bedwar Mis yn Ddiweddarach

Agorodd Gwen ei chôt. Roedd y tywydd yn cynhesu ac arogl ffres tyfiant newydd y gwanwyn yn drwm yn yr aer. Edrychodd o'i chwmpas. Roedd parc Coed y Brain yn dawel a llonydd, a hithau'n falch o allu manteisio ar y ffaith fod y dydd yn dechrau ymestyn er mwyn mynd ag Idwal am dro yn gynnar yn y bore, cyn cychwyn am yr ysgol. Edrychodd arno'n snwffio ac yn prancio rhwng y llwyni. Welod hi erioed gi arall oedd yn prancio fel Idwal – roedd o fel oen bach du. Gwyliodd sut roedd o'n trio ennyn ymateb gan fochyn coed yng nghanol y gwair, gan redeg ato, rhoi ei bawennau blaen ar y llawr a'i ben ôl i fyny. Cyfarthiad bach, codi, prancio wysg ei gefn ac yna ymlaen a thrio eto. Gwenodd. Roedd Idwal wastad yn medru gwneud iddi wenu.

Tynnwyd ei sylw gan feiciwr yn dod tuag atynt yn y pellter. Gwyliodd o'n dod yn nes, gan ymfalchïo yn y ffaith nad oedd yn rhaid iddi ruthro i roi Idwal yn ôl ar ei dennyn fel y byddai wedi gorfod gwneud flwyddyn ynghynt. Cododd Idwal ei ben, wedi blino ar y mochyn coed diflas. Edrychodd yntau ar y beiciwr a chyn i Gwen gael cyfle i'w atal rhedodd nerth ei bawennau tuag ato. Suddodd calon Gwen i waelod ei stumog. O na, dim eto, meddyliodd, ac yntau wedi bihafio mor dda ers misoedd.

'Idwal!' gwaeddodd. 'Idwal – aros!' Trodd y beiciwr ei ben ac edrych arni.

'Idwal! Sosej!' sgrechiodd, gan redeg ar ei ôl.

Arhosodd Idwal yn stond ychydig lathenni cyn iddo gyrraedd y beiciwr, ond roedd hynny'n rhy hwyr. Gwyliodd Gwen y beiciwr yn syrthio bendramwnwgl i'r llwyn. Llanwyd hi â chywilydd, a brasgamodd tuag ato gan weiddi ei hymddiheuriadau.

'Ooo, dwi *mor* sori! Ylwch, gadwch i mi'ch helpu chi.'
Plygodd i lawr at y dyn ac estynnodd ei braich i'w helpu ar ei
draed, gan edrych i'w wyneb am y tro cynta wrth wneud hynny.
Daliodd ei gwynt. Syllai llygaid pefriog Joe Wightman yn ôl arni.

'O! Joe! Helô!' meddai'n lletchwith, gan obeithio i'r nefoedd
nad oedd o'n cofio ei bod hi wedi tywallt cwrw drosto y tro
diwetha iddyn nhw weld ei gilydd.

'Helô Gwen,' atebodd gan dderbyn ei chymorth i godi.
'Dwi'n gweld dy fod di wedi llwyddo i reoli Idwal,'
ychwanegodd, â thinc o chwerthiniad yn ei lais.

'Wel, mi nath o stopio!' meddai Gwen yn amddiffynnol.

'Do, yn y diwadd.' Safodd i fyny ac archwilio'i feic.

'Ti'n iawn? Ydi'r beic yn iawn?' gofynnodd Gwen yn bryderus.

''Dan ni'n dau yn iawn. Dim damej.'

Gollyngodd Gwen anadl o ryddhad.

'Fyddi di ddim yn gyrru llythyr twrna ata i felly?'

'Na, dim tro yma!'

Roedd Idwal erbyn hyn wedi blino bihafio ac yn ysu i
groesawu Joe, felly cododd oddi ar ei eistedd a rhedeg tuag ato
gan ysgwyd ei gynffon yn wyllt.

'Helô, Idwal,' meddai Joe wrtho, gan grafu pen cyrliog y ci.

'Mae o'n dy gofio di!' meddai Gwen.

''Dw inna ddim wedi anghofio amdano fo chwaith,' meddai
Joe, gan edrych i fyw ei llygaid. Roedd golwg flinedig arno,
meddyliodd Gwen, ac edrychai fel petai wedi colli ychydig o
bwysau ers diwrnod priodas Meinir a Ieuan – pwysau nad oedd
o angen eu colli. Cofiodd i Meinir ddweud bryd hynny fod ei
briodas newydd chwalu. Doedd hynny byth yn brofiad hawdd
ond roedd Joe wedi bod drwy'r felin go iawn.

'Ti'n cadw'n iawn?' gofynnodd iddo.

Gwenodd arni fel petai wedi deall rhediad ei meddwl, a
chofiodd Gwen fod ganddo'r gallu, fel Tudur, i weld drwyddi.

'Ddim yn ddrwg, sti,' atebodd, gan ddewis newid y pwnc.
'Ro'n i'n gweld dy lun di yn y papur chydig yn ôl. Ti'n gneud yn
dda efo dy emwaith.'

'Wel, ydw. Ma' petha'n mynd yn reit dda ar hyn o bryd.'

'Da iawn.'

Gwenodd y ddau ar ei gilydd, yr un o'r ddau yn awyddus i gloi'r sgwrs.

'Ti'n dal i ddysgu?' gofynnodd Joe.

'Ydw. Picio ag Idwal am dro cyn mynd i'r ysgol ydw i rŵan. Mi fydd raid i mi fynd cyn bo hir.'

'Ti'n ddynas brysur felly.'

'Ydw.'

'Wyt ti'n rhy brysur i ddod ag Idwal am chydig mwy o hyfforddiant?'

Lledodd gwên Gwen.

'Ma' siŵr y bysa hynny'n syniad da.'

'Dwi'n meddwl y bysa fo'n syniad da iawn.'

Estynnodd am ei gerdyn busnes o boced fach yn sedd gefn ei feic a'i roi i Gwen.

'Ffonia fi,' meddai, gan ddringo'n ôl ar ei feic. Plygodd i anwesu Idwal cyn cychwyn yn ei flaen, heb edrych yn ôl.

'Mi wna i!' galwodd Gwen ar ei ôl.

Safodd yn gwylio'r beic yn mynd yn bellach ac yn bellach oddi wrthi, y ci yn llonydd wrth ei hochr. Edrychodd ar y cerdyn yn ei llaw a'i wthio i'w phoced.

'Ty'd, Idw. Ci da Mam!'

Nofelau eraill o
Wasg Carreg Gwalch

**... nofel arloesol,
ddifyr a
darllenadwy.**

J. Graham Jones,
adolygiad oddi ar
www.gwales.com
trwy ganiatâd
Cyngor Llyfrau Cymru

**Chwip o nofel
garlamus,
fyrlymus**

Geraint Løvgreen

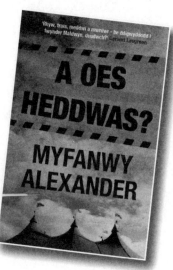